Guide de conversation
espagnol

Guide de conversation
espagnol

7 500 mots
et phrases
indispensables

LAROUSSE
DICTIONNAIRES

21, rue du Montparnasse 75283 Paris Cedex 06

Direction de la publication
Carine Girac-Marinier

Direction éditoriale
Claude Nimmo

Édition
Marc Chabrier, Aurélie Prissette

Rédaction et traduction
Sophie Courgeon, Ignacio Muñoz Bielsa, David Tarradas Agea
avec
Mercedes Armendares

Correction
Madeleine Biaujeaud, Henri Goldszal, Joëlle Narjollet, Chantal Pagès

Direction artistique
Ulrike Meindl

Mise en page
Sylvie Fécamp
ABNS Multimédias

Informatique éditoriale
Dalila Abdelkader, Monika Al Mourabit, Philippe Cazabet

Photos
Olivier Ploton (page 60)
David Tarradas Agea, Ignacio Muñoz Bielsa (pages 138, 170, 188)

21, rue du Montparnasse
75283 Paris Cedex 06

ISBN 978-2-03-589201-0

Avant-propos

Votre guide de conversation Larousse « S'exprimer en voyage » est un ouvrage pratique, facile à consulter, qui vous aidera à bien préparer votre séjour en Espagne et à en profiter pleinement dès votre arrivée à destination.

Les mots et les phrases en espagnol contenus dans ce guide sont systématiquement accompagnés de leur prononciation accessible à chacun, quel que soit son niveau de connaissance de la langue espagnole.

L' ouvrage comprend trois grandes parties :

L'introduction vous présentera l'évolution historique de la langue espagnole et pointera son influence grandissante aujourd'hui. Le mode d'emploi vous familiarisera avec les grandes lignes de la grammaire espagnole tout en mettant en avant sa ressemblance avec le français.

La partie principale présente neuf thèmes qui se suivent dans un ordre logique : communiquer – organiser son séjour – se déplacer – se loger – à table – en ville – loisirs de plein air – shopping – urgences. Vous trouverez là les phrases et les mots indispensables pour bien s'exprimer en espagnol. Les mots-clés surlignés en jaune dans chaque phrase rendront votre recherche très rapide. Vous seront également donnés en ouverture de chaque thème tous les renseignements nécessaires à votre voyage, ainsi que des informations d'ordre pratique ou culturel, un plus appréciable avant votre départ comme durant votre séjour.

Si vous avez trouvé la phrase dont vous avez besoin mais qu'il vous manque un mot, la dernière partie composée de deux dictionnaires vous donnera la réponse : le dictionnaire français-espagnol vous aidera en toute circonstance ; le dictionnaire espagnol-français vous permettra de décrypter sans peine panneaux de signalisation, pancartes, menus de restaurant et autres inscriptions.

En complément,
vous pourrez télécharger plus de 250 phrases prononcées sur

www.larousse.fr/dictionnaires/guide

Buen viaje [b**ou**enn bi**a**xé] !

Table des matières

L'espagnol d'ici et d'ailleurs

L'espagnol est parlé aujourd'hui par près de 400 millions de personnes, nombre qui ne cesse d'augmenter et qui pourrait bien dépasser, au cours du XXIe siècle, les 500 millions.

C'est la deuxième langue la plus parlée au monde et la langue maternelle d'environ 7 % de la population mondiale.

Langue officielle de l'Espagne, de la plupart des pays d'Amérique latine ainsi que de la Guinée équatoriale, l'espagnol est aussi la deuxième langue parlée aux États-Unis, avec plus de 35 millions de locuteurs, et elle a le statut de langue reconnue au Brésil et au Canada. C'est par ailleurs l'une des langues officielles de l'ONU et de l'UNESCO, mais aussi de l'Union européenne ou du Mercosur.

Un peu d'histoire

Cette présence dans plusieurs continents, l'espagnol la doit en grande partie à son ancien empire colonial. Au XVe siècle, l'espagnol est alors le castillan, parlé essentiellement dans le royaume de Castille et d'Aragon. En 1492, Antonio de Nebrija publie la première grammaire de la langue castillane, **Gramática de la lengua castellana**, offrant ainsi à cette langue ses lettres de noblesse. La même année, en prenant Grenade, dernier bastion musulman, les Rois Catholiques, Isabelle de Castille et Ferdinand d'Aragon, terminent **la Reconquista** et consolident l'unité territoriale. 1492 est aussi l'année où Christophe Colomb découvre un nouveau continent, bien qu'il soit mort persuadé d'avoir rejoint les Indes par l'occident.

L'espagnol, langue mondiale

C'est grâce à Christophe Colomb et à la découverte des nouveaux territoires que le castillan, langue d'un petit royaume européen, va traverser les mers pour devenir, quelques années plus tard, celle de la plus grande puissance mondiale : l'empire sur lequel « le soleil ne se couchait jamais ». À partir du XVe siècle, on va préférer le terme « espagnol » pour désigner la langue du nouvel empire. L'espagnol atteint son apogée avec le Siècle d'or et sera langue diplomatique jusqu'à la première moitié du XVIIIe siècle. Puis vient le déclin de l'empire. En 1898, l'Espagne subit une terrible défaite contre les États-Unis, et perd ses dernières possessions d'outre-mer, Cuba, Porto Rico, les Philippines et Guam. La guerre civile de 1936 à 1939 et la dictature franquiste qui s'ensuivra et qui durera quarante ans n'amèneront qu'un repli du pays sur lui-même.

Renouveau et rayonnement de l'espagnol de nos jours

Toutefois, dans les années 1980, avec l'avènement de la démocratie dont un des principaux acteurs est le roi Juan Carlos Ier, l'Espagne connaît à nouveau un bouillonnement culturel, **la movida madrilène** (du verbe **mover** *[mobér]* qui signifie ***bouger***). En 1986, l'Espagne entre dans l'Union européenne.

En 1992, elle fête le 500e anniversaire de la découverte de l'Amérique et Séville accueille l'Exposition universelle, **la Expo**. Madrid devient capitale européenne de la culture et les jeux Olympiques ont lieu à Barcelone. Le pays reprend alors sa place sur la scène internationale.

L'espagnol, langue romane

L'espagnol est une langue romane, comme le français, l'italien ou le portugais. Pour un français, la langue espagnole se caractérise par la facilité de son écrit, et une grammaire très proche de la grammaire française. Cela n'empêche pas l'existence de quelques embûches linguistiques pour le Français, comme un accent tonique parfois difficile à placer correctement, deux verbes ***être*** (**ser** *[sér]* et **estar** *[éstar]*), ou encore deux verbes ***avoir*** (**haber** *[abér]* et **tener** *[ténér]*).

La quasi-totalité du vocabulaire espagnol est héritée du latin, d'où les nombreuses ressemblances avec des mots français. Toutefois, la langue de Cervantès s'est enrichie à travers les siècles grâce aux différents peuples qui y ont eu recours.

On y trouve même quelques traces de l'époque préromaine : le **–ez** final des noms de famille comme dans **Rodríguez** *[rrodriguéth]* ou **Sánchez** *[sanntchéth]*, qui signifient à l'origine ***« fils de Rodrigue »***, ***« fils de Sancho »***.

Certains mots dont la filiation reste inconnue (comme **perro** *[pérro]* ***chien***, **álamo** *[alamo]* ***peuplier*** ou **barro** *[barro]* ***boue***) sont supposés provenir des langues parlées par les habitants installés sur la péninsule Ibérique avant l'arrivée des Romains. Beaucoup de ces mots auraient une origine basque.

Mais on trouve aussi des mots d'origine germanique, souvent en rapport avec la guerre (comme **guerra** *[guérra]* ***guerre***).

L'importance de la présence arabe

Mais l'influence arabe a été de loin la plus importante après la latine, du fait de la présence des Arabes pendant huit siècles sur la Péninsule. On trouve des mots d'origine arabe (notam ment ceux qui commencent par **al–**) dans tous les domaines, mais en particulier dans l'agriculture (**acequia** *[athékia]* ***canal d'irrigation***, **aceituna** *[athéïtouna]* ***olive***, **algodón** *[algodonn]* ***coton***), les lois et l'organisation (**alcalde** *[alkaldé]* ***maire***, **alquiler** *[alkilér]* ***loyer***, **alcantarilla** *[alkanntarilla]* ***égouts***), les sciences (**álgebra** *[alxébra]* ***algèbre***) et la médicine, mais aussi de la vie de tous les jours (**almacén** *[almathénn]* ***magasin***, **alfombra** *[alfommbra]* ***tapis***, **almohada** *[almoada]* ***oreiller***). Sans parler des noms de villes, fleuves, etc. (**Guadiana** *[gouadiana]*, **Guadalquivir** *[gouadalkibir]*, **Guadalupe** *[gouadaloupé]*).

Les mots d'Amérique

À la suite de la découverte du Nouveau Monde, de nombreux termes provenant des langues indigènes ont été importés d'Amérique : **tomate** *[tómaté]* ***tomate***, **cacao** *[kakao]* ***cacao***, **chocolate** *[tchokolaté]* ***chocolat***, **puma** *[pouma]* ***puma***, **cóndor** *[konndor]* ***condor***, **canoa** *[kanoa]* ***canoë***. La plupart proviennent du nahuatl (langue parlée au Mexique par les descendants des Aztèques) et du quechua (langue officielle de l'Empire inca), bien qu'il y ait aussi des termes plus incertains qui proviendraient des langues caraïbes. À leur tour, par l'intermédiaire de l'espagnol, un bon nombre de ces mots sont entrés dans la langue française au XVIe siècle.

Les contributions italiennes et françaises

Pendant ce qu'on appelle **el Siglo de Oro**, ***le Siècle d'or***, qui va du début du XVIe siècle jusqu'à la moitié du XVIIe, l'influence la plus importante provient de la langue italienne. La plupart des termes en rapport avec la musique et la littérature viennent de l'italien (**soneto** *[sonéto]* ***sonnet***, **piano** *[piano]* ***piano***, **batuta** *[batouta]* ***baguette***).

De l'époque de **la Ilustración**, ***le Siècle des lumières***, arrivent dans l'espagnol de nombreux gallicismes, comme **modisto** *[modisto]* ***couturier***. C'est aussi le français qui fournira la plupart de mots concernant la cuisine (**consomé** *[konnsomé]*, **cruasán** *[krouassann]*, **bufé** *[boufé]*) et la danse (**ballet** *[ballét]*).

D'ailleurs, certaines expressions espagnoles font aussi référence à la France et aux Français : **la tortilla francesa** *[la tortilla frannthéssa]* (***omelette nature***, par opposition à **la tortilla española** *[la tortilla éspagnola]*, ***omelette avec des pommes de terre***), **despedirse a la francesa** *[déspédirsé a la frannthéssa]* (***filer à l'anglaise***) ou encore **el mal francés** *[él mal frannthéss]* (***la syphilis***).

Dans l'autre sens et plus récemment, d'autres mots espagnols ont fait leur apparition dans la langue française : ***un aficionado, une bronca, la ola***…

L'anglais, source de nouveaux mots

Au XIXe siècle, les premiers anglicismes commencent à s'installer. Des écrivains romantiques tels que Larra et Espronceda introduisent des termes comme **revólver** *[rébolbér]* ***revolver***.

Mais c'est surtout après la Seconde Guerre mondiale que se produit l'arrivée massive de mots d'origine anglaise.

L'espagnol a fait, et continue de faire, des emprunts à l'anglais, comme ***whisky*** ou ***football***, mais prononcés et souvent écrits à l'espagnole, **güisqui** *[gouiski]* et **fútbol** *[foutbol]*. De nos jours, il s'agit notamment de termes du domaine de l'économie, du sport et des nouvelles technologies.

Le spanglish

Quant à l'espagnol parlé aux États-Unis par les Latinos, il reçoit l'appellation de **spanglish** *[éspannglish]* (***espanglais***, en français) : en effet, l'intégration progressive des immigrés hispanophones d'Amérique latine aux États-Unis a fait naître un mélange d'espagnol et d'anglais. ***Faire ses courses***, c'est **chopear** *[tchopéar]* (de ***to shop***), ***déjeuner***, **lonchar** *[lonntchar]* (de ***to lunch***), ***gardien***, **guachimán** *[gouatchimann]* (de ***watchman***), et **pasar la aspiradora por la alfombra** *[passar la aspiradora por la alfommbra]* ***passer l'aspirateur sur le tapis*** devient **vacumar la carpeta** *[bakoumar la karpéta]* (de ***vacume the carpet***).

L'Académie royale de la langue espagnole

Fondée en 1713, **la Real Academia Española** (***Académie royale espagnole***), dont la devise est **"Limpia, fija y da esplendor"** (« ***Elle nettoie, fixe et fait resplendir*** »), est une institution dont la tâche consiste à normaliser la langue espagnole. Sa mission est de veiller à ce que l'évolution de la langue espagnole, dans sa constante adaptation aux besoins de ceux qui la parlent, ne vienne pas rompre l'unité linguistique du monde hispanique.

Son siège se trouve à Madrid, Espagne, mais elle agit de concert avec les académies nationales des vingt et un pays de langue espagnole, y compris celle des États-Unis.

Les variantes de l'espagnol en Espagne

L'espagnol parlé en Espagne connaît de nombreuses variantes régionales. En effet, sur le plan phonétique, le **d** final de **Madrid**, par exemple, va se prononcer *[d]* pour un Catalan et un Valencien, se transformer en *[th]* pour un Madrilène ou un Castillan, qui diront *[madr**i**th]*, mais va disparaître dans la bouche d'un Andalou, qui dira *[madr**i**]*.

Sur le plan lexical, les mots sont parfois complètement différents d'une région à l'autre : ***haricot***, par exemple, se dit **judía** *[xoud**i**ya]* dans le Sud et **alubia** *[al**ou**bia]* dans le Nord.

Au-delà de ces divergences régionales, l'espagnol est très homogène.

L'espagnol d'Amérique

Sans entrer dans le débat « espagnol » ou « castillan », constatons seulement que le castillan est le dialecte qui, au Moyen Âge, a donné naissance à l'espagnol. Aujourd'hui, on dit « espagnol » quand on se réfère à la langue parlée en Espagne et en Amérique latine.

Il s'agit en effet de la même langue, même s'il existe quelques variantes phonétiques ou lexicales entre la langue de la Péninsule et celle des pays d'Amérique latine.

Par exemple, un Latino-Américain ne prononcera pas le mot **paz** *[path]* ***paix*** avec la **zeta**, comme dans la plupart des régions espagnoles, mais il le prononcera *[pass]*, avec *[s]*. De même, les Argentins prononceront le **ll** et le **y** comme le *[j]* dans le mot français ***jardin***.

Les Argentins n'emploient pas **tú** *[tou]* pour dire ***tu*** mais **vos** *[boss]*, formule héritée de la langue des premiers colonisateurs et désuète en Espagne péninsulaire ; en Amérique latine on emploie **ustedes** *[oust**é**déss]* pour dire **vosotros** *[boss**o**tross]*.

L'emploi du diminutif est très courant en Amérique latine, où l'on dit par exemple **ahorita** *[aor**i**ta]* pour dire ***maintenant***, alors qu'en Espagne on dit **ahora** *[a**o**ra]*.

En ce qui concerne le vocabulaire, et au-delà de différences qu'il peut y avoir entre la région de l'Amérique centrale, les Caraïbes, ou les pays du Cône sud, un Latino-Américain dit **carro** *[k**a**rro]* ou **auto** *[**a**outo]* en parlant de sa ***voiture***, tandis qu'un Espagnol l'appelle **coche** *[k**o**tché]*. Et jamais un Latino-Américain ne va **coger el autobus** *[koxé**r** él aoutob**ou**ss]* (***prendre le bus***) ou toute autre chose, action complètement innocente en Espagne, car outre-Atlantique le verbe **coger** *[koxé**r**]* a pris une signification sexuelle.

Exemples dans quelques pays.

	Espagne	Amérique latine
abricot	**albaricoque** *albarik**o**ké*	**damasco** *dam**a**sko*
allumette	**cerilla** *thér**i**lla*	**fósforo** *f**o**sforo*
ampoule	**bombilla** *bommb**i**lla*	**bombillo** *bommb**i**llo*
appartement	**piso** *p**i**sso*	**apartamento** *apartam**é**nnto*, **departamento** *départam**é**nnto*
argent	**dinero** *din**é**ro*	**plata** *pl**a**ta*
attacher	**atar** *at**a**r*	**amarrar** *amarr**a**r*
attente	**espera** *ésp**é**ra*	**demora** *dém**o**ra*
baignoire	**bañera** *bagn**é**ra*	**tina** *t**i**na*
billet, ticket	**billete** *bill**é**té*	**boleto** *bol**é**to*
boucles d'oreilles	**pendientes** *pénndi**é**nntéss*	**aretes** *ar**é**téss*

	Espagne	Amérique latine
bus	**autobús** *aoutobo**u**ss*	**colectivo** *koléktibo*, **micro** *mikro*, **guagua** *gou**a**goua*, **ómnibus** *ommni-b**o**uss*
cabriolet	**descapotable** *déskapot**a**blé*	**convertible** *konnbért**i**blé*
cacahouète	**cacahuete** *kakaou**é**té*	**maní** *man**i***
chaussettes	**calcetines** *kalthét**i**néss*	**medias** *m**e**dias*
chéquier	**talonario (de cheques)** *talon**a**rio (dé tch**é**késs)*	**chequera** *tchék**é**ra*
conduire	**conducir** *konndouth**ir***	**manejar** *manéx**ar***
cool, super	**guay** *gou**a**ï*	**chévere** *tch**é**béré*, **padre** *p**a**dré*
fraise	**fresa** *fr**é**ssa*	**frutilla** *frout**i**lla*
haricot	**judía** *xoud**i**ya*	**frijol** *fr**i**xol*
hôtesse de l'air	**azafata** *athaf**a**ta*	**aeromoza** *aérom**o**sa*
jeans	**vaqueros** *bak**é**ross*	**jeans** *yins*
jeter	**tirar** *tir**a**r*	**botar** *bot**a**r*

	Espagne	Amérique latine
joli, mignon	**bonito** *bonito*, **guapo** *gouapo*	**lindo** *linndo*, **hermoso** *érmosso*
jus	**zumo** *thoumo*	**jugo** *xougo*
léger	**ligero** *lixéro*	**liviano** *libiano*
louer	**alquilar** *alkilar*	**arrendar** *arréndar*, **rentar** *rréntar*
lunettes	**gafas** *gafass*	**lentes** *lénntéss*, **anteojos** *antéoxoss*
métro	**metro** *métro*	**subte** *soubté*
ordinateur	**ordenador** *ordénador*	**computadora** *kommpoutadora*
pamplemousse	**pomelo** *pomélo*	**toronja** *toronnxa*
pâté de maisons	**manzana** *manthana*	**cuadra** *kouadra*
pêche	**melocotón** *mélokotonn*	**durazno** *dourasno*
plancher	**suelo** *souélo*	**piso** *pisso*
plombier	**fontanero** *fonntanéro*	**plomero** *plloméro*
pneu	**neumático** *néoumatiko*	**llanta** *llannta*
pomme de terre	**patata** *patata*	**papa** *papa*
prendre (saisir)	**coger** *koxér*	**agarrar** *agarrar*
prendre (transport)	**coger** *koxér*	**tomar** *tomar*
réfrigérateur	**nevera** *nébéra*	**refrigerador** *rréfrixérador*, **heladera** *éladéra*

	Espagne	Amérique latine
regretter (quelqu'un)	**echar de menos** *étchar dé ménoss*	**extrañar** *ékstragnar*
sac	**bolsa** *bolsa*	**saco** *sako*
sandwich	**bocadillo** *bokadillo*	**sándwich** *sannwouitch*
se blesser	**hacerse daño** *athérsé dagno*	**lastimarse** *lastimarsé*
se dépêcher	**apresurarse** *apréssourarsé*, **darse prisa** *darse prissa*	**apurarse** *apourarsé*
se fâcher	**enfadarse** *énnfa-darsé*	**enojarse** *énoxarsé*
soda	**refresco** *rréfrésko*	**gaseosa** *gaséossa*
téléphone portable	**móvil** *mobil*	**celular** *seloular*
tennis (chaussures)	**deportivas** *déportibass*	**tenis** *ténis*
timbre	**sello** *séïllo*	**estampilla** *éstammpilla*
veste	**chaqueta** *tchakéta*	**saco** *sako*
vidéo	**vídeo** *bidéo*	**video** *bidéo*
vitrine	**escaparate** *éskaparaté*	**vitrina** *bitrina*
voiture	**coche** *kotché*	**carro** *karro*, **auto** *aouto*

L'espagnol : mode d'emploi

Les sons espagnols

Les traductions en espagnol de ce livre sont systématiquement suivies d'une transcription phonétique. En espagnol on prononce tout, même les lettres finales. Donc, il faut tout prononcer dans la transcription : ainsi pour **restaurante** *[réstaourannté]* ***restaurant***, prononcez bien le *[a]* et le *[ou]* séparément, ainsi que le *[é]* final. Les lettres **a**, **b**, **d**, **f**, **k**, **l**, **m**, **n**, **o**, **p**, **q** (**qu** retranscrit *[k]*), **t** et **w** ont la même prononciation qu'en français. Les lettres **m** et **n** ont été souvent doublées, afin d'insister sur le fait qu'en espagnol on ne nasalise pas la voyelle qui les précède : **onda** *[onnda]* ***onde***. Le **h** ne se prononce jamais en espagnol, même pas aspiré (comme c'est le cas dans le mot français ***héros***).

Voici quelques remarques concernant les autres lettres

lettre	son	exemple espagnol	exemple français	commentaire
c	*k*	**casa** *kassa*, **pacto** *pakto*	***cas***, ***action***	Devant **a**, **o** et **u** se prononce *ka*, *ko* et *kou* ; devant **e** et **i**, *thé* et *thi* (pour la prononciation de *th*, voir **z**).
	th	**cine** *thiné*		
ch	*tch*	**cheque** *tchéké*, **mucho** *moutcho*	***tchèque***	

lettre	son	exemple espagnol	exemple français	commentaire
e	*é*	**enero** *énéro*, **perder** *pérdér*, **fiebre** *fiébré*	***café*, *médecin***	Le **e** se prononce toujours *é*.
g	*g*	**gato** *gato*, **guitarra** *guitarra*	***gâteau*, *guerre***	Devant **a**, **o** et **u** se prononce *ga*, *go* et *gou* ; devant **ue** et **ui**, *gué* et *gui* ; devant **e** et **i**, *xé* et *xi* (pour la prononciation de *x*, voir **j**).
	x	**coger** *koxér*		
i	*i*	**piso** *pisso*	***pire***	Combiné avec une autre voyelle, il se prononce toujours : **bailar** *[baïlar]* ***danser***, **veinte** *[béïnnte]* ***vingt***.
	ï	**aire** *aïré*	***haïr***	
	y	**hierba** *yérba*	***yaourt***	
	iy	**día** *diya*		
j	*x*	**jamón** *xamonn*		La **jota** est un son caractéristique de l'espagnol qui ressemble un peu à un raclement de gorge.
ll	*ll*	**llevar** *llébar*	***famille***	Le son correspondant ressemble au « *l* mouillé » du français. Pour vous aider à bien le prononcer, il est, dans ce guide, presque toujours précédé d'un *ï*, sauf en début de mot.
	ïll	**calle** *kaïllé*		

lettre	son	exemple espagnol	exemple français	commentaire
ñ	*gn*	**mañana** *magnana*	***montagne***	
r	*r*	**caro** *karo*, **barco** *barko*		La **erre** est un son guttural caractéristique de l'espagnol. Il s'obtient en faisant vibrer la langue entre les dents. Il peut être plus doux ou plus prononcé (indiqué respectivement *r* et *rr* dans les transcriptions).
	rr	**carretera** *karrétéra*, **rico** *rriko*		
s	*ss*	**cosa** *kossa*	***passer***	En espagnol il n'y a pas de « *s* sonore » comme dans ***rose***.
	s	**sitio** *sitio*, **aspecto** *aspékto*	***sien***, ***tester***	
u	*ou*	**tú** *tou*, **cuando** *kouanndo*, **auto** *aouto*	***courir***	Combiné avec une autre voyelle, il se prononce toujours (sauf après **g** ou **q**) : **causa** *[kaoussa]* ***cause***.
v	*b*	**vaso** *basso*	***boire***	Il se prononce toujours comme *b*.
x	*ks*	**experto** *ékspérto*	***expliquer***	Il ne se prononce jamais *gz* comme dans ***examen***.
y	*y*	**yo** *yo*	***kayak***	Derrière une voyelle se prononce *ï* : **hoy** *[oï]* ***aujourd'hui***.
	i	**y** *i*	***gym***	
	ï	**muy** *mouï*	***raï***	
z	*th*	**zapato** *thapato*, **marzo** *martho*		La **zeta** est un autre son caractéristique de l'espagnol péninsulaire que l'on obtient en plaçant la langue entre les dents, puis en soufflant. Il est très proche du *th* anglais.

L'accent des mots

À la différence du français, où l'accent tonique (la force de la voix) tombe systématiquement sur la dernière syllabe, en espagnol cet accent peut tomber sur n'importe quelle syllabe. Dans la transcription phonétique de ce guide, l'endroit où l'on doit insister a été marqué en caractère gras.

De façon générale, on peut dire que la plupart des mots espagnols sont accentués à l'oral sur l'avant-dernière syllabe. C'est le cas des mots se terminant par une voyelle, un **-n** ou un **-s** : **bicicleta** *[bithikl**é**ta]* ***vélo***, **trabajo** *[trab**a**xo]* ***travail***, **tienen** *[ti**é**nénn]* ***ils ont***, **trabajas** *[trab**a**xass]* ***tu travailles***. Lorsqu'un mot se termine par une consonne (autre que **-n** ou **-s**), l'accent porte sur la dernière syllabe (c'est le cas notamment de tous les infinitifs) : **amor** *[am**o**r]* ***amour***, **vital** *[vit**a**l]* ***vital***, **morir** *[mor**i**r]* ***mourir***. Si l'une de ces deux règles ne s'applique pas, un accent écrit indique où tombe l'accent : **música** *[m**ou**ssika]* ***musique***, **sofá** *[sof**a**]* ***canapé***, **fácil** *[f**a**thil]* ***facile***, **día** *[d**i**ya]* ***jour***.

D'autre part, l'accent écrit n'est pas exclusivement employé pour indiquer la prononciation, il sert parfois à différencier deux mots qui s'écrivent et se prononcent pareil mais qui ont des fonctions différentes : **si** *[si]* ***si*** [pour exprimer une condition] et **sí** *[si]* ***oui*** [pour exprimer une affirmation], **el** *[él]* ***le*** [article] et **él** *[él]* ***il*** [pronom], **como** *[k**o**mo]* ***comme*** [pour exprimer la manière] et **cómo** *[k**o**mo]* ***comment*** [pour les questions] ou ***comme*** [pour les exclamations].

Le « e » prothétique

En espagnol on ne commence jamais un mot avec *sc-*, *st-*, *sp-* ou *sf-*. On utilise toujours un e devant le s : *la structure* **la estructura** *[la éstrouktoura]*, *la scène* **la escena** *[la ésthéna]*, *stimulant* **estimulante** *[éstimoulannté]*, *le style* **el estilo** *[él éstilo]*, *spécial* **especial** *[éspéthial]*, *la sphère* **la esfera** *[la ésféra]*.

Quelques exemples

Trois cents euros.	**Trescientos euros.**	*trésthi**é**nntoss **é**ouross*
Huit cents personnes.	**Ochocientas personas.**	*otchothi**é**nntass pérs**o**nass*
80 % des étudiants ont un ordinateur.	**El 80% de los estudiantes tiene un ordenador.**	*él otch**é**nnta por thi**é**nnto dé loss éstoudi**a**nntéss ti**é**né ounn ordénad**o**r*
Le chômage a augmenté de 0,2 %.	**El paro ha aumentado un 0,2%.**	*él p**a**ro a aouménnt**a**do ounn th**é**ro k**o**ma doss por thi**é**nnto*

Poids, mesures, volumes et capacités

Je voudrais 200 grammes de jambon.	**Quiero 200 gramos de jamón.**	*ki**é**ro dossthi**é**nntoss gr**a**moss dé xam**o**nn*
Je pèse 70 kilos.	**Peso 70 kilos.**	*p**é**sso sét**é**nnta k**i**loss*
Je mesure 1 mètre 70.	**Mido 1 metro 70.**	*m**i**do ounn m**é**tro sét**é**nnta*
L'armoire mesure 2 mètres de haut.	**El armario mide 2 metros de alto.**	*él arm**a**rio m**i**dé doss m**é**tross dé **a**lto*
Le meuble mesure 90 centimètres de large.	**El mueble mide 90 centímetros de ancho.**	*él mou**é**blé m**i**dé nob**é**nnta thénnt**i**métross dé **a**nntcho*
La piscine fait 3 mètres de profondeur.	**La piscina mide 3 metros de profundidad.**	*la pisth**i**na m**i**dé trèss m**é**tross dé profounndid**a**d*
Une planche de 7 millimètres d'épaisseur.	**Una tabla de 7 milímetros de grosor.**	***ou**na t**a**bla dé si**é**té mil**i**métross dé gross**o**r*
J'habite à 15 kilomètres de Nice.	**Vivo a 15 kilómetros de Niza.**	*b**i**bo a k**i**nnthé kil**o**métross dé n**i**tha*

J'ai une maison de 300 mètres carrés.	**Tengo una casa de 300 metros cuadrados.**	*t**é**nngo **ou**na k**a**ssa dé trésthi**é**nntoss m**é**tross kouadr**a**doss*
La vitesse est limitée à 50 kilomètres-heure.	**La velocidad está limitada a 50 kilómetros por hora.**	*la bélothid**a**d ésta limit**a**da a thinnkou**é**nnta kil**o**métross por **o**ra*
Il boit 2 litres d'eau par jour.	**Bebe 2 litros de agua al día.**	*b**é**bé doss l**i**tross dé **a**goua al d**i**ya*
Le bassin contient 2 000 mètres cubes d'eau.	**El estanque contiene 2.000 metros cúbicos de agua.**	*él ést**a**nnké konnti**é**né doss mil m**é**tross k**ou**bikoss dé **a**goua*
Aujourd'hui il fait 25 degrés	**Hoy tenemos 25 grados.**	***o**ï tén**é**moss béïnti-th**i**nnko gr**a**doss*
J'ai eu 40 de fièvre.	**Tuve 40 de fiebre.**	*t**ou**bé kouar**é**nnta dé fi**é**bré*

Le calendrier

mille quatre cent quatre-vingt-douze	*1492*		**mil cuatrocientos noventa y dos**	*mil kouatro-thi**é**nntoss nob**é**nnta i doss*
seize mai deux mille quatre	*16/05/2004*		**el dieciséis de mayo de dos mil cuatro**	*él diéthiss**é**ïss dé m**a**yo dé d**o**ss mil kou**a**tro*
le vingt-et-unième siècle	*XXIe s.*	**el siglo XXI**	**el siglo veintiuno**	*él s**i**glo béïnntin**ou**no*

C'est quand ton anniversaire ?	**¿Cuándo es tu cumpleaños?**	*kou**a**nndo éss tou koummplé**a**gnoss ?*
Le 28 février.	**El 28 de febrero.**	*él béïnnti**o**tcho dé fébr**é**ro*
Je suis né au mois de juillet.	**Nací en julio.**	*nath**i** énn x**ou**lio*

L'heure

05:00	*Il est cinq heures.*	**Son las cinco.**	*sonn lass thi**n**nko*
07:05	*Il est sept heures cinq.*	**Son las siete y cinco.**	*sonn lass si**é**té i thi**n**nko*
08:10	*Il est huit heures dix.*	**Son las ocho y diez.**	*sonn lass **o**tcho i di**é**th*
09:15	*Il est neuf heures et quart.*	**Son las nueve y cuarto.**	*sonn lass nou**é**-bé i kou**a**rto*
10:20	*Il est dix heures vingt.*	**Son las diez y veinte.**	*sonn lass di**é**th i b**é**ïnnté*
11:30	*Il est onze heures et demie.*	**Son las once y media.**	*sonn lass **o**nnthé i m**é**dia*
12:00	*Il est midi.*	**Son las doce de la mañana.**	*sonn lass d**o**thé dé la magn**a**na*
12:30	*Il est midi et demie.*	**Son las doce y media de la mañana.**	*sonn lass d**o**thé i m**é**dia dé la magn**a**na*
13:00	*Il est une heure.*	**Es la una.**	*éss la **ou**na*
14:00	*Il est deux heures de l'après-midi.*	**Son las dos de la tarde.**	*sonn lass doss dé la t**a**rdé*
15:45	*Il est quatre heures moins le quart.*	**Son las cuatro menos cuarto.**	*sonn lass kou**a**tro m**é**noss kou**a**rto*
17:23	*Il est dix-sept heures vingt-trois.*	**Son las cinco y veintitrés de la tarde.**	*sonn lass thi**n**n-ko i bëïnntitr**é**ss dé la t**a**rdé*
24:00	*Il est minuit.*	**Son las doce de la noche.**	*sonn lass d**o**thé dé la n**o**tché*
01:00	*Il est une heure (du matin).*	**Es la una de la madrugada** OU **de la mañana.**	*éss la **ou**na dé la madroug**a**da OU dé la ma-gn**a**na*

Les repères dans le temps

- ***aujourd'hui*** **hoy** *[o**ï**]*
- ***demain*** **mañana** *[magn**a**na]*
- ***hier*** **ayer** *[ay**é**r]*
- ***après-demain*** **pasado mañana** *[pass**a**do magn**a**na]*
- ***avant-hier*** **anteayer** *[anntéay**é**r]*
- ***ce matin*** **esta mañana** *[**é**sta magn**a**na]*
- ***ce soir*** **esta tarde** OU **esta noche** *[**é**sta t**a**rdé]* OU *[**é**sta n**o**tché]*
- ***hier soir*** **ayer por la noche** *[ay**é**r por la n**o**tché]*
- ***demain matin*** **mañana por la mañana** *[magn**a**na por la magn**a**na]*
- ***demain après-midi*** **mañana por la tarde** *[magn**a**na por la t**a**rdé]*
- ***samedi soir*** **el sábado por la noche** *[él s**a**bado por la n**o**tché]*
- ***il y a deux jours*** **hace dos días** *[**a**thé doss d**i**yass]*
- ***la semaine dernière*** **la semana pasada** *[la sém**a**na pass**a**da]*
- ***dans un mois*** **dentro de un mes** *[d**é**nntro dé ounn méss]*
- ***l'année prochaine*** **el año que viene** *[él **a**gno ké bi**é**né]*

Communiquer

¡Hola! *[ola!]* (« bonjour ! ») : voilà un petit mot que vous ne risquez pas d'oublier ! Vous l'entendrez à tous les coins de rue et, quant à vous, n'hésitez pas à le dire bien haut en entrant dans les commerces. On vous en sera reconnaissant, pure question de courtoisie. Et puis ce **¡hola!** *[ola!]* sonore et tout simple présente un avantage certain : vous pouvez l'employer à toute heure de la journée sans risque d'erreur, ce qui n'est pas le cas des **¡buenos días!** *[bouénoss dîyass!]* (« bonjour ! », mais exclusivement le matin), **¡buenas tardes!** *[bouénass tardéss!]* (à partir de 14 heures) et **¡buenas noches!** *[bouénass notchéss!]* (« bonsoir », à partir de la tombée du jour). Sans oublier que ces expressions peuvent aussi être utilisées pour prendre congé. Un peu compliqué, non ? Alors, quand vous quittez un endroit ou une personne, faites simple également. Vous avez le choix entre **¡adiós!** *[adioss!]* (qui, contrairement à ce que l'on pourrait croire, n'est pas un adieu définitif) et **¡hasta luego!** *[asta louégo!]* (qui a perdu son sens littéral de « à bientôt ! »). Cela suffira amplement pour dire au revoir.

En Espagne, la politesse et la courtoisie sont marquées par une attitude cordiale plus que par des marques formelles.

Soyons simples

Vous remarquerez que nos voisins du Sud sont nettement moins « aficionados » aux **por favor** *[por fabor]* (« s'il vous plaît ») et **gracias** *[grathiass]* (« merci ») que nous. À table, en famille, un Espagnol ne dira pas : « Tu me passes le sel, s'il te plaît », mais **pásame la sal** *[passamé la sal]* (« passe-moi le sel »). Un peu brusque, certes, pour une oreille française. Mais n'allez pas interpréter cela comme un manque d'éducation manifeste. Il s'agit tout simplement d'une façon différente, plus simple, plus directe, de s'exprimer. De même, au café ou dans les magasins, oubliez les très français « Je pourrais avoir un café, s'il vous plaît » et autres « Je venais pour… ». Un simple **¿Me pones un café?** *[mé ponéss ounn kafé?]* (« Tu me sers un café ? ») ne choquera personne. Cependant rassurez-vous : si un **por favor** *[por fabor]* vous échappe (il est souvent difficile à oublier pour un locuteur français), on ne vous en tiendra pas rigueur. Peut-être même vous en sera-t-on reconnaissant !

Pardon !

Surtout ne vous étonnez pas si vous vous faites allègrement bousculer dans la rue et n'entendez aucun **perdone** *[pérdoné]* (« excusez-moi »). Même si cela peut être parfois un peu agaçant pour un passant français, n'en faites pas une affaire personnelle : s'excuser dans la rue ne fait pas partie des habitudes espagnoles.

Formules de politesse

Pour couper la parole ou poser une question, employez **disculpe** *[diskoulpé]* ou **perdone** *[pérdoné]*, pour dire « merci », **gracias** *[grathiass]*, et pour répondre poliment à des remerciements, **de nada** *[dé nada]* ou **no hay de qué** *[no aï dé ké]*.

Une familiarité chaleureuse

Cette décontraction a aussi ses bons côtés. Il n'est pas rare d'entendre le marchand de journaux ou l'épicière gratifier leur clientèle d'un **cielo** *[thiélo]*, **corazón** *[korathonn]* ou **cariño** *[karigno]* (un peu comme si votre boulanger vous appelait « mon chou » !). C'est toujours agréable… même si, ne nous y trompons pas, cela reste une façon de parler.

On se fait la bise ?

Voilà une question que l'on pose rarement en Espagne. Même lors d'une première rencontre, il est très courant pour les hommes d'embrasser les femmes (et inversement). Vous remarquerez également que les hommes qui se connaissent bien ont coutume de se donner de grandes « accolades » (**abrazos** *[abrathoss]*) quand ils se retrouvent, et ce tant dans une ambiance amicale que professionnelle.

Téléphoner en France et en Espagne

De la France vers l'Espagne : 00 34 + le numéro de votre correspondant. De l'Espagne vers la France : 00 33 + le numéro de votre correspondant, sans le 0. Pour les appels intérieurs en Espagne, il suffit de composer le numéro de votre correspondant (9 chiffres). Les numéros de portable commencent toujours par 6. Dans les cabines téléphoniques (de moins en moins nombreuses, portable oblige), vous pouvez utiliser des cartes prépayées ou des cartes téléphoniques vendues dans les kiosques à journaux et dans les « bureaux de tabac » (**estancos** *[éstannkoss]*). Des téléphones publics (de couleur verte) sont parfois encore disponibles dans les bars.

Galanterie masculine

Décontraction et galanterie peuvent aller de pair. Ainsi, certaines femmes apprécieront qu'on leur cède le passage ou qu'on leur tienne la porte, une habitude galante que les hommes espagnols ont à cœur de conserver.

Dans le bus ou dans le métro

Comme en France, la bienséance veut que l'on cède son siège aux femmes enceintes ou aux personnes âgées. Mais vous serez sans doute surpris de voir de vieilles personnes se lever pour céder leur place à… des enfants. Avec douceur et gentillesse. En Espagne, l'enfant est roi.

se saluer

Bonjour. *(le matin)*	**¡Buenos días!** *bou**é**noss d**i**yass!*
Bonjour. *(l'après-midi)*	**¡Buenas tardes!** *bou**é**nass t**a**rdéss!*
Bonsoir. *(la nuit)*	**¡Buenas noches!** *bou**é**nass n**o**tchéss!*
Salut !	**¡Hola!** ***o**la!*
Au revoir.	**¡Hasta luego!** ***a**sta lou**é**go!*
À tout à l'heure !	**¡Hasta ahora!** ***a**sta a**o**ra!*
À bientôt !	**¡Hasta pronto!** ***a**sta pr**o**nnto!*
À demain !	**¡Hasta mañana!** ***a**sta magn**a**na!*
Voulez-vous que nous échangions nos coordonnées / nos e-mails ?	**¿Me da sus señas / su dirección de correo electrónico y yo le doy las mías / la mía?** *mé da souss s**é**gnass / sou dirékthi**o**nn dé korr**é**o éléktr**o**niko i y**o** lé d**o**ï lass m**i**yass / la m**i**ya?*
Je vais devoir vous laisser.	**Lo siento, pero tengo que irme.** *lo si**é**nnto • p**é**ro t**é**nngo ké **i**rmé!*
Mes amitiés à tes parents !	**¡Dales recuerdos a tus padres!** *d**a**léss rrékou**é**rdoss a touss p**a**dréss!*
À l'année prochaine !	**¡Hasta el año que viene!** ***a**sta él **a**gno ké bi**é**né!*
On se retrouve en fin de journée ?	**¿Quedamos a última hora de la tarde?** *ké**da**moss a **ou**ltima **o**ra dé la t**a**rdé?*

le b.a.-ba

Oui.	**Sí.** *si*
Non.	**No.** *no*
S'il te / vous plaît.	**Por favor.** *por fab**o**r*
Merci (beaucoup).	**(Muchas) gracias.** *(m**ou**tchass) gr**a**thiass*
Pardon. *(pour s'excuser)*	**Perdón.** *pérd**o**nn*
Pardon. *(pour passer)*	**Con permiso.** *konn pérm**i**sso*
Comment allez-vous / vas-tu ?	**¿Qué tal?** *ké tal?*
Très bien, merci.	**Muy bien, gracias.** *m**ou**ï bi**é**nn • gr**a**thiass*
Et vous / toi ?	**¿Y usted / tú?** *i oust**é**d / tou?*
Je vous en / t'en prie.	**No hay de qué.** *no **a**ï dé ké*

¡hasta luego!

Cette expression est généralement employée pour prendre congé. Cependant, vous pourrez voir des personnes s'adresser un rapide **¡hasta luego!** *[asta louégo!]* et poursuivre leur chemin. Il s'agit là d'une marque de politesse, qu'il ne faut pas prendre à la lettre (« à bientôt »), et dont les Espagnols sont friands. Répondez par un autre **¡hasta luego!** *[asta louégo!]*. Facile !

les présentations

Je m'appelle Pierre.	Me llamo Pierre. *mé llamo pierre*
Comment vous appelez-vous ?	¿Cómo se llama? *komo sé llama?*
Je suis français(e).	Soy francés(esa). *soï frannthéss(éssa)*
D'où venez-vous ?	¿De dónde es? *dé donndé éss?*
Je viens de Paris.	Soy de París. *soï dé pariss*
Voici M. Durand.	Este es el señor Durand. *ésté éss él ségnor durand*
Je vous présente mon épouse / Lola.	Le presento a mi mujer / a Lola. *lé présséénnto a mi mouxér / a lola*
Ravi(e) de vous connaître / faire votre connaissance.	Encantado(a) de haberle(a) conocido. *énnkanntado(a) dé abérlé(a) konothido*
Bienvenu(e).	Bienvenido(a). *biémmbénido(a)*
J'ai… ans.	Tengo… años. *ténngo… agnoss*
Enchanté(e).	Encantado(a). *énnkanntado(a)*
Vous / Moi de même.	Igualmente. *igoualménnté*
Heureux(euse) d'avoir fait votre connaissance.	Encantado(a) de haberle(a) conocido. *énnkanntado(a) dé abérlé(a) konothido*

savoir questionner et demander

ourriez-vous m'aider vec... ?	**¿Me podría ayudar con…?** *mé podr**i**ya ayoud**a**r konn…?*
ourriez-vous nous pporter... ?	**¿Podría traernos…?** *podr**i**ya tra**é**rnoss…?*
vez-vous... ?	**¿Tiene…?** *ti**é**né…*
a-t-il... ?	**¿Hay…?** ***a**ï…?*
ù se trouve... ?	**¿Dónde está…?** *d**o**nndé ést**a**…?*
e cherche...	**Estoy buscando…** *ést**o**ï bousk**a**nndo…*
ù achète-t-on... ?	**¿Dónde se compra(n)…?** *d**o**nndé sé k**o**mmpra(nn)…?*
u'est-ce que c'est ?	**¿Qué es esto?** *ké éss **é**sto?*
e vais prendre...	**Voy a tomar…** *b**o**ï a tom**a**r…*
e voudrais...	**Querría** *kérr**i**ya…*

Petit lexique des questions

- Qui ? **¿Quién?** *[kiénn?]*
- Quel ? **¿Cuál?** *[kou**a**l?]*
- Où est / sont ? **¿Dónde está(n)?** *[d**o**nndé ést**a**(nn)?]*
- Pourquoi ? **¿Por qué?** *[por ké?]*
- Combien de temps ? **¿Cuánto tiempo?** *[kou**a**nnto ti**é**mmpo?]*
- Quand ? **¿Cuándo?** *[kou**a**nndo?]*

goûts et préférences

C'était très bien / très bon !	**¡Estaba muy bien / muy bueno!** *éstaba mouï biénn / mouï bouéno!*
J'aime…	**Me gusta(n)…** *mé gousta(nn)…*
Je n'aime pas…	**No me gusta(n)…** *no mé gousta(nn)…*
Je suis totalement de votre avis.	**Estoy completamente de acuerdo con usted.** *éstoï kommplétaménnté dé akouérdo konn oustéd*
J'aimerais bien…	**Me gustaría…** *mé goustariya…*
Je ne suis pas d'accord.	**No estoy de acuerdo.** *no éstoï dé akouérdo*
J'adore la voile.	**Me encanta la vela.** *mé énnkannta la béla*
Non merci, je n'aime pas trop…	**No, gracias, no me gusta mucho…** *no • grathiass • no mé gousta moutcho…*
À mon avis…	**Para mí…** *para mi…*
J'aime bien ton frère.	**Tu hermano me cae bien.** *tou érmano mé kaé biénn*

Parler avec précision

- bon **bueno** *[bouéno]*
- mauvais **malo** *[malo]*
- bien **bien** *[biénn]*
- mal **mal** *[mal]*
- fort **fuerte** *[fouérté]*
- faible **débil** *[débil]*
- beaucoup **mucho** *[moutcho]*
- peu **poco** *[poko]*
- assez **bastante** *[bastannté]*
- très **muy** *[mouï]*
- vite **rápido** *[rapido]*
- lentement **despacio** *[déspathio]*

pour mieux comprendre

Quoi ?	¿Cómo? *k**o**mo?*
Je ne comprends pas.	No entiendo. *no énntié**nndo***
Excusez-moi, mais je n'ai pas compris.	Disculpe, pero no he entendido. *disk**ou**lpé • p**é**ro no é énnténnd**i**do*
Désolé, mais je ne comprends toujours pas.	Lo siento, pero sigo sin entenderlo. *lo si**é**nnto • p**é**ro s**i**go sinn énnténnd**é**rlo*
Je suis français(e).	Soy francés(esa). *s**o**ï frannth**é**ss(**é**ssa)*
Je parle un tout petit peu espagnol.	Hablo un poquito español. ***a**blo ounn pok**i**to éspagn**o**l*
Je ne parle pas espagnol.	No hablo español. *no **a**blo éspagn**o**l*
Je peux vous poser une question ?	¿Le puedo hacer una pregunta? *lé pou**é**do ath**é**r **ou**na prég**ou**nnta?*
Pourriez-vous répéter plus lentement, s'il vous plaît ?	¿Podría repetirlo más despacio, por favor? *podr**i**ya rrépét**i**rlo mass désp**a**thio • por fab**o**r?*
Pourriez-vous épeler / me l'écrire, s'il vous plaît ?	¿Podría deletrearlo / escribírmelo, por favor? *podr**i**ya délétré**a**rlo / éskrib**i**rmélo • por fab**o**r?*
Je suis en vacances.	Estoy de vacaciones. *est**o**ï dé bakathi**o**néss*
Je n'ai pas entendu ce que vous avez dit.	No he oído lo que ha dicho. *no é o**ï**do lo ké a d**i**tcho*
Pouvez-vous parler plus fort ?	¿Puede hablar más alto? *pou**é**dé abl**a**r mass alto?*

les formules de politesse

les remerciements

Merci (beaucoup).	**(Muchas) gracias.** *(moutchass) grathiass*
Non, merci.	**No, gracias.** *no • grathiass*
Merci de votre aide.	**Gracias por su ayuda.** *grathiass por sou ayouda*
Je vous suis très reconnaissant(e) de…	**Le estoy muy agradecido(a) por…** *lé éstoï mouï agradéthido(a) por…*

les excuses

Excusez-moi.	**Disculpe.** *diskoulpé*
Je suis vraiment désolé(e).	**Lo siento mucho / muchísimo.** *lo siénnto moutcho / moutchissimo*
Je suis désolé(e) d'être en retard.	**Perdón por el retraso.** *pérdonn por él rrétrasso*
Je suis désolé(e) de vous déranger.	**Perdone que le(a) moleste.** *pérdoné ké lé(a) moléstè*
Ce n'est pas grave.	**No pasa nada.** *no passa nada*

Tutoiement et vouvoiement

Le tutoiement, beaucoup plus fréquent en Espagne qu'en France, ne doit pas être perçu comme un signe de familiarité excessive. Le vouvoiement (**usted** *[oustéd]* + 3e pers. du singulier / **ustedes** *[oustédéss]* + 3e pers. du pluriel) est essentiellement utilisé pour s'adresser aux personnes âgées ou pour marquer une réelle déférence. Ne soyez donc pas surpris si un jeune serveur sympathique vous demande : **¿Qué te pongo?** *[ké té ponngo?]* (« Qu'est-ce que je te sers ? »).

les compliments

élicitations !	**¡Enhorabuena!** *énorabou**é**na!*
ravo !	**¡Bravo!** *br**a**bo!*
omme c'est gentil !	**¡Es muy amable de su parte / por su parte!** *éss m**ou**ï am**a**blé dé sou p**a**rté / por sou p**a**rté!*
'était délicieux !	**¡Estaba riquísimo!** *ést**a**ba rrik**i**ssimo!*
uelle bonne idée !	**¡Qué buena idea!** *ké bou**é**na id**é**a!*
u danses vraiment rès bien.	**Bailas muy bien.** *b**a**ïlass m**ou**ï bi**é**nn*
a beaucoup de harme.	**Tiene mucho encanto.** *ti**é**né m**ou**tcho énnk**a**nnto*
'est bien.	**Está bien.** *ést**a** bi**é**nn*
a soirée d'hier était rès réussie.	**La fiesta de ayer estuvo muy bien.** *la fi**é**sta dé ay**é**r ést**ou**bo m**ou**ï bi**é**nn*
ien joué !	**¡Bien hecho!** *bi**é**nn **é**tcho!*
uel endroit harmant !	**¡Este lugar es precioso!** ***é**sté loug**a**r éss préthi**o**sso!*
e n'ai jamais rien vu 'aussi beau.	**Nunca había visto nada tan bonito.** *n**ou**nnka ab**i**ya b**i**sto n**a**da tann bon**i**to*
e la trouve très ympathique.	**Me parece muy maja.** *mé par**é**cé m**ou**ï m**a**xa*
u joues super bien au ennis !	**¡Juegas superbien al tenis!** *xou**é**gass soup**è**rbiènn al t**é**niss!*

les formules de politesse

les vœux

Bonne chance !	**¡(Buena) suerte!** *(bouéna) souérté!*
Amuse-toi bien !	**¡Que te lo pases bien!** *ké té lo passéss biénn!*
Bon appétit !	**¡Buen provecho!** *bouénn probétcho*
Bonnes vacances !	**¡Que pases buenas vacaciones!** *ké passéss bouénass bakathionéss!*
Bonne route !	**¡Buen viaje!** *bouénn biaxé!*
Bon anniversaire !	**¡Feliz cumpleaños!** *félith koummpléagnoss!*
Joyeuses pâques !	**¡Que pases una buena semana santa!** *ké passéss ouna bouéna sémana sannta!*
Joyeux Noël !	**¡Feliz navidad!** *félith nabidad!*
Bonne année !	**¡Feliz año nuevo!** *félith agno nouébo!*
À votre santé !	**¡(A su) salud!** *(a sou) saloud!*
Bonne continuation !	**¡Que vaya bien!** *ké baya biénn!*

Las doce uvas

En Espagne, la tradition veut que l'on avale douze grains de raisin au moment des 12 coups de minuit le 31 décembre. Un grain de raisin à chaque coup de cloche tout en faisant un vœu. Ce geste est censé porter chance toute l'année.

la météo

l fait très beau aujourd'hui.	**Hoy hace muy buen tiempo / muy bueno.** *oï athé mouï bouénn tiémmpo / mouï bouéno*
l y a du soleil.	**Hace sol.** *athé sol*
Le temps est humide / très lourd.	**Hay humedad. / Hace bochorno.** *aï oumédad / athé botchorno*
l fait (très) chaud / froid.	**Hace (mucho) calor / frío.** *athé (moutcho) kalor / friyo*
l pleut. / Il neige.	**Llueve. / Nieva.** *llouébé / niéba*
Quel temps épouvantable !	**¡Qué tiempo tan horrible / feo!** *ké tiémmpo tann orriblé / féo!*
Quel temps fait-il ce matin ?	**¿Esta mañana qué tiempo hace?** *ésta magnana ké tiémmpo athé?*
On annonce de la pluie / du soleil pour demain.	**Para mañana se espera lluvia / sol.** *para magnana sé éspéra lloubia / sol*
J'espère que le temps va changer / rester comme ça !	**¡Espero que el tiempo cambie / que el tiempo continúe así!** *éspéro ké él tiémmpo kammbié / ké él tiémmpo konntinoué assi!*
l y a du vent.	**Hay / Hace viento.** *aï / athé biénnto*
l y a du brouillard.	**Hay niebla.** *aï niébla*
Va-t-il y avoir de l'orage / une tempête ?	**¿Va a haber tormenta?** *ba a abèr tormènnta?*
Si seulement il pouvait continuer de faire beau !	**¡Ojalá siga haciendo bueno!** *Oxala siga athiènndo bouéno!*

la famille

Mes enfants s'appellent...	Mis hijos se llaman... *miss ixoss sé llamann...*
Ce sont vos enfants ?	¿Esos son sus hijos? *éssoss sonn souss ixoss?*
Mon fils / Ma fille a ... ans.	Mi hijo / hija tiene... años. *mi ixo / ixa tiéné... agnoss*
Je suis célibataire / séparé(e).	Estoy soltero(a) / separado(a). *éstoï soltéro(a) / séparado(a)*
Êtes-vous marié(e) ?	¿Está casado(a)? *ésta kassado(a)?*
Mes parents habitent... / Ma famille habite...	Mis padres viven en... / Mi familia vive en... *miss padréss bibénn énn... / mi familia bibé énn...*
Je / Mon frère travaille dans...	Yo trabajo en... / Mi hermano trabaja en... *yo trabaxo énn... / mi érmano trabaxa énn...*
Ma sœur / Ma fille fait des études de...	Mi hermana / Mi hija estudia... *mi érmana / mi ixa éstoudia...*
Comment s'appelle votre petit-fils / petite-fille ?	¿Cómo se llama su nieto(a)? *komo sé llama sou niéto(a)?*
Je suis avec ma belle famille.	Estoy con mis suegros. *éstoï konn miss souégross*

Noms de famille en Espagne

Les Espagnols ont deux noms de famille (**María López Márquez**), celui du père (**López**), suivi de celui de la mère (**Márquez**). Quand une femme se marie, elle conserve ses deux patronymes. Elle et son époux transmettent chacun leur premier patronyme à leurs enfants.

les loisirs

uels sont tes loisirs ?	**¿Qué pasatiempos tienes?** *ké passatiémmposs tiénéss?*
ratiquez-vous un port ?	**¿Practica algún deporte?** *praktika algounn déporté?*
uelle est ton équipe référée ?	**¿Cuál es tu equipo favorito?** *koual éss tou ékipo faborito?*
ui est-ce qui gagne ?	**¿Quién está ganando?** *kiénn ésta ganànndo?*
uel est le score du natch ?	**¿Cuál ha sido el resultado del partido?** *koual a sido él rréssoultado dél partido?*
a mi-temps a-t-elle éjà eu lieu ?	**¿Ya ha sido el descanso?** *ya a sido él déskannso?*
a te dit, une partie de illard ?	**¿Te apetece una partida de billar?** *té apététhé ouna partida dé billar?*
uel style de musique référes-tu ?	**¿Qué estilo de música prefieres?** *ké éstilo dé moussika préfiéréss?*
st-ce que tu joues 'un instrument de usique ?	**¿Tocas algún instrumento?** *tokass algounn innstrouménnto?*
s-tu vu le dernier film e… ?	**¿Has visto la última película de…?** *ass bisto la oultima pélikoula dé…?*
e fais de la natation.	**Hago natación.** *ago natathionn*
e ne suis pas très portif.	**No me va mucho el deporte.** *no mé ba moutcho él déporté*
n fait une partie de artes ?	**¿Echamos una partida a las cartas?** *étchamoss ouna partida a lass kartass?*
ai un assez bon ni-eau en équitation.	**Tengo un nivel bastante bueno de equitación.** *tènngo ounn nibèl bastannté bouéno dé ékitathionn*

COMMUNIQUER

au téléphone

appeler

Allô ! *(personne qui appelle)*	**¿Oiga?** *o**ï**ga?*
Allô ! *(personne qui répond)*	**¿Diga?** *d**i**ga?*
Anne Martin à l'appareil.	**Soy Anne Martin.** *so**ï** **a**nne mart**i**n*
Je voudrais parler à Lucía, s'il vous plaît.	**Quisiera hablar con Lucía, por favor.** *kissi**é**ra abl**a**r konn louth**i**ya • por fab**o**r*
Je suis bien à l'hôtel Oriente ?	**¿Estoy hablando con el hotel Oriente?** *ést**o**ï abl**a**nndo konn él ot**é**l ori**é**nnté?*
Pourriez-vous lui transmettre un message ?	**¿Le puede dar un recado?** *lé pou**é**dé dar ounn rrék**a**do?*
Puis-je lui laisser un message ?	**¿Puedo dejarle un recado?** *pou**é**do déx**a**rlé ounn rrék**a**do*
Pourriez-vous lui dire que j'ai appelé ?	**¿Le podrá decir que he llamado?** *lé podr**a** déth**i**r ké é llam**a**do?*
Pourriez-vous lui dire de m'appeler au 00 33... ?	**¿Le puede decir que me llame al 00 33...?** *lé pou**é**dé déth**i**r ké mé ll**a**mé al th**é**ro th**é**ro tr**é**ïnnta i tréss...?*
Je rappellerai plus tard.	**Volveré a llamar más tarde.** *bolbér**é** a llam**a**r mass t**a**rdé*
Qui est à l'appareil ?	**¿Con quién hablo?** *konn ki**é**nn **a**blo?*
Excusez-moi, j'ai dû faire un mauvais numéro.	**Perdón, debo de haberme equivocado de número.** *pérd**o**nn • d**é**bo dé ab**é**rmé ékib**o**kado dé n**ou**méro*
Je pense que vous faites erreur.	**Creo que se equivoca.** *kr**é**o ké sé ékib**o**ka*

appeler d'un portable

llô, je vous / t'appelle le mon portable.	**Hola. Le / Te llamo desde el móvil.** *ola • lé / té llamo désdé él mobil*
xcusez-moi, je ne ous entends pas bien.	**Perdone, pero le oigo mal.** *pérdoné • péro lé oïgo mal*
e ne capte pas bien, je e rappelle.	**No capto bien, te llamo más tarde.** *no kapto biénn • té llamo mass tardé*
Ion portable était teint.	**Tenía el móvil apagado.** *téniya él mobil apagado*
st-ce que je peux me ervir de votre ortable ?	**¿Puedo utilizar su móvil?** *pouédo outilithar sou mobil?*
l faut que je vous aisse.	**Tengo que dejarle(a).** *ténngo ké déxarlé(a)*
l faut que je recharge non portable.	**Tengo que cargar el móvil.** *ténngo ké kargar él mobil*

Vous entendrez

- **¿Diga?** *[diga?]*/ **¿Dígame?** *[digame?]* *(lorsqu'on repond)*
  Allo ?
- **Buenos días. ¿Qué desea?** *[bouénoss diyas ké • désséa?]*
  Bonjour. Vous désirez ?
- **No cuelgue, por favor.** *[no kouélgue • por fabor?]*
  Ne quittez pas, s'il vous plaît.
- **Espere un momento, por favor.** *[éspéré ounn moménnto • por fabor?]*
  Un moment, s'il vous plaît.
- **¿De parte de quién?** *[dé parté dé kiénn?]*
  De la part de qui ?
- **El número marcado no existe.** *[él nouméro markado no eksisté]*
  Ce numéro n'est pas attribué.
- **Deje un mensaje despuès de la señal** *[Déxé ounn mensaxé despouéss dé la segnal]*
  Veuillez enregistrer votre message après le signal sonore.

COMMUNIQUER

Crucemos les dedos
Croisons les doigts

Riquísimo
Délicieux

Hace mucho tiempo
Il y a longtemps

Más adelante
Plus tard

Mucha gente
Beaucoup de monde

¡Ojo!
Attention !

Organiser son séjour

Pour préparer votre voyage, le site Internet de l'*Office national espagnol du tourisme* (http://www.spain.info/) vous sera d'une aide précieuse. Disponible en français, ce site offre une information complète et détaillée qui vous permettra de choisir votre destination et d'organiser votre séjour suivant vos centres d'intérêt : sport, art et culture, tourisme balnéaire, tourisme vert, vacances en famille, voyages d'affaires, séjours linguistiques, etc. Vous y trouverez des renseignements sur les moyens de transport, l'hébergement (avec la possibilité de réserver), des conseils pratiques (formalités, météo en temps réel, santé...), les événements à ne pas manquer en fonction de vos dates de voyage, ou encore des reportages, des galeries-photos et des plans de ville à télécharger. Tout simplement incontournable ! Autre adresse utile : Ambassade de France à Madrid (http://ambafrance-es.org/france_espagne), avec des liens vers les consulats de France à Madrid, Barcelone, Bilbao et Séville, pour des conseils aux voyageurs et autres recommandations.

Chemin de Saint-Jacques, monuments et sites classés au patrimoine mondial de l'Unesco : séjours culturels ou paradis pour adeptes du bronzage, tout est possible en Espagne !

Art et histoire

Madrid et *Barcelone*, bien sûr, leurs rues chargées d'histoire, leurs musées et monuments incontournables (***musée du** Prado*, **Sagrada Familia**). Mais aussi parcourir l'***Andalousie*** et son héritage musulman (***Séville**, **Grenade**, **Cordoue***), partir sur les pas du ***Cid*** et de ***Don Quichotte***, et admirer les châteaux, les églises et les moulins des deux ***Castilles***, ou s'imprégner du génie de ***Goya*** dans la région qui l'a vu naître, l'***Aragon***, et sa capitale, ***Saragosse***. L'Espagne recèle des trésors que les amoureux d'art et d'histoire se feront un plaisir d'explorer.

Météo

Privilégiez le *printemps* et le *début de l'automne* pour visiter la Péninsule : soleil et températures clémentes sont généralement au rendez-vous dans l'ensemble du pays. Le *nord* jouit d'un climat océanique, doux et pluvieux. Ne pas oublier vêtements de pluie et petite laine, même en été. Au *centre*, les hivers sont rigoureux et les étés torrides. En juillet-août, le thermomètre y dépasse allègrement les 40 °C, de même qu'en *Andalousie*, à l'intérieur des terres. À prendre en compte si vous souhaitez visiter Madrid ou Séville. Sur le *pourtour méditerranéen*, les hivers sont doux et les étés chauds et secs. Aux *Canaries*, climat agréable toute l'année.

Sports d'été et d'hiver

À la pointe sud de l'Europe, les plages ventées de ***Tarifa*** sont

Fiesta !

L'Espagne, c'est bien connu, est aussi le pays de la fête. Pas une ville, un village, un quartier qui n'ait sa fête patronale, et les festivités religieuses ou populaires rythment l'année. En voici quelques-unes, parmi les plus réputées : *carnavals de Cadix et de Tenerife* (février) ; **Las Fallas**, Valence (semaine du 19 mars) ; processions de la *Semaine sainte* (mars) et **Feria de Abril** (avril), à Séville ; **San Isidro**, Madrid (15 mai) ; **Los Sanfermines**, Pampelune (juillet) ; **El Pilar**, Saragosse (octobre) ; **Tomatina** de Buñol, région de Valence (août) ; **La Mercè**, Barcelone (septembre).

un lieu de rendez-vous pour les ***surfeurs***, ***kitesurfeurs*** et autres ***véliplanchistes*** du monde entier, qui viennent y profiter des joies de la glisse. Quant aux ***amateurs de neige***, skieurs chevronnés ou sportifs débutants, ils trouveront dans les ***Pyrénées*** ou dans la ***Sierra Nevada*** (Andalousie) des stations modernes où ils pourront pratiquer le ski de fond ou le ski alpin en contemplant de superbes paysages.

Nature et randonnée

Envie de calme, d'air pur, de retour aux sources ? Les randonneurs sont invités à se joindre aux pèlerins sur le mythique ***chemin de Saint-Jacques***, mais aussi à découvrir les champs d'oliviers à perte de vue (***Andalousie***) ou des champs de blé (***Castille***), les paysages de montagne contrastés, au nord (**Picos de Europa**) comme au sud (**Las Alpujarras**), les parcs naturels et les écosystèmes préservés, qui combleront marcheurs et autres amoureux de la nature.

Plage et soleil

L'Espagne reste une destination privilégiée et pas trop lointaine pour des vacances au soleil, sans stress et sans nuages. Eaux tempérées, climat exceptionnel, les ***côtes de la Méditerranée*** et les ***îles Baléares*** sont des valeurs sûres pour les adeptes du farniente estival. Quant aux ***Canaries***, elles sont l'option idéale pour faire le plein de soleil en hiver sans trop dépenser.

réserver par téléphone

généralités

Je voudrais des renseignements sur les circuits touristiques.	**Quiero información acerca de los circuitos turísticos.** *kiéro innformathionn athérka dé loss thirkouïtoss touristikoss*
Je recherche une location, avez-vous quelque chose à me proposer ?	**Estoy buscando alquilar algo, ¿tiene algo que proponerme?** *éstoï bouskanndo alkilar algo • tiéné algo ké proponérmé?*
Je recherche un logement / une maison pour six / huit personnes.	**Estoy buscando una vivienda / una casa para seis / ocho personas.** *éstoï bouskanndo ouna bibiénnda / ouna kassa para séïss / otcho pérsonass*
Je voudrais une chambre avec salle de bains.	**Quiero una habitación con cuarto de baño.** *kiéro ouna abitathionn konn kouarto dé bagno*
Je voudrais un hôtel pour le mois de juillet.	**Quiero un hotel para el mes de julio.** *kiéro ounn otél para él méss dé xoulio*

Réserver par e-mail

- **asunto: reserva**
- **¡Buenos días!**
- **He encontrado sus señas en el sitio de la oficina de turismo de...**
- **Quisiera reservar dos habitaciones, al menos una con bañera, para cuatro personas en media pensión para la semana del 17 al 22 de agosto.**
- **¿Podría decirme cuánto nos costará y cómo hago para la señal?**
- **Gracias de antemano,**
- **Cordialmente,**

- objet : réservation
- Bonjour,
- J'ai trouvé votre adresse sur le site de l'office du tourisme de …
- Je voudrais réserver deux chambres, dont au moins une avec une baignoire, pour quatre personnes en demi-pension pour la semaine du 17 au 22 août.
- Pourriez-vous nous dire ce que cela nous coûtera et comment je fais pour vous verser les arrhes ?
- Merci d'avance,
- Cordialement,

généralités

Pouvez-vous nous envoyer de la documentation / une brochure, s'il vous plaît ?	¿Nos puede enviar documentación / un folleto, por favor? *noss pouédé émmbiar dokouménntathionn / ounn foïlléto • por fabor?*
Avez-vous un site / une adresse mail ?	¿Tienen una página web / una dirección electrónica? *tiénénn ouna paxina ouéb / ouna dirékthionn éléktronika?*
Auriez-vous une liste des prix ?	¿Dispone de una lista de precios? *disponé dé ouna lista dé préthioss?*
Quel est le prix de la chambre / de la chambre double ?	¿Cuánto cuesta una habitación / una habitación doble? *kouannto kouésta ouna abitathionn / ouna abitathionn doblé?*
Quel est le prix de la pension / de la demi-pension ?	¿Cuánto cuesta la pensión completa / la media pensión? *kouannto kouésta la pénnsionn kommpléta / la média pénnsionn?*
Faut-il verser des arrhes ?	¿Hay que dar una señal? *aï ké dar ouna ségnal?*
Doit-on payer par chèque / par carte/ à l'arrivée ?	¿Hay que pagar con cheque / con tarjeta / al llegar? *aï ké pagar konn tchéké / konn tarxéta / al lléгar?*
Faut-il payer à la réservation ?	¿Hay que pagar en el momento de hacer la reserva? *aï ké pagar énn él moménnto dé athér la rréssérba?*
Que pouvez-vous me proposer pour un budget de 800 euros ?	¿Qué me puede proponer por un presupuesto de 800 euros? *ké mé pouédé proponér por ounn préssoupouésto dé otchothiénntoss éouross?*
Je compte partir le 15 août et revenir le 18.	Pienso salir el 15 de agosto y volver el 18. *piénnso salir él kinnthé dé agosto i bolbér él diéthiotcho*

questions précises

Est-ce un prix tout compris ?	¿El precio lo incluye todo? *él préthio lo innklouyé todo?*
Il nous faudrait un logement accessible aux personnes handicapées.	Necesitamos una vivienda accesible para las personas con discapacidad. *néthéssitamoss ouna bibiénnda akthéssiblé para lass pérsonass konn diskapathidad*
À partir de quelle heure peut-on retirer la clé ?	¿A partir de qué hora se puede recoger la llave? *a partir dé ké ora sé pouédé rrékoxér la llabé?*
À quelle heure faut-il rendre les clés ?	¿A qué hora hay que devolver las llaves? *a ké ora aï ké débolbér lass llabéss?*
La cuisine est-elle équipée d'un lave-vaisselle / sèche-linge ?	¿La cocina está equipada con lavavajillas / secadora? *la kothina ésta ékipada konn lababaxillass / sékadora?*
Les draps et les serviettes sont-ils fournis ?	¿Proporcionan ustedes la ropa de cama y las toallas? *proporthionann oustédéss la rropa dé kama i lass toaïllass?*
Y a-t-il la climatisation ?	¿Hay aire acondicionado? *aï aïré akonndithionado?*
Faut-il un adaptateur ?	¿Hace falta un adaptador? *athé falta ounn adaptador?*
Y a-t-il une piscine / des activités pour enfants ?	¿Hay piscina / actividades para niños? *aï pisthina / aktibidadéss para nignoss?*
Le village / la plage / le lac est à quelle distance ?	¿A qué distancia queda el pueblo / la playa / el lago? *a ké distannthia kéda él pouéblo / la playa / él lago?*
Y a-t-il un parking ?	¿Hay algún parking? *aï algounn parkinng?*

répondre à une proposition

Cela me convient parfaitement.	Esto me va perfecto. *ésto mé ba pérfékto*
Je vous rappelle en cas d'annulation.	Volveré a llamar si decido anularlo. *bolbéré a llamar si déthido anoularlo*
Je vais réfléchir, puis je vous rappelle.	Me lo voy a pensar y ya le llamaré. *mé lo boï a pénnsar i ya lé llamaré*
Je vais étudier votre proposition.	Voy a estudiar su propuesta. *boï a éstoudiar sou propouésta*
Je vous appelle pour confirmer la réservation d'une chambre double pour le 20 mai.	Llamo para confirmar la reserva de una habitación doble para el 20 de mayo. *llamo para konnfirmar la rréssérba dé ouna abitathionn doblé para él béïnnté dé mayo*
J'ai consulté votre brochure / votre site et je voudrais réserver…	He visto su folleto / su página web y quisiera reservar… *é bisto sou foïlléto / sou paxina ouéb i kissiéra rréssérbar…*
Je voudrais réserver une chambre simple / double avec petit déjeuner.	Quisiera reservar una habitación individual / doble con desayuno. *kissiéra rréssérbar ouna abitathionn inndibidoual / doblé konn déssayouno*

Formalités

Pour voyager en Espagne, les ressortissants de l'Union européenne doivent posséder un *passeport* ou une *carte d'identité* en cours de validité. Pensez à demander la *carte européenne de sécurité sociale* auprès de votre caisse primaire d'assurance maladie pour permettre la prise en charge de vos soins en cas d'urgence. Vous devez vous munir du passeport de vos *animaux de compagnie*.

le voyage organisé

à l'agence

Je voudrais des renseignements sur les circuits touristiques.	**Quisiera información acerca de los circuitos turísticos.** *kissiéra innformathionn athérka dé loss thirkouïtoss touristikoss*
Je cherche un séjour pas trop cher.	**Estoy buscando un viaje no muy caro.** *éstoï bouskanndo ounn biaxé no mouï karo*
Nous voudrions visiter...	**Querríamos visitar...** *kérriyamoss bissitar...*
Je cherche un circuit artistique / culturel.	**Busco un circuito artístico / cultural.** *bousko ounn thirkouïto artistiko / koultoural*
Combien de jours dure le circuit ?	**¿Cuántos días dura el circuito?** *kouanntoss diyass doura él thirkouïto?*
Faut-il être en bonne condition physique / avoir un équipement précis ?	**¿Hay que estar en buena forma física / tener un equipo específico?** *aï ké éstar énn bouéna forma fissika / ténér ounn ékipo éspéthifiko?*
Vous avez des circuits individuels / pour une famille ?	**¿Tienen circuitos individuales / familiares?** *tiénénn thirkouïtoss inndibidoualéss / familiaréss?*

Petit lexique des logements

- appartement *(habitation)* **piso** *[pisso]*
- appartement *(au bord de la mer)* **apartamento** *[apartaménnto]*
- appart hôtel **apart(h)otel** *[apartotél]*
- auberge **albergue** *[albérgué]*
- chambre chez l'habitant **habitación en una casa particular** *[abitathionn énn ouna kassa partikoular]*
- gîte rural **casa rural** *[kassa rroural]*
- hôtel (deux / trois étoiles) **hotel (de dos / tres estrellas)** *[otél (dé doss / tréss éstréïllass)]*
- location *(maison)* **casa de alquiler** *[kassa dé alkilér]*
- location *(appartement)* **apartamento de alquiler** *[apartaménnto dé alkilér]*
- studio **estudio** *[éstoudio]*

le voyage organisé

à l'agence

Les repas sont-ils compris dans le prix ?	**¿Las comidas están incluidas en el precio?** *lass komidass éstann innklouïdass énn él préthio?*
Puis-je souscrire une assurance annulation ?	**¿Puedo contratar un seguro de anulación?** *pouédo konntratar ounn ségouro dé anoulathionn?*
Les taxes d'aéroport / Les frais de visa sont pris en charge ?	**¿Están incluidas las tasas de aeropuerto / de obtención del visado?** *éstann innklouïdass lass tassass dé aéropouérto / dé obténnthionn dél bissado?*
Faut-il payer les excursions et les entrées aux musées à part ?	**¿Las excursiones y las entradas a los museos se pagan aparte?** *lass ékskoursionéss i lass énntradass a loss mous-séoss sé pagann aparté?*
Les transferts depuis l'aéroport / Les liaisons entre les sites sont-ils en supplément ?	**¿Hay un suplemento por el transporte des-de el aeropuerto / por los enlaces entre los si-tios?** *aï ounn soupléménnto por él trannsporté désdé él aéropouérto / por loss énnlathéss énntré loss sitioss?*
Des périodes de temps libre / Des soirées libres sont-elles prévues au programme ?	**¿En el programa hay momentos de tiempo libre previstos / noches libres previstas?** *énn él programa aï moménntoss dé tiémmpo libré prébistoss / notchéss libréss prébistass?*
Faut-il prévoir des pourboires ? Pour le guide ? Pour le chauffeur ?	**¿Hay que dar propina? ¿Al guía? ¿Al conductor?** *aï ké dar propina? • al guiya? • al konndouktor?*
Quelles sont les conditions météo à cette époque de l'année ?	**¿Cuáles son las condiciones meteorológicas en esta época del año?** *kouałéss sonn lass konndithionéss météoroloxikass énn ésta époka dél agno?*
Deux circuits peuvent-ils être suivis l'un après l'autre ?	**¿Se puede empalmar un circuito después de otro?** *sé pouédé émmpalmar ounn thirkouïto déspouéss dé otro?*

le voyage organisé

réserver une excursion

Je cherche un circuit culturel pour la journée / pour deux jours.	**Busco un circuito cultural de un día / de dos días.** *bousko ounn thirkouïto koultoural dé ounn diya / de doss diyass*
Les visites conviennent-elles aux jeunes enfants ?	**¿Las visitas son adecuadas para niños pequeños?** *lass bissitass sonn adékouadass para nignoss pékégnoss?*
Y a-t-il des circuits sur les sites de la région ?	**¿Hay circuitos en los destinos de la región?** *aï thirkouïtoss énn loss déstinoss dé la rréxionn?*
Y a-t-il des réductions pour les étudiants / enfants / seniors ?	**¿Hay descuentos para estudiantes / niños / personas mayores?** *aï déskouénntoss para éstoudianntéss / nignoss / pérsonass mayoréss?*
Les entrées dans les musées / les expositions / les sites sont-elles comprises ?	**¿Las entradas a los museos / las exposiciones / los sitios están incluidas?** *lass énntradass a loss mousséoss / lass ékspossithionéss / loss sitioss éstann innklouïdass?*
Faut-il prévoir un pique-nique ?	**¿Hay que prever un picnic?** *aï ké prébér ounn piknik?*

Oublier le bruit de Madrid et de Barcelone

... et prendre le train ou l'autocar pour réaliser d'agréables excursions d'une journée. Aux environs de *Madrid*, ne pas manquer la ville-musée de *Tolède* ; **Alcalá de Henares**, berceau de Cervantès ; **El Escorial** ; **Ávila** ; *Ségovie*. Aux alentours de *Barcelone* : *Montserrat* ; le *musée Dali* à Figueras ; les *caves de Codorniu* (là où est produit **el cava** *[él kaba]*, le « champagne » espagnol) ou encore la jolie petite station balnéaire de *Sitges*.

payer

Quel est le montant des arrhes ?	¿Cuánto hay que dar como señal? *kouannto aï ké dar komo ségnal?*
Doit-on payer avec PayPal© / par virement sécurisé ?	¿Hay que pagar con PayPal© / con pago segurizado? *aï ké pagar konn péïpal / konn pago ségourithado?*
Y a-t-il des frais d'annulation ?	¿Hay gastos de anulación de la reserva? *aï gastoss dé anoulathionn dé la rrésérba?*
Que prenez-vous comme commission ?	¿Cuánto cobran de comisión? *kouannto kobrann dé komissionn?*
Dois-je payer d'avance ?	¿Tengo que pagar por adelantado? *ténngo ké pagar por adélanntado?*
Puis-je avoir un reçu / une facture ?	¿Me puede dar un recibo / una factura? *mé pouédé dar ounn réthibo / ouna faktoura?*
Faut-il payer en espèces ?	¿Hay que pagar en efectivo? *aï ké pagar énn éféktibo?*
Je vais payer en liquide.	Voy a pagar en efectivo. *boï a pagar énn éféktibo*
Puis-je payer avec ma carte ?	¿Puedo pagar con la tarjeta de crédito? *pouédo pagar konn la tarxéta dé krédito?*
Y a-t-il un supplément à payer ?	¿Hay que pagar un suplemento? *aï ké pagar ounn souplémennto?*
J'ai déjà réglé.	Ya he pagado. *ya é pagado*
Acceptez-vous les chèques de voyage ?	¿Admiten los cheques de viaje? *admitènn loss tchékèss dé biaxé?*
Le prix est-il toutes taxes comprises ?	¿En el precio va incluido el IVA? *ènn èl préthio ba innklouïdo èl iba?*
Vous pourriez me faire un prix ?	¿Me puede hacer una rebaja? *mé pouédé athèr ouna rébaxa?*

Adresses Internet

SITE OFFICIEL DU TOURISME EN ESPAGNE
http://www.spain.info/
Informations touristiques en français sur l'Espagne : comment arriver, cartes, plans, plans de villes, hôtels, transports, que voir, que visiter, guide d'activités et de loisirs, etc.

TODO SOBRE ESPAÑA
http://www.red2000.com/
Site en espagnol, anglais et allemand, avec beaucoup d'informations touristiques et culturelles (les régions, les villes, guides du voyageur, etc.), ainsi que de nombreuses photos.

ESPAGNEMANIA
http://www.espagnemania.com/
Guide de l'Espagne en français avec de nombreuses rubriques et des renseignements pratiques pour vous aider à préparer votre séjour.

CITYZEUM
http://www.cityzeum.com/tourisme/espagne
Carte d'Espagne, hôtels, sites touristiques et toute l'info nécessaire pour partir en vacances en Espagne dans ce site en français.

MAGIA RURAL
http://www.magiarural.com
Site en espagnol pour tous ceux qui seraient intéressés par les petites auberges à la campagne, les gîtes ruraux, mais aussi des monastères, des couvents, etc.

AMÉRICAS
http://www.americas-fr.com/
Et si ce qui vous intéresse est plutôt de visiter l'Amérique latine, ce site vous propose de précieuses informations sur les pays, la géographie, l'histoire, la culture, la littérature, le cinéma, l'actualité, etc.

Se déplacer

De nombreux *vols réguliers* assurent la liaison entre les principales villes françaises et les grandes villes espagnoles. *Iberia*, *Air France*, *Spanair* ou *Air Europa* offrent, parfois à des tarifs très intéressants, des départs de Paris et de province à destination de la Péninsule ou des îles Baléares et Canaries. Plusieurs compagnies low cost desservent Madrid et Barcelone (*EasyJet*, *Ryanair* et les compagnies espagnoles *Clickair* et *Vueling*), mais aussi Alicante (*Ryanair*, *Vueling*), Ibiza (*EasyJet*) ou Tenerife, via Madrid (*Vueling*).

De confortables *trains-hôtels* relient quotidiennement Paris-Austerlitz à Madrid (train **Francisco de Goya**) et à Barcelone (train **Joan Miró**), avec des départs de Blois et de Poitiers pour le premier, et d'Orléans et de Limoges pour le second. Les couples ou les familles de quatre ont la possibilité de réserver un compartiment-couchettes et de bénéficier d'un petit déjeuner compris dans le prix : l'occasion de faire un « vrai voyage comme autrefois », en famille ou en amoureux.

Envie de profiter de votre séjour à Madrid pour visiter Salamanque... de quitter Tenerife pour une escapade sur l'île de la Gomera... à vous de jouer.

En voiture

La voiture vous permettra de découvrir des coins reculés, où n'arrivent ni trains ni autocars. La plupart des grandes compagnies de location de véhicules (***Hertz***, ***Avis***, ***Europcar***...), qui ont des agences dans les villes ou sites touristiques, ainsi que dans les grandes gares et les aéroports, se partagent le marché avec des enseignes espagnoles (***National-Atesa***, ou encore ***Pepecar***, une nouvelle venue qui offre des prestations à bas prix). Une fois en route, ne vous affolez pas si vous entendez des coups de klaxon intempestifs, ou si un véhicule déboîte brusquement derrière vous pour doubler, ce sont là deux caractéristiques de la conduite espagnole. Quant aux excès de vitesse, ils ont tendance à disparaître. À savoir : vitesse limitée à ***120 km/h*** sur autoroute, ***90 km/h*** sur nationale et ***50 km/h*** en agglomération.

Sécurité routière

En raison d'un taux de mortalité élevé sur les routes, les contrôles de sécurité routière ont été récemment renforcés par la Guardia Civil *[gouardia thibil]* (équivalent de notre « gendarmerie »). Aujourd'hui, le port de la ceinture de sécurité, obligatoire à l'avant et à l'arrière du véhicule, est sévèrement contrôlé, les tests d'alcoolémie sont de plus en plus répandus et la vitesse est surveillée sur l'ensemble du réseau routier par des radars fixes ou mobiles. Sans oublier les panneaux lumineux qui avertissent les conducteurs imprudents : La velocidad puede matar (« la vitesse peut tuer »).

En avion

Les îles et les principales villes du pays sont desservies par des aéroports. Des liaisons intérieures sont assurées par les compagnies traditionnelles (***Spanair***, ***Air Nostrum***, filiale régionale d'***Iberia***) et par des low cost (***EasyJet***, ***Ryanair***, ***Vueling*** et ***Clickair***). Un « pont aérien » (**puente aéreo** ***[puénnté aéréo]***) relie Madrid à Barcelone (départs toutes les 15 minutes, sans réservation).

Et aussi...

Explorer l'intérieur du pays en quad, en 4 × 4 ou en « VTT » (**bicicleta de montaña** *[bithikléta dé montagna]*) ; se promener à « vélo » (**bicicleta** *[bithikléta]*) ou en « rollers » (**patines** *[patinéss]*) en ville, par exemple à Madrid et Barcelone ; visiter l'île de Formentera avec un « scooter » (**escúter** *[éskoutér]*) ou une « moto » (**moto** *[moto]*) ; descendre les rivières des Asturies ou de Galice en kayak ; flâner le long de l'Èbre en bateau : les agences de location vous proposent maintes façons originales de découvrir l'Espagne et ses richesses.

En train

Des lignes à grande vitesse (**AVE** ***[abé]***) relient Madrid à Séville (via Cordoue) et Madrid à Barcelone (via Saragosse), en 2 h 30 environ. Dans les grandes villes, les trains de banlieue (**cercanías** ***[thérkaniyass]***) constituent une excellente option pour visiter les alentours. Les compagnies proposent également des parcours thématiques ou touristiques, tous les dimanches d'été, par exemple.

En autocar

Ce mode de transport est très populaire parmi les Espagnols. Moins chers que le train et souvent plus rapides, des autocars modernes, confortables et climatisés, sillonnent l'ensemble du territoire et permettent de se rendre vers des destinations non desservies par le réseau ferroviaire. Des cars haut de gamme, plus chers mais luxueux, proposent même, pour certains, la connexion gratuite à Internet (catégorie **Supra** ou **Express**).

En bateau

Des lignes régulières assurent des liaisons entre la Péninsule et les ***Baléares*** au départ de Barcelone, Valence et Dénia. Un peu long pour se rendre aux ***Canaries*** (Cadix-Las Palmas : 16 heures de traversée...), le ferry reste un moyen de transport idéal pour voyager d'île en île.

en avion

se renseigner

Pourriez-vous me donner les horaires des vols Madrid-Paris ?	¿Podría darme los horarios de los vuelos Madrid-París? *podriya darmé loss orarioss dé loss bouéloss madrid pariss?*
Combien coûte un billet aller-retour pour Barcelone ?	¿Cuánto cuesta un billete de ida y vuelta para Barcelona? *kouannto kouésta ounn billété dé ida i bouélta para barthélona?*
Je voudrais réserver un aller simple pour Nice.	Querría reservar un billete para Niza. *kérriya rréssérbar ounn billété para nitha*
Y a-t-il une correspondance ?	¿Hay un enlace / una conexión con otro vuelo? *aï ounn énnlathé / ouna konnéksionn konn otro bouélo?*
Est-ce que je peux changer de vol au dernier moment ?	¿Puedo cambiar el vuelo en el último momento? *pouédo kammbiar él bouélo énn él oultimo moménnto?*
Y a-t-il une assurance annulation ?	¿Hay un seguro de anulación? *aï ounn ségouro dé anoulathionn?*
Vous avez des tarifs réduits ?	¿Hacen descuentos? *athénn déskouénntoss?*
Pour les bagages, quel est le poids maximum autorisé ?	¿Cuál es el peso máximo autorizado del equipaje? *koual éss él pésso maksimo aoutorithado dél ékipaxé?*
À quelle heure faut-il arriver à l'aéroport ?	¿A qué hora hay que llegar al aeropuerto? *a ké ora aï ké llégar al aéropouérto?*
De quel terminal l'avion part-il ?	¿De qué terminal sale el avión? *dé ké términal salé él abionn?*

arriver à l'aéroport

Par où accède-t-on au parking ?	¿Por dónde se va al aparcamiento?	*por d**o**nndé sé ba al aparkami**é**nnto?*
Pouvez-vous m'indiquer l'accueil / le tableau des vols ?	¿Me puede indicar dónde está el mostrador de información / el panel de vuelos?	*mé pou**é**dé inndik**a**r d**o**nndé ést**a** él mostrad**o**r dé innformathi**o**nn / él pan**é**l dé bou**é**loss?*
Où est le guichet Air France, s'il vous plaît ?	¿Dónde está el mostrador de Air France, por favor?	*d**o**nndé ést**a** él mostrad**o**r dé air fr**a**nce • por fab**o**r?*
Pouvez-vous m'aider avec la borne d'enregistrement automatique ?	¿Me puede ayudar con el terminal de facturación automática?	*mé pou**é**dé ayoud**a**r konn él términ**a**l dé faktourathi**o**nn aoutom**a**tika?*

l'enregistrement

J'ai raté mon vol, je dois changer mon billet.	He perdido el avión, tengo que cambiar el billete.	*é pérd**i**do él abi**o**nn • t**é**nngo ké kammbi**a**r él bill**é**té*
Je voudrais une place côté couloir / côté hublot.	Querría un asiento de pasillo / de ventana.	*kérr**i**ya ounn assi**é**nnto dé pass**i**llo / dé bénnt**a**na*
Puis-je garder ce sac comme bagage à main ?	¿Puedo llevar esta bolsa como equipaje de mano?	*pou**é**do llébar **é**sta b**o**lsa k**o**mo ékip**a**xé dé m**a**no?*
À quelle heure et où est l'embarquement ?	¿A qué hora y dónde es el embarque?	*a ké **o**ra i d**o**nndé éss él émmb**a**rké?*

Contrôles dans les aéroports

Depuis les attentats meurtriers du 11 septembre 2001 puis ceux du 11 mars 2004 à Madrid, les aéroports espagnols ont mis en place des mesures de sécurité draconiennes. L'accès aux salles d'embarquement est extrêmement contrôlé.

en avion

l'embarquement

Où se trouve le terminal B / la porte 2 ?	**¿Dónde está la terminal B / la puerta dos?** *donndé ésta la términal bé / la pouérta doss?*
Voici mon passeport et mon billet / ma carte d'embarquement.	**Aquí tiene mi pasaporte y mi billete / mi tarjeta de embarque.** *aki tiéné mi passaporté i mi billété / mi tarxéta dé émmbarké*
J'ai perdu ma carte d'embarquement.	**He perdido la tarjeta de embarque.** *é pérdido la tarxéta dé émmbarké*

dans l'avion

Puis-je avoir une boisson / une couverture / des écouteurs ?	**¿Me puede traer una bebida / una manta / cascos?** *mé pouédé traér ouna bébida / ouna mannta / kaskoss?*
Avez-vous des jeux pour les enfants ?	**¿Tienen juegos para niños?** *tiénénn xouégoss para nignoss?*
Le moniteur de télévision ne fonctionne pas.	**La pantalla de televisión no funciona.** *la panntaïlla dé télébissionn no founnthiona*

Vous entendrez

- **Su pasaporte y su billete, por favor.** *[sou passaporté i sou billété • por fabor]* Votre passeport et votre billet, s'il vous plaît.
- **Su tarjeta de embarque, por favor.** *[sou tarxéta dé émmbarké • por fabor]* Votre carte d'embarquement, s'il vous plaît.
- **¿Me permite ver su equipaje de mano, por favor?** *[mé pérmité bér sou ékipaxé dé mano • por fabor?]* Puis-je voir votre bagage à main, s'il vous plaît ?
- **¿Tiene algo que declarar?** *[tiéné algo ké déklarar?]* Avez-vous quelque chose à déclarer ?
- **¿Le importaría abrir su maleta, por favor?** *[lé immportariya abrir sou maléta • por fabor?]* Pourriez-vous ouvrir votre valise, s'il vous plaît ?

quitter l'aéroport

J'ai oublié quelque chose dans l'avion.	**He olvidado algo en el avión.** *é olbidado algo énn él abionn*
J'ai raté ma correspondance.	**He perdido el vuelo de enlace / conexión.** *é pérdido él bouélo dé énnlathé / konéksionn*
Où récupère-t-on les bagages ?	**¿Dónde se recogen las maletas?** *donndé sé rrékoxénn lass malétass?*
Excusez-moi, je cherche un chariot pour mes bagages.	**Perdone, estoy buscando un carrito para el equipaje.** *pérdoné • éstoï bouskanndo ounn karrito para él ékipaxé*
Mes bagages ne sont pas arrivés.	**Mis maletas no han llegado.** *miss malétass no ann llégado*

le transfert

Où sont les agences de location de voitures ?	**¿Dónde están las agencias de alquiler de coches?** *donndé éstann lass axénnthiass dé alkilér de kotchéss?*
Où se trouvent les bus / trains pour se rendre au centre-ville / à la gare centrale ?	**¿Dónde están los autobuses / trenes para ir al centro de la ciudad / a la estación central?** *donndé éstann loss aoutoboussés / trénéss para ir al thénntro dé la thioudad / a la éstathionn thénntral?*
Je voudrais un ticket pour le centre-ville, s'il vous plaît.	**Quisiera un billete para ir al centro de la ciudad, por favor.** *kissiéra ounn billété para ir al thénntro dé la thioudad • por fabor*
D'où partent les taxis ?	**¿De dónde salen los taxis?** *dé donndé salénn loss taksiss?*
Où puis-je payer le parking ?	**¿Dónde se paga el aparcamiento?** *donndé sé paga él aparkamiénnto?*
Combien coûte un taxi d'ici au centre-ville ?	**¿Cuánto cuesta un taxi al centro de la ciudad?** *kouannto kouésta ounn taksi al thénntro dé la thioudad?*

en train

se renseigner

Où se trouvent les guichets ?	¿Dónde están las taquillas (de venta de billetes)? *donndé éstann lass takillass (dé bénnta dé billétéss)?*
À quelle heure part le prochain train pour Bilbao ?	¿A qué hora sale el próximo tren para Bilbao? *a ké ora salé él proksimo trénn para bilbao?*
Je voudrais réserver deux places en première / seconde classe pour Séville.	Querría reservar dos asientos en primera / segunda clase para Sevilla. *kérriya rréssérbar doss assiénntoss énn priméra / ségounnda klassé para sébilla*
Je voudrais voyager en train-couchettes.	Quisiera viajar en coche cama. *kissiéra biaxar énn kotché kama*
Une place côté fenêtre dans le sens de la marche, s'il vous plaît.	Un asiento de ventanilla en el sentido de la marcha, por favor. *ounn assiénnto dé bénntanilla énn él sénntido dé la martcha • por fabor*
C'est un direct ou il y a un changement ?	¿Es directo o hay que hacer transbordo? *éss dirékto o aï ké athér trannsbordo?*
Y a-t-il un train plus tôt / tard ?	¿Hay algún tren más temprano / tarde? *aï algounn trénn mass témmprano / tardé?*
Est-ce qu'il y a une réduction pour les jeunes / les groupes / les plus de 60 ans ?	¿Hacen descuentos para jóvenes / grupos / mayores de sesenta años? *athénn déskouénntoss para xobénéss / grouposs / mayoréss dé séssénnta agnoss?*
La réservation est-elle obligatoire ?	¿Es obligatorio reservar? *éss obligatorio rréssérbar?*
Y a-t-il une consigne ?	¿Hay consigna? *aï konnsignna?*
Y a-t-il un supplément pour un animal de compagnie / un vélo ?	¿Hay que pagar un suplemento por un animal de compañía / una bicicleta? *aï ké pagar ounn souplémènnto por ounn animal dé kommpagniya / ouna bithikléta?*

en train

arriver à la gare

Où puis-je composter mon billet ?	¿Dónde se pica el billete? *donndé sé pika él billété?*
De quel quai part le train pour... ?	¿De qué vía sale el tren para...? *dé ké biya salé él trénn para...?*
De quels quais partent les trains grandes lignes / de banlieue ?	¿De qué vías salen los trenes de largo recorrido / de cercanías? *dé ké biyass salénn loss trénéss dé largo rrékorrido / dé thérkaniyass?*
Où est la voiture 8 ?	¿Dónde está el vagón ocho? *donndé ésta él bagonn otcho?*

dans le train

Pouvez-vous m'aider avec mes bagages ?	¿Me puede ayudar con las maletas? *mé pouédé ayoudar konn lass malétass?*
Excusez-moi, cette place est-elle libre ?	Perdone, ¿este asiento está libre? *pérdoné • ésté assiénnto ésta libré?*
Excusez-moi, je crois que vous êtes assis(e) à ma place.	Perdone, pero creo que se ha sentado en mi sitio. *pérdoné • péro kréo ké sé a sénntado énn mi sitio*
Pardon, monsieur / madame, je voudrais passer, s'il vous plait.	Con permiso, señor / señora, me deja usted pasar, por favor. *konn pérmisso • ségnor / ségnora • mé déxa oustéd passar • por fabor*

On prend le train !

RENFE : l'équivalent de notre **SNCF** (www.renfe.es). **FEVE** : société publique dont le réseau complète celui de la RENFE, notamment dans le Nord (www.feve.es). **ADIF** : organisme public chargé du développement et de la gestion des infrastructures ferroviaires. *Bon à savoir* : dans les gares, les « renseignements » (tarifs, horaires...) sont aux guichets de **atención al cliente**.

en bateau

se renseigner

Combien de temps dure la traversée / la promenade sur le lac ?	**¿Cuánto (tiempo) dura la travesía / el paseo por el lago?** *kouannto (tiémmpo) doura la trabéssiya / él passéo por él lago?*
Où achète-t-on les billets ?	**¿Dónde se compran los billetes?** *donndé sé kommprann loss billétéss?*
D'où part le bateau ?	**¿De dónde sale el barco?** *dé donndé salé él barko?*
Deux billets adultes et un enfant, s'il vous plaît.	**Dos billetes de adulto y uno de niño, por favor.** *doss billetéss dé adoulto i ouno dé nigno • por fabor*
Faites-vous des réductions pour les étudiants / pour les enfants ?	**¿Hacen descuentos para estudiantes / para niños?** *athénn déskouénntoss para éstoudianntéss / para nignoss?*
À quelle heure part le dernier bateau ?	**¿A qué hora sale el último barco?** *a ké ora salé él oultimo barko?*

à bord

Où sont les toilettes, s'il vous plaît ?	**¿Dónde están los servicios, por favor?** *donndé éstann loss sérbithioss • por fabor?*
Pourriez-vous m'indiquer la cafétéria / le « duty-free », s'il vous plaît ?	**¿Podría indicarme dónde está la cafetería / el "duty-free", por favor?** *podriya inndikarmé donndé ésta la kafétériya / él dioutifri • por fabor?*
Auriez-vous quelque chose contre le mal de mer ?	**¿Tiene algo para el mareo?** *tiéné algo para él maréo?*
Comment se rend-on sur le pont extérieur ?	**¿Cómo se sale a la cubierta exterior?** *kommo sé salé a la koubiérta ékstérior?*

se renseigner

Quand part le prochain car pour Tolède ?	¿Cuándo es el próximo autocar para Toledo? *kouanndo éss él proksimo aoutokar para tolédo?*
Combien de temps met le car pour Cordoue ?	¿Cuánto (tiempo) tarda el autocar en llegar a Córdoba? *kouannto (tiémmpo) tarda él aoutokar énn llégar a kordoba?*
Quelle est la fréquence des départs ?	¿Cada cuánto salen autocares? *kada kouannto salénn aoutokaréss?*
Le car est-il climatisé / équipé de toilettes ?	¿El autocar tiene aire acondicionado / aseo? *él aoutokar tiéné aïré akonndithionado / asséo?*

dans le car

Cette place est-elle prise / libre ?	¿Este asiento está ocupado / libre? *ésté assiénnto ésta okoupado / libré?*
Pardon, je crois que vous êtes assis(e) à ma place.	Perdone, pero creo que se ha sentado en mi sitio. *pérdoné • péro kréo ké sé a sénntado énn mi sitio*
Quand va-t-on faire un arrêt ?	¿Cuándo vamos a parar? *kouanndo bamoss a parar?*
Je dois descendre.	Tengo que bajarme. *ténngo ké baxarmé*

Pensez au car

Rapide, sûr et bon marché : des autocars modernes et confortables, et des départs fréquents vers les principales destinations. Les gares routières sont généralement situées dans les centres-villes ou à proximité. Compagnies principales : **Alsa** (www.alsa.es : page disponible en français), **Auto Res** (www.avanzabus.com), **La Sepulvedana** (www.lasepulvedana.es). Immersion assurée !

en voiture

louer un véhicule

Je voudrais louer une voiture / un scooter pour une semaine.	**Querría alquilar un coche / una escúter por una semana.** *kérr**i**ya alkil**a**r ounn k**o**tché / **ou**na éskoutér por **ou**na sém**a**na*
Quel est le tarif pour une journée ?	**¿Cuánto cuesta por día?** *kou**a**nnto kou**é**sta por d**i**ya?*
Combien coûte l'assurance tous risques ?	**¿Cuánto cuesta el seguro a todo riesgo?** *kou**a**nnto kou**é**sta él ség**ou**ro a t**o**do rri**é**sgo?*
Le kilométrage est-il illimité ?	**¿Tiene kilometraje ilimitado?** *ti**é**né kilométr**a**xé ilimit**a**do?*
Quel est le montant de la caution ?	**¿A cuánto se eleva el depósito de garantía?** *a kou**a**nnto sé él**é**ba él dép**o**ssito dé garannt**i**ya?*
Puis-je prendre le véhicule à Madrid et le rendre à Bilbao ?	**¿Puedo coger el vehículo en Madrid y devolverlo en Bilbao?** *pou**é**do kox**é**r él bé**ï**koulo énn madr**i**d i débolb**é**rlo énn bilb**a**o?*
Voici mon permis de conduire (international).	**Aquí tiene mi carné de conducir (internacional).** *ak**i** ti**é**né mi karn**é** dé konndouth**i**r (inntérnathion**a**l)*
Dois-je faire le plein avant de rendre la voiture ?	**¿Tengo que llenar el depósito antes de devolver el coche?** *t**é**nngo ké llén**a**r él dép**o**ssito **a**nntéss dé débolb**é**r él k**o**tché?*
Je viens rendre une voiture de location.	**Vengo a devolver un coche de alquiler.** *b**é**nngo a débolb**é**r ounn k**o**tché dé alkil**é**r*

Réseau autoroutier

Le réseau autoroutier est divisé entre **autovías** *[aoutobiyass]* (**A** sur les panneaux) et **autopistas** *[aoutopistass]* (**AP**). Les **autovías** sont gratuites, tandis que les **autopistas** sont payantes. Dans les deux cas, attention : vitesse limitée à *120 km/h*.

trouver son chemin

Comment rejoint-on le centre-ville / l'autoroute ?	¿Cómo se va al centro / a la autopista? *komo sé ba al thénntro / a la aoutopista?*
Je cherche une station-service / un garage.	Estoy buscando una gasolinera / un taller (mecánico). *éstoï bouskanndo ouna gassolinéra / ounn taïllér (mékaniko)*
Pourriez-vous m'indiquer où je me trouve sur la carte ?	¿Puede indicarme en el mapa dónde estoy? *pouédé inndikarmé énn él mapa donndé éstoï?*
Pourriez-vous m'indiquer la direction de Grenade ?	¿Me puede indicar por dónde se va a Granada? *mé pouédé inndikar por donndé sé ba a granada?*

se garer

Y a-t-il un parking près d'ici ?	¿Hay algún aparcamiento cerca de aquí? *aï algounn aparkamiénnto thérka dé aki?*
Est-ce que je peux stationner ici ?	¿Se puede aparcar aquí? *sé pouédé aparkar aki?*
Le stationnement est-il payant ?	¿Hay que pagar por aparcar? *aï ké pagar por aparkar?*
Où est l'horodateur / la caisse ?	¿Dónde está el parquímetro / la caja? *donndé ésta él parkimétro / la kaxa?*

Vous lirez

- **¡Atención! Curva peligrosa.** Attention, virage dangereux.
- **Cambio de sentido.** Changement de direction.
- **Con lluvia, modere su velocidad.** Réduire la vitesse en cas de pluie.
- **Retenciones hasta el km…** Ralentissement jusqu'au km…
- **Tráfico fluido.** Circulation fluide.
- **Uso obligatorio del cinturón de seguridad.** Port obligatoire de la ceinture de sécurité.

en voiture

à la station-service

Mon scooter / ma voiture est en panne.	Tengo la escúter averiada / el coche averiado. *ténngo la éskoutér abériada / él kotché abériado*
Le plein, s'il vous plaît.	Lleno, por favor. *lléno • por fabor*
Quel est le prix de l'essence ?	¿A cuánto está la gasolina? *a kouannto ésta la gassolina?*
Du gasoil pour 30 euros, s'il vous plaît.	30 euros de gasóleo, por favor. *tréïnnta éouross dé gassoléo • por fabor*
Pompe (numéro) 3.	Surtidor (número) tres. *sourtidor (nouméro) tréss*
Je voudrais vérifier la pression des pneus / le niveau d'huile / d'eau.	Quiero comprobar la presión de los neumáticos / el nivel de aceite / agua. *kiéro kommprobar la préssionn dé loss néoumatikoss / él nibél dé athéïté / agoua*
Pourriez-vous vérifier les freins / les phares ?	¿Puede comprobar los frenos / las luces? *pouédé kommprobar loss frénoss / lass louthéss?*
Où sont les toilettes, s'il vous plaît ?	¿Dónde están los lavabos, por favor? *donndé éstann loss lababoss • por fabor?*
Où puis-je changer mon bébé / chauffer un repas d'enfant ?	¿Dónde puedo cambiar al bebé / calentar la comida del niño? *donndé pouédo kammbiar al bébé / kalénntar la komida dél nigno?*

Vous entendrez

- **Aquí está prohibido aparcar.** *[aki ésta proïbido aparkar]* Il est interdit de stationner ici.
- **En esta calle hay que pagar por aparcar.** *[énn ésta kaïllé aï ké pagar por aparkar]* Dans cette rue, le stationnement est payant.
- **La documentación del vehículo, por favor.** *[la dokouménntathionn dél béïkoulo • por fabor]* Les papiers du véhicule, s'il vous plaît.

au garage

Savez-vous où je peux trouver un garagiste ?	¿Sabe dónde puedo encontrar a un mecánico? *sabé donndé pouédo énnkonntrar a ounn mékaniko?*
Pourriez-vous appeler une dépanneuse ?	¿Podría llamar a la grúa? *podriya llamar a la groua?*
La batterie est à plat.	La batería está descargada. *la batériya ésta déskargada*
L'air conditionné ne marche pas.	El aire acondicionado no funciona. *él aïré akonndithionado no founnthiona*
Les essuie-glaces ne fonctionnent plus.	Los limpiaparabrisas no funcionan. *loss limmpiaparabrissass no founnthionann*
Le moteur chauffe / fait un drôle de bruit.	El motor se calienta / hace un ruido extraño. *él motor sé kaliénnta / athé ounn rrouïdo ékstragno*
J'ai perdu le pot d'échappement.	Se me ha caído el tubo de escape. *sé mé a kaïdo él toubo dé éskapé*
Il y a une fuite d'huile dans le moteur.	El motor pierde aceite. *él motor piérdé athéïté*
Elle ne veut pas démarrer / passer en seconde / n'arrête pas de caler.	No quiere arrancar. / No se puede poner la segunda. / Se cala cada dos por tres. *no kiéré arrannkar / no sé pouédé ponér la ségounnda / sé kala kada doss por tréss*
Pouvez-vous vous charger de la réparation ?	¿Puede repararlo? *pouédé rrépararlo?*
Combien vont coûter les réparations ?	¿Cuánto va a costar la reparación? *kouannto ba a kostar la rréparathionn?*
Quand puis-je récupérer ma voiture ?	¿Cuándo puedo venir a buscar el coche? *kouanndo pouédo bénir a bouskar él kotché?*
Pouvez-vous m'établir une facture, s'il vous plaît ?	¿Me hace una factura, por favor? *mé athé ouna faktoura • por fabor?*

Automóvil
Automobile

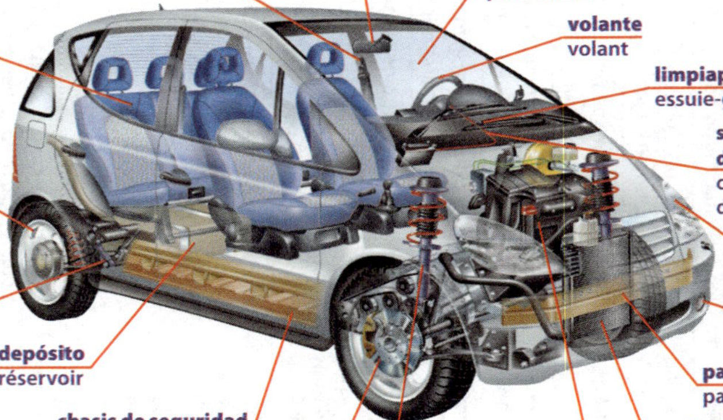

Se loger

Abrégeons…

- **H : hotel** *[otél]* hôtel
- **HR : hotel residencia** *[otél rréssidénnthia]* hôtel qui ne propose pas de service de restauration
- **HA : hotel apartamento** *[otél apartaménnto]* / **apart(h)otel** *[apartotél]* appart hôtel
- **RA : residencia apartamento** *[réssidénnthia apartaménnto]* appart hôtel
- **M : motel** *[motél]* motel
- **HS : hostal** *[ostal]* : petit hôtel
- **HSR : hostal residencia** *[ostal rréssidénnthia]* petit hôtel ne proposant pas de restauration
- **P : pensión** *[pénnsionn]* petit hôtel
- **F : fonda** *[fonnda]* pension de famille
- **CH : casa de huéspedes** *[kassa dé ouéspédéss]* pension de famille
- Seuls les **H, HR, HS** et **HSR** ont une catégorie affichée, et celle-ci va de 1 à 5 étoiles.

On trouve en Espagne de très nombreuses possibilités de logement pour les touristes de tous âges et de toutes conditions, et il y en a pour tous les budgets.

Hôtels et appart hôtels

Les diverses catégories d'hôtels sont classées de 1 à 5 étoiles. Les prix peuvent varier selon les saisons touristiques : **temporada alta** *[témmporada alta]*, **media** *[média]* ou **baja** *[baxa]*, « haute », « moyenne » ou « basse saison ». Les **aparthoteles** *[apartotéléss]* (aussi **apartahoteles** *[apartaotéléss]* ou **apartoteles** *[apartotéléss]*), « résidences hôtelières », sont conçus comme des hôtels et en offrent tous les services, mais proposent en plus une cuisinette équipée.

Paradores, albergues de carretera, ventas et posadas

Les **albergues de carretera** *[albérguéss dé karrétéra]* sont situées sur les grands axes routiers. Ce sont des gîtes d'étape confortables, ouverts jour et nuit. On ne trouve plus guère de **ventas** *[bénntass]*, « auberges de campagne », si ce n'est restaurées et luxueuses. Les **posadas** *[possadass]* sont une solution économique pour se loger à l'hôtel. Elles ont une ambiance plus conviviale et chaleureuse.

Les paradores : du luxe à des prix abordables

Les paradores nacionales *[paradoréss nathionaléss]* **sont pour la plupart des monuments historiques ou d'une grande valeur artistique (châteaux, couvents, monastères ou palais) reconvertis en établissements hôteliers haut de gamme. Il en existe aussi de plus récents et modernes, implantés dans des sites exceptionnels. Classés de 3 à 5 étoiles, la centaine d'établissements de ce type sont répartis sur l'ensemble de la péninsule Ibérique. Ils équivalent aux « Relais et Châteaux » français, mais ils sont la propriété de l'État et sont gérés par le ministère du Tourisme. Ils offrent un service de qualité et un confort garanti à des prix vraiment raisonnables par rapport aux prestations.**

Hostal et pensión, qu'esacò ?

Hostal *[ostal]* et **pensión** *[pénnsionn]* sont de petits hôtels, souvent des entreprises familiales. L'ambiance y est plus sympathique et moins formelle que dans un hôtel classique. Ils sont classés sur une échelle de 3 étoiles. Ils sont souvent modestes, mais certains **hostales** et **pensiones** offrent les installations du confort moderne hôtelier (télévision avec antenne satellite, air conditionné, accès Wi-Fi, etc.) pour un prix moyen inférieur de 30 à 50 %.

Les gîtes ruraux

Le tourisme rural est en plein essor en Espagne et on trouve des **casas rurales** *[kassass rrouraléss]* dans toutes les régions.

Villas et appartements meublés

Solution plus économique pour un long séjour, « la location », **el alquiler** *[él alkilér]*, d'un « appartement meublé », un **piso amueblado** *[pisso amouéblado]*, ou celle d'une **villa** *[billa]*, **chalé** *[tchalé]* ou **bungalow** *[bounngaloou]* s'il s'agit de passer des vacances au soleil, inclut non seulement l'usage des locaux, mais aussi de tous services et installations annexes ; seuls parfois les draps ne sont pas fournis. Habituellement, on verse des « arrhes », la **señal** *[ségnal]*, qui, selon les conditions du contrat, seront gardées par le propriétaire en cas d'**anulación** *[anoulathionn]*, « annulation ».

Camping et caravaning

L'Espagne est très bien pourvue en terrains de camping.

La catégorie du camping est indiquée, sur le dessin d'une tente, par **L** (= luxe), 1ª, 2ª ou 3ª, à l'entrée de l'établissement. Certains terrains de camping sont équipés en **mobilhomes** *[mobilxoméss]*, en **bungalows** *[bounngaloouss]* ou en **parcelas** *[parthélass]*, des « emplacements » avec électricité et eau. En dehors des campings aménagés, la **acampada libre** *[akammpada libré]*, le « camping sauvage », est plus ou moins tolérée, à condition de demander la permission au propriétaire du terrain.

Les chambres chez l'habitant

La pancarte bleue sur les façades des maisons et des immeubles arborant un **F** (**fonda** *[fonnda]*) ou **CH** (**casa de huéspedes** *[kassa dé ouéspédéss]*) indique que des pièces d'une maison ou d'un appartement ont été transformées en chambres d'hôtes. La **casa de huéspedes**, « pension de famille », est peu onéreuse et offre des installations simples. On y mange parfois à « la table d'hôte », **la mesa redonda** *[la méssa rrédonnda]*, en compagnie d'autres pensionnaires, ce qui permet de s'intégrer dans un milieu espagnol.

à l'hôtel

l'arrivée

Nous voudrions une chambre double / deux chambres simples.	**Quisiéramos una habitación doble / dos habitaciones individuales.** *kissi**é**ramoss **ou**na abitathi**o**nn d**o**blé / doss abitathi**o**néss inndibidou**a**léss*
Nous voudrions un lit supplémentaire pour un enfant.	**Quisiéramos una cama supletoria para un niño.** *kissi**é**ramoss **ou**na k**a**ma soupl**é**t**o**ria p**a**ra ounn n**i**gno*
Nous voudrions une chambre pour deux nuits, s'il vous plaît.	**Quisiéramos una habitación para dos noches, por favor.** *kissi**é**ramoss **ou**na abitathi**o**nn p**a**ra doss n**o**tchéss • por fab**o**r*
Je voudrais une chambre avec douche / avec baignoire.	**Querría una habitación con ducha / con bañera.** *kérr**i**ya **ou**na abitathi**o**nn konn d**ou**tcha / konn b**a**gnéra*
J'aimerais une chambre tranquille / avec vue sur la mer / côté jardin.	**Querría una habitación tranquila / con vistas al mar / que dé al jardín.** *kérr**i**ya **ou**na abitathi**o**nn trannk**i**la / konn b**i**stass al mar / ké dé al xard**i**nn*
J'ai réservé une chambre au nom de Dupuis par téléphone / par Internet.	**He reservado por teléfono / por internet una habitación a nombre de Dupuis.** *é rréssérb**a**do por tél**é**fono / por inntérn**é**t **ou**na abitathi**o**nn a n**o**mmbré dé dupui**s***
Quels sont vos tarifs ?	**¿Qué precios tienen?** *ké pr**é**thioss ti**é**nénn?*
Nous pensons rester trois nuits.	**Pensamos quedarnos tres noches.** *pénns**a**moss kéd**a**rnoss tréss n**o**tchéss*

Vos papiers, s'il vous plaît !

Lors de l'arrivée à l'hôtel, on doit déposer sa carte d'identité ou son passeport à la réception afin que les employés remplissent un formulaire. Ces pièces sont restituées le lendemain au plus tard.

l'arrivée

Faites-vous la demi-pension / la pension complète ?	¿Ofrecen media pensión / pensión completa? *ofréthénn média pénnsionn / pénnsionn kommpléta?*
Le petit déjeuner est-il inclus ?	¿Está incluido el desayuno? *ésta innklouïdo él déssayouno?*
Où le petit déjeuner est-il servi ?	¿Dónde se sirve el desayuno? *donndé sé sirbé él déssayouno?*
À quelle heure le repas est-il servi ?	¿A qué hora se sirve la comida? *a ké ora sé sirbé la komida?*
Y a-t-il une borne Internet / la Wi-Fi dans l'hôtel ?	¿Hay un punto Internet / wifi en el hotel? *aï ounn pounnto inntérnét / ouïfi énn él otél?*
Y a-t-il un code pour la nuit ?	¿Hay un código para entrar por la noche? *aï ounn kodigo para énntrar por la notché?*
Y a-t-il un parking ?	¿Hay un parking? *aï ounn parkinn?*
Pourriez-vous nous conseiller un autre hôtel ?	¿Nos podría recomendar otro hotel? *noss podriya rrékoménndar otro otél?*
Avez-vous un coffre pour les objets de valeur ?	¿Tienen caja fuerte para los objetos de valor? *tiénénn kaxa fouérté para loss obxétoss dé balor?*
Est-ce qu'il y a un ascenseur ?	¿Hay ascensor? *aï asthénnsor?*
Je voudrais une chambre calme.	Querría una habitación tranquila. *kérriya ouna abitathionn trannkila*
Pourrais-je voir la chambre ?	¿Puedo ver la habitación? *pouédo bèr la abitathionn?*
Y a-t-il la télévision dans la chambre ?	¿En la habitación hay televisión? *ènn la abitathionn aï télébissionn?*

à l'hôtel

le séjour

La clé de la chambre 121, s'il vous plaît.	La llave de la habitación 121, por favor. *la llabé dé la abitathionn thiénnto béïnntiouno • por fabor*
Je voudrais prendre le petit déjeuner dans ma chambre.	Quisiera tomar el desayuno en la habitación. *kissiéra tomar él déssayouno énn la abitathionn*
Où peut-on chauffer un biberon / un repas d'enfant ?	¿Dónde se puede calentar un biberón / una comida de niño? *donndé sé pouédé kalénntar ounn bibéronn / ouna komida dé nigno?*
Nous aimerions rester une nuit supplémentaire.	Querríamos quedarnos una noche más. *kérriyamoss kédarnoss ouna notché mass*
Est-ce qu'il y a des messages pour moi ?	¿Tienen algún recado para mí? *tiénénn algounn rrékado para mi?*
L'air conditionné / Le chauffage / La télévision ne marche pas.	El aire acondicionado / La calefacción / La televisión no fuciona. *él aïré akonndithionado / la kaléfakthionn / la télébissionn no founnthiona*
Il n'y a pas de lumière dans la salle de bains.	No hay luz en el cuarto de baño. *no aï louth énn él kouarto dé bagno*
Est-il possible d'avoir une couverture / une serviette / un oreiller supplémentaire ?	¿Me pueden dar otra manta / toalla / almohada? *mé pouédénn dar otra mannta / toaïlla / almoada?*
Avez-vous de la documentation sur la région / la ville ?	¿Tienen documentación sobre la región / la ciudad? *tiénénn dokouménntathionn sobré la rréxionn / la thioudad?*
Le problème sera-t-il réglé dès aujourd'hui ?	¿Resolverán el problema hoy mismo? *réssolbérann él probléma oï mismo?*

le départ

Je vais partir.	Voy a irme. *boï a irmé*
Pourriez-vous préparer ma note ?	¿Me puede prepara la cuenta? *mé pouédé préparar la kouénnta?*
Je voudrais payer, s'il vous plaît.	Querría pagar, por favor. *kérriya pagar • por fabor*
Pourriez-vous me réveiller à sept heures ?	¿Me podrían despertar a las siete? *mé podriyann déspértar a lass siété?*
À quelle heure doit-on libérer la chambre ?	¿A qué hora hay que dejar la habitación libre? *a ké ora aï ké déxar la abitathionn libré?*
Pouvons-nous laisser les bagages quelque part ?	¿Podemos dejar las maletas en algún sitio? *podémoss déxar lass malétass énn algounn sitio?*
Puis-je régler par chèque / carte de crédit ?	¿Puedo pagar con talón / tarjeta de crédito? *pouédo pagar konn talonn / tarxéta dé krédito?*
Puis-je avoir un reçu, s'il vous plaît ?	¿Me da un recibo, por favor? *mé da ounn rréthibo • por fabor?*
Je crois qu'il y a une erreur.	Creo que hay un error. *kréo ké aï ounn érror*

Vous lirez sur les formulaires

- **apellido(s)** nom(s) de famille
- **nombre** prénom
- **fecha y lugar de nacimiento** date et lieu de naissance
- **fecha / ciudad / país** date / ville / pays
- **sexo** sexe
- **situación familiar** situation familiale
- **domicilio** adresse personnelle
- **hijos** enfants
- **expedido el / por** délivré le / par
- **caduca el** expire le

l'arrivée

Où est notre emplacement ?	**¿Dónde está nuestra parcela?** *donndé ésta nouéstra parthéla?*
Vous reste-t-il des emplacements libres ?	**¿Les quedan parcelas libres?** *léss kédann parthélass libréss?*
Nous voudrions un emplacement pour deux tentes et une voiture / un camping-car.	**Querríamos una parcela para dos tiendas y un coche / una autocaravana.** *kérriyamoss ouna parthéla para doss tiénndass i ounn kotché / ouna aoutokarabana*
Combien coûte un emplacement pour une tente et deux personnes ?	**¿Cuánto cuesta una parcela para una tienda y dos personas?** *kouannto kouésta ouna parthéla para ouna tiénnda i doss pérsonass?*
Louez-vous des mobile homes / des bungalows ?	**¿Alquilan ustedes mobilhomes / bungalows?** *alkilann oustédéss mobilxoméss / bounngaloouss?*
Est-il possible de louer une tente ?	**¿Alquilan tiendas (de campaña)?** *alkilann tiénndass (dé kammpagna)?*
Y a-t-il un tarif à la semaine ?	**¿Hay una tarifa semanal?** *aï ouna tarifa sémanal?*
Faut-il payer à l'arrivée ou au départ ?	**¿Se paga al llegar o al marcharse?** *sé paga al llégar o al martcharsé?*
Doit-on payer une caution ?	**¿Hay que dejar una fianza?** *aï ké déxar ouna fiànntha?*
On préférerait une place à l'ombre.	**Preferiríamos una parcela a la sombra.** *préféririyamoss ouna parthéla a la sommbra*
Ne vous reste-t-il pas d'emplacements plus éloignés de la route ?	**¿No les quedan parcelas más alejadas de la carretera?** *no léss kédann parthélass mass aléxadass dé la karrétéra?*

le séjour

Y a-t-il une supérette à l'intérieur du camping ?	**¿Hay un supermercado en el camping?** *aï ounn soupérmérk**a**do énn él k**a**mmpinn?*
Y a-t-il une laverie / un endroit où laver et faire sécher le linge ?	**¿Hay lavandería / un lugar para lavar y tender la ropa?** *aï labanndér**i**ya / ounn loug**a**r p**a**ra lab**a**r i ténnd**é**r la rr**o**pa?*
Où se trouvent les sanitaires ?	**¿Dónde están los sanitarios?** *d**o**nndé ést**a**nn loss sanit**a**rioss?*
Le camping propose-t-il des activités ?	**¿El camping propone actividades?** *él k**a**mmpinn prop**o**né aktibid**a**déss?*
Vous fermez à quelle heure pour la nuit ?	**¿A qué hora cierran por la noche?** *a ké **o**ra thi**é**rrann por la n**o**tché?*
Y a-t-il une aire de jeux pour enfants ?	**¿Hay una zona de juegos para niños?** *aï **ou**na th**o**na dé xou**é**goss p**a**ra n**i**gnoss?*
Y a-t-il un mini-club ?	**¿Hay un miniclub?** *aï ounn minikl**ou**b?*
Y a-t-il une discothèque dans le camping ?	**¿En el camping hay discoteca?** *énn él k**a**mmpinn **a**ï diskot**é**ka?*

Panneaux dans le camping

- **Recepción** Accueil
- **Área de juegos para niños** Aire de jeux pour les enfants
- **Área de picnic** Aire de pique-nique
- **Correos** Boîtes aux lettres
- **Punto internet** Borne Internet
- **Teléfono público** Cabine téléphonique
- **Cocina** Cuisine
- **Duchas** Douche
- **Supermercado** Épicerie
- **Lavabo** Lavabo
- **Aseos** Toilettes
- **Lavandería** Laverie
- **Ping-pong** Ping-pong
- **Piscina** Piscine
- **Restaurante** Restaurant
- **Sanitarios** Sanitaires

à l'auberge de jeunesse

l'arrivée

Nous avons réservé une chambre familiale pour ce soir au nom de Duval.	Tenemos reservada una habitación familiar para esta noche a nombre de Duval. *ténémoss rréssérbada ouna abitathionn familiar para ésta notché a nommbré dé duval*
Vous avez uniquement des dortoirs ?	¿Solo tienen habitaciones compartidas? *solo tiénénn abitathionéss kommpartidass?*
Avez-vous des chambres doubles / pour quatre personnes ?	¿Tienen habitaciones dobles / para cuatro personas? *tiénénn abitathionéss dobléss / para kouatro pérsonass?*
Avez-vous des chambres avec douche ?	¿Tienen habitaciones con ducha? *tiénénn abitathionéss konn doutcha?*
Les chambres sont-elles mixtes ?	¿Las habitaciones son mixtas? *lass abitathionéss sonn mikstass?*
Quel est le prix par nuit et par personne ?	¿Cuánto cuesta por noche y por persona? *kouannto kouésta por notché i por pérsona?*
Faites-vous des réductions pour les étudiants / enfants ?	¿Hacen descuentos para estudiantes / niños? *athénn déskouénntoss para éstoudianntéss / nignoss?*
Faut-il la carte de l'Association des auberges de jeunesse pour passer la nuit ?	¿Hace falta el carné de alberguista juvenil para poder alojarse? *athé falta él karné dé albérguista xoubénil para podér aloxarsé?*
Est-il possible d'avoir des serviettes de toilette / des draps ?	¿Dan toallas / sábanas? *dann toaïllass / sabanass?*
L'auberge est-elle adaptée aux fauteuils roulants ?	¿El albergue está adaptado para las sillas de ruedas? *él albérgué ésta adaptado para lass sillass dé rrouédass?*

le séjour

Y a-t-il une consigne automatique ?	¿Hay consigna automática? *aï konnsignna aoutomatika?*
Y a-t-il une laverie automatique / un restaurant ?	¿Hay lavandería / restaurante? *aï labanndériya / rréstaourannté?*
Y a-t-il une cuisine équipée pour préparer les repas ?	¿Hay cocina equipada para preparar las comidas? *aï kothina ékipada para préparar lass komidass?*
Y a-t-il un couvre-feu ?	¿Hay toque de queda? *aï toké dé kéda?*
Avez-vous une salle de détente / de jeux ?	¿Tienen una sala de recreo / de juegos? *tiénénn ouna sala dé rrékréo / dé xouégoss?*
Le petit déjeuner est-il compris dans le prix ?	¿El desayuno está incluido en el precio? *él déssayouno ésta innklouïdo énn él préthio?*
Y a-t-il une aire de jeux pour les enfants ?	¿Hay un área de juegos para niños? *aï ounn aréa dé xouégoss para nignoss?*
À quelle heure faut-il libérer les chambres ?	¿A qué hora hay que dejar las habitaciones libres? *a ké ora aï ké déxar lass abitathionéss libréss?*
Nous partons très tôt.	Nos vamos muy temprano. *noss bamoss mouï témmprano*

SE LOGER

En Espagne, on ne badine pas avec l'eau

L'eau du robinet en Espagne est tout à fait potable mais a souvent un goût très fort : si on ne l'apprécie pas, mieux vaut acheter de l'eau minérale. Certaines régions d'Espagne souffrant de sécheresse, il est fréquent en été qu'il y ait des restrictions d'eau. De plus en plus d'établissements encouragent leurs clients à garder leurs serviettes de bain tant qu'elles ne sont pas sales afin d'éviter des lessives inutiles.

en location

l'arrivée

Nous avons réservé un appartement au nom de...	**Tenemos un apartamento reservado a nombre de...** *tén**é**moss ounn apartam**é**nnto rréssérb**a**do a n**o**mmbré dé...*
Pouvez-vous nous faire visiter ?	**¿Lo podemos visitar?** *lo pod**é**moss bissit**a**r?*
Quelle est la clé de la porte d'entrée ?	**¿Cuál es la llave de la puerta de entrada?** *kou**a**l éss la ll**a**bé dé la pou**é**rta dé énntr**a**da?*
Où se trouve le compteur / le chauffe-eau / l'alarme ?	**¿Dónde está el contador / el calentador de agua / la alarma?** *d**o**nndé ést**a** él konntad**o**r / él kalénntad**o**r dé **a**goua / la al**a**rma?*
Où puis-je vous joindre ?	**¿Cómo puedo contactar con usted?** *k**o**mo pou**é**do konntakt**a**r konn oust**é**d?*
Pouvons-nous faire l'état des lieux rentrant ?	**¿Podemos listar las cosas que hay en el apartamento y especificar en qué estado están al entrar?** *pod**é**moss list**a**r lass k**o**ssass ké **a**ï énn él apartam**é**nnto i éspéthifik**a**r énn ké **é**stado ést**a**nn al énntr**a**r?*
Avez-vous une deuxième clé ?	**¿Tiene una copia de la llave?** *ti**é**né **ou**na k**o**pia dé la ll**a**bé?*
L'eau du robinet est-elle potable ?	**¿El agua del grifo es potable?** *él **a**goua dél gr**i**fo éss pot**a**blé?*

Petit lexique des logements

- appartement *(habitation)* **piso** *[pisso]*
- appartement *(au bord de la mer)* **apartamento** *[apartaménnto]*
- chambre chez l'habitant **habitación en una casa particular** *[abitathionn énn ouna kassa partikoular]*
- location *(maison)* **casa de alquiler** *[kassa dé alkilé]*
- location *(appartement)* **apartamento de alquiler** *[apartaménnto dé alkilér]*
- studio **estudio** *[éstoudio]*

le séjour

Avez-vous des draps de rechange ?	¿Tiene otro juego de sábanas? *tiéné otro xouégo dé sabanass?*
La bouteille de gaz est vide.	La bombona de butano está vacía. *la bommbona dé boutano ésta bathiya*
Y a-t-il des couvertures supplémentaires ?	¿Hay otras mantas? *aï otrass manntass?*
Comment marche la douche / le chauffage / le lave-vaisselle ?	¿Cómo funciona la ducha / la calefacción / el lavavajillas? *komo founnthiona la doutcha / la kaléfakthionn / él lababaxillass?*
Un fusible a grillé.	Se ha fundido un fusible. *sé a founndido ounn foussiblé*
Où se trouve l'aspirateur / le balai ?	¿Dónde está la aspiradora / la escoba? *donndé ésta la aspiradora / la éskoba?*

le départ

Quel jour viendra la femme de ménage ?	¿Qué día vendrá la señora de la limpieza? *ké diya bénndra la ségnora dé la limmpiétha?*
Quand viendrez-vous pour l'état des lieux sortant ?	¿Cuándo vendrán para listar las cosas que hay en el apartamento y especificar en qué estado están al irnos? *kouanndo bénndrann para listar lass kossass ké aï énn él apartaménnto i éspéthifikar énn ké éstado éstann al irnoss?*
Nous avons cassé des assiettes / des verres.	Hemos roto platos / vasos. *émoss rroto platoss / bassoss*
Cette tache existait déjà.	Esta mancha ya estaba antes. *ésta manntcha ya éstaba anntéss*
Puis-je récupérer ma caution ?	Quisiera recuperar la fianza. *kissiéra rrékoupérar la fianntha*

l'arrivée

Je suis heureux(euse) de faire enfin votre connaissance.	Me alegro de que por fin nos conozcamos. *mé alégro dé ké por finn noss konothkamoss*
Je vous reconnais d'après votre photo.	Lo(a) he reconocido por la foto. *lo(a) rrékonothido por la foto*
C'est gentil à vous d'être venus me chercher à l'aéroport.	Ha sido muy amable al venir a buscarme al aeropuerto. *a sido mouï amablé al bénir a bouskarmé al aéropouérto*
Quelle jolie chambre / belle maison ! / Quel bel appartement !	¡Qué habitación / casa tan bonita! / ¡Qué piso tan bonito! *ké abitathionn / kassa tann bonita! / ké pisso tann bonito!*
L'appartement est spacieux.	El piso es amplio. *él pisso éss ammplio*
Je suis venu(e) avec...	He venido con… *é bénido konn…*
J'espère améliorer mon espagnol.	Espero mejorar mi español. *éspéro méxorar mi éspagnol*

Un petit détail

Être hébergé en famille d'accueil permet d'expérimenter la vie à l'espagnole et de mettre en pratique les leçons apprises à l'école. Partager les traditions et habitudes est un grand plus pour l'apprentissage de la langue. Il est courant et bienvenu d'amener un petit cadeau à la famille d'accueil. Rien n'est obligatoire, mais c'est un geste qui facilite les premiers contacts. Il n'est pas nécessaire de choisir un cadeau onéreux ; un album de photos ou un produit typique de votre région d'origine sera apprécié.

le séjour

Où puis-je mettre mes bagages ?	**¿Dónde puedo dejar las maletas?** *d**o**nndé pou**é**do déx**a**r lass mal**é**tass?*
Où est ma chambre ?	**¿Dónde está mi habitación?** *d**o**nndé ést**a** mi abitathi**o**nn?*
Où sont les verres / les serviettes de toilette ?	**¿Dónde están los vasos / las toallas?** *d**o**nndé ést**a**nn loss b**a**ssoss / lass to**a**ïllass?*
À quelle heure prenez-vous votre petit déjeuner ?	**¿A qué hora desayunan?** *a ké **o**ra déssay**ou**nann?*
À quelle heure déjeunerons / dînerons-nous ?	**¿A qué hora comeremos / cenaremos?** *a ké **o**ra komér**é**moss / thénar**é**moss?*
Je préférerais du café / du thé.	**Prefiero café / té.** *préfi**é**ro kaf**é** / té*
Ne changez rien pour moi, je mange de tout.	**No cambien nada por mí, yo como de todo.** *no k**a**mmbiénn n**a**da por mi • yo k**o**mo dé t**o**do*
Désolé(e), je ne mange pas de viande / je n'aime pas le poisson.	**Lo siento, pero no como carne / no me gusta el pescado.** *lo si**é**nnto • p**é**ro no k**o**mo k**a**rné / no mé g**ou**sta él pésk**a**do*
Pourriez-vous me montrer comment fonctionne la douche ?	**¿Podría enseñarme cómo funciona la ducha?** *podr**i**ya énnségn**a**rmé k**o**mo founnthi**o**na la d**ou**tcha?*
Comment allume-t-on le four ?	**¿Cómo se enciende el horno?** *k**o**mo sé énnthi**é**nndé él **o**rno?*
Je peux me préparer un cacao ?	**¿Puedo hacerme un cacao?** *pou**é**do ath**é**rmé ounn kak**a**o?*
Que prenez-vous au petit déjeuner, en général ?	**¿Qué suele desayunar?** *ké sou**é**lé déssayoun**a**r?*

le savoir-vivre

Je suis désolé(e) d'être en retard.	**Siento / Lamento llegar tarde.** *siénnto / laménnto llégar tardé*
Pardon pour mon retard, je me suis trompé(e) de bus.	**Perdón por el retraso, me he equivocado de autobús.** *pérdonn por él rrétrasso • mé é ékibokado dé aoutobouss*
Je suis vraiment désolé(e), mais j'ai cassé le vase qui est dans ma chambre.	**Lo siento mucho, he roto el jarrón que hay en mi habitación.** *lo siénnto moutcho • é rroto él xarronn ké aï énn mi abitathionn*
Je vais essuyer la vaisselle.	**Voy a secar los platos.** *boï a sékar loss platoss*
Je serais ravi(e) de vous rendre service.	**Estaría encantado(a) de poder ayudarle.** *éstariya énnkanntado(a) dé podér ayoudarlé*
Je vais vous aider.	**Voy a ayudarle(a).** *boï a ayoudarlé(a)*
Je m'en vais.	**Voy a salir.** *boï a salir*
Ne vous inquiétez pas si je rentre un peu tard.	**No se preocupe si vuelvo un poco tarde.** *no sé préokoupé si bouélbo ounn poko tardé*
Je serai de retour vers cinq heures.	**Volveré a eso de las cinco.** *bolbéré a ésso dé lass thinnko*

Et si on se tutoyait ?

Ne soyez pas surpris, les Espagnols ont tendance à **tutear** *[toutéar]*, « tutoyer », très vite leurs interlocuteurs, même s'ils les connaissent depuis peu. Il ne faut pas prendre cette marque de sympathie et de sociabilité pour un geste déplacé, le tutoiement ne remettant aucunement en cause le respect.

le départ

Il faut que je sois à l'aéroport à six heures. À quelle heure dois-je quitter la maison ?	Tengo que estar en el aeropuerto a las seis. ¿A qué hora tengo que salir de casa? *ténngo ké éstar énn él aéropouérto a lass séïss • a ké ora ténngo ké salir dé kassa?*
Il faut que je fasse ma valise. Le taxi sera là dans une heure.	Tengo que hacer la maleta. El taxi llegará dentro de una hora. *ténngo ké athér la maléta • él taxi llégara dénntro dé ouna ora*
J'ai le temps, mon train ne part qu'à dix heures et demie.	Tengo tiempo, mi tren no sale hasta las diez y media. *ténngo tiémmpo • mi trénn no salé asta lass diéth i média*
Merci pour tout (ce que vous avez fait).	Gracias por todo (lo que ha hecho). *grathiass por todo (lo ké a étcho)*
C'était formidable, merci.	Ha sido estupendo, gracias. *a sido éstoupénndo • grathiass*
J'appellerai quand je serai rentré(e).	Llamaré cuando llegue. *llamaré kouanndo llégué*
À bientôt, j'espère.	Hasta pronto, espero. *asta pronnto • éspéro*
Si vous voulez venir en France, vous serez les bienvenus.	Si quieren venir a Francia, serán bienvenidos. *si kiérénn bénir a frannthia • sérann biémmbénidoss*
Peut-être pourrions-nous nous revoir l'été prochain ?	¿Tal vez podríamos volver a vernos el verano que viene? *tal béth podriyamoss bolbér a bérnoss él bérano ké biéné?*
Je reviendrai.	Volveré. *bolbéré*
Maintenant, c'est à vous de venir.	Ahora les toca a ustedes venir a verme. *aora léss toka a oustédéss bénir a bérmé*

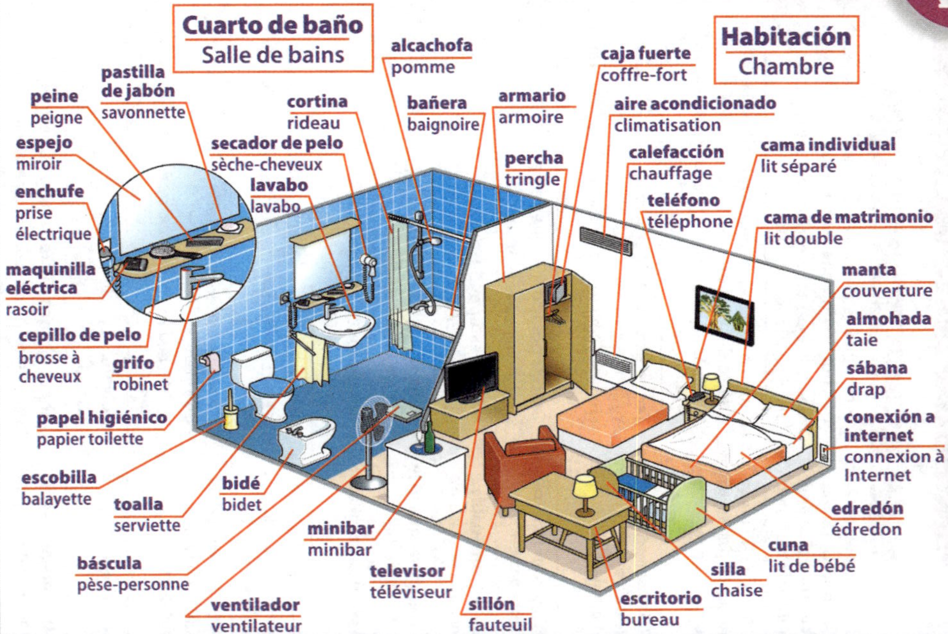
Cuarto de baño
Salle de bains
pastilla de jabón
savonnette
peine
peigne
espejo
miroir
enchufe
prise électrique
maquinilla eléctrica
rasoir
cepillo de pelo
brosse à cheveux
grifo
robinet
papel higiénico
papier toilette
escobilla
balayette
toalla
serviette
báscula
pèse-personne
ventilador
ventilateur
cortina
rideau
secador de pelo
sèche-cheveux
lavabo
lavabo
alcachofa
pomme
bañera
baignoire
bidé
bidet
minibar
minibar
televisor
téléviseur
sillón
fauteuil
armario
armoire
percha
tringle
caja fuerte
coffre-fort
aire acondicionado
climatisation
calefacción
chauffage
teléfono
téléphone
escritorio
bureau
silla
chaise
Habitación
Chambre
cama individual
lit séparé
cama de matrimonio
lit double
manta
couverture
almohada
taie
sábana
drap
conexión a internet
connexion à Internet
edredón
édredon
cuna
lit de bébé

À table !

Paella, chorizo, sangría... Vous pensez tout connaître de la cuisine espagnole ? Ne vous méprenez pas, chaque région offre des spécialités qui méritent d'être découvertes : **pescadito frito** *[péskadito frito]* (« friture de petits poissons ») et **gazpacho** *[gathpatcho]* (« soupe froide de concombres, tomates et poivrons ») en *Andalousie* ; **fabada** *[fabada]* (sorte de « cassoulet ») et **chorizo a la sidra** *[tchoritho a la sidra]* (« chorizo au cidre ») dans les *Asturies* ; **cochinillo** *[kotchinillo]* (« cochon de lait ») ou **cordero** *[kordéro]* (« agneau ») rôtis, **sopa castellana** *[sopa kastéïllana]* (« soupe castillane ») ou **de ajo** *[dé axo]* (« à l'ail ») en *Castille* ; **pa amb tomàquet** *[pa amm tomakét]* (« pain à la tomate »), **escalivada** *[éskalibada]* (« légumes marinés ») ou **crema catalana** *[kréma katalana]* (« crème renversée caramélisée ») en *Catalogne* ; **pulpo a feira** *[poulpo a féïra]* (« poulpe assaisonné de paprika et d'huile d'olive ») ou **empanadas** *[émmpanadass]* (« tourtes ») variées en *Galice* ; **bacalao al pil pil** *[bakalao al pilpil]* (« plat de morue à base d'ail »), **en salsa** *[énn salsa]* (« au persil et aux petits pois ») ou **a la vizcaína** *[a la bithkaïna]* (« aux poivrons, tomates et oignons ») au *Pays basque* ; sans oublier les célèbres **arroces** *[arrothéss]* (« riz cuisinés ») de la région de *Valence*, où vous pourrez déguster l'authentique paella !

Rares sont les endroits en Espagne où vous ne trouverez pas "una tasca", un petit bistrot, où prendre un verre avec une assiette de jambon et de fromage.

Bon appétit !

Le matin

N'hésitez pas à prendre votre petit déjeuner dans les bars et autres **cafeterías** ***[kafétériyas]*** (qui n'ont rien à voir avec nos self-services !). Vous pourrez y commander un café au lait avec des **churros** ***[tchour-ross]*** (« sorte de beignets ») ou du pain grillé sur lequel vous verserez, à la mode andalouse, une huile d'olive de qualité. Si vous avez des goûts plus traditionnels, pas de souci, le beurre (généralement doux) et la confiture sont aussi au rendez-vous !

Le midi et le soir

Pour déjeuner ou pour dîner, vous n'aurez que l'embarras du choix. Le midi, les **restaurantes** ***[réstaouranntéss]*** proposent habituellement, en plus de leur carte, un **menú del día** ***[ménou dél diya]*** (« menu du jour ») composé de deux plats et d'un dessert, d'un rapport qualité/prix

L'eau à table

Vous ne verrez pas de carafes d'eau servies sur les tables en Espagne. Il vous faudra commander une eau en bouteille : **agua sin gas** *[agoua sinn gass]* « eau plate », ou **agua con gas** *[agoua konn gass]* « eau gazeuse ». Et si vous le souhaitez, de l'« eau minérale » **agua mineral** *[agoua minéral]*, « fraîche » **fría** *[friya]* ou « naturelle » **del tiempo** *[dél tiémmpo]*.

souvent intéressant. Les **tabernas** *[tabérnass]* et **mesones** *[méssonéss]* vous offrent la possibilité de manger sous forme de **tapas** *[tapass]* ou **raciones** *[rrathionéss]*, c'est-à-dire de commander plusieurs plats que le serveur disposera au milieu de la table et que vous pourrez partager. Une excellente façon de goûter à toutes les spécialités régionales ! Vous remarquerez que le fromage se mange en entrée (l'expression « entre la poire et le fromage » n'ayant donc pas cours chez nos voisins), et que la salade est servie sans assaisonnement : l'huile, le vinaigre et le sel sont sur la table… à vous de l'assaisonner à votre goût. Le midi comme le soir les repas ont tendance à se prolonger autour d'un café, puis d'un digestif, que vous pouvez aller prendre dans un café. Les Espagnols se plaisent eux aussi à refaire le monde et les conversations s'animent autour d'un verre de **pacharán** *[patcharann]* (« liqueur à base de baies ») ou d'**anís** *[aniss]* (« anisette »). Il peut être utile de préciser que les alcools forts (rhum, gin, whisky) ne se boivent pas en apéritif, mais après le repas.

Horaires

Attention, les repas sont plus tardifs que dans le reste de l'Europe : vers 14 h-15 h pour le déjeuner et 22 h, voire 23 h, pour le dîner. Toutefois, les petits déjeuners sont servis dans les bars jusqu'à 12 h-12 h 30, et à toute heure vous pourrez y prendre un petit en-cas.

Sur le pouce

Vous avez un programme de visites chargé et vous préférez manger sur le pouce ? Plutôt que de vous restaurer dans une **hamburguesería** *[ammbourguéssériya]* (« fast-food »), choisissez donc de vous installer au comptoir d'un petit bar tout simple ou d'une **cervecería** *[thérbéthériya]* (« brasserie »), et commandez un **pincho de tortilla** *[pinntcho de tortilla]* (« une part d'omelette aux pommes de terre ») ou l'une des variantes du traditionnel **bocadillo** *[bokadillo]* (« sandwich ») : aux calamars, au jambon de pays, au fromage…

au restaurant

l'arrivée

Je voudrais réserver une table pour ce soir.	Querría reservar una mesa para esta noche. *kérriya rrésérbar ouna méssa para ésta notché*
Nous avons réservé au nom de Legrand.	Hemos hecho una reserva a nombre de Legrand. *émoss étcho ouna rréssérba a nommbré dé legrand*
Une table pour ... personnes.	Una mesa para ... personas. *ouna méssa para ... pérsonass*
Combien de temps faut-il attendre pour avoir une table, nous sommes trois ?	Somos tres, ¿cuánto (tiempo) hay que esperar para una mesa? *somoss tréss • kouannto (tiémmpo) aï ké éspérar para ouna méssa*
Servez-vous encore ?	¿Todavía sirven? *todabiya sirbénn?*
Peut-on s'installer en terrasse / à l'intérieur ?	¿Podemos ponernos en la terraza / en el interior? *podémoss ponérnoss énn la térratha / énn él inntérior?*
Pouvez-vous nous installer une chaise haute pour ma fille ?	¿Puede traernos una trona para la niña? *pouédé traérnoss ouna trona para la nigna?*
Pourriez-vous nous apporter le menu / la carte des boissons, s'il vous plaît ?	¿Nos puede traer el menú / la carta de bebidas, por favor? *noss pouédé traér él ménou / la karta dé bébidass • por fabor?*
Avez-vous une carte traduite en français / en anglais ?	¿Tienen una carta en francés / inglés? *tiénénn ouna karta énn frannthéss / inngléss?*
Y a-t-il une formule plat plus dessert ?	¿Tienen una fórmula de plato principal y postre? *tiénénn ouna formoula dé plato prinnthipal i postré?*
Nous n'avons pas encore choisi.	Aún no hemos elegido. *aounn no émoss éléxido*

la commande

Quels sont les plats typiques de la région ?	**¿Cuáles son las especialidades regionales?** *kouàléss sonn lass éspéthialidadéss rréxionaléss?*
Quel est le plat du jour / votre spécialité ?	**¿Cuál es el plato del día / la especialidad de la casa?** *koual éss él plato dél diya / la éspéthialidad dé la kassa?*
Avez-vous un menu enfant / végétarien ?	**¿Tienen menú infantil / vegetariano?** *tiénénn ménou innfanntil / béxétariano?*
Est-ce épicé ?	**¿Pica?** *pika*
Saignant / À point / Bien cuit, s'il vous plaît !	**Poco hecho / En su punto / Muy hecho, por favor.** *poko étcho / énn sou pounnto / mouï étcho • por fabor*
Que proposez-vous en accompagnement ?	**¿Con qué guarnición lo sirven?** *konn ké gouarnithionn lo sirbénn?*
J'ai changé d'avis, je vais prendre le poisson à la place de la viande.	**Mire, finalmente voy a tomar pescado en lugar de carne.** *miré • finalménnté boï a tomar péskado énn lougar dé karné*
Nous aimerions prendre un apéritif.	**Queremos tomar un aperitivo.** *kérémoss tomar ounn apéritibo*

Petit lexique de la table

- la table **la mesa** *[la méssa]*
- la chaise **la silla** *[la silla]*
- l'assiette **el plato** *[él plato]*
- le verre **el vaso** *[él basso]*
- la fourchette **el tenedor** *[él ténédor]*
- le couteau **el cuchillo** *[él koutchillo]*
- la cuillère **la cuchara** *[la koutchara]*
- la petite cuillère **la cucharilla** *[la koutcharilla]*
- la serviette **la servilleta** *[la sérbilléta]*

le repas

Je voudrais une bouteille d'eau minérale plate / gazeuse.	Póngame una botella de agua mineral sin gas / con gas. *ponngamé **ou**na botéïlla dé **a**goua minér**a**l sinn gass / konn gass*
Pourrais-je avoir de l'eau / du pain / du sel et du poivre / de l'huile et du vinaigre, s'il vous plaît ?	¿Me puede traer agua / pan / sal y pimienta / aceite y vinagre, por favor? *mé pou**é**dé tra**é**r **a**goua / pann / sal i pimi**é**nnta / ath**é**ïté i bin**a**gré • por fab**o**r?*
Ce n'est pas ce que j'avais commandé.	Esto no es lo que había pedido. ***é**sto no éss lo ké ab**i**ya péd**i**do*
Je suis désolé, mais ce vin est bouchonné.	Oiga, este vino sabe a corcho. ***o**ïga • ésté b**i**no s**a**bé a k**o**rtcho*
Ce vin n'est pas assez frais / est trop frais.	Este vino no está suficientemente frío / está demasiado frío. ***é**sté b**i**no no ést**a** soufithiénntém**é**nnté fr**i**yo / ést**a** démassi**a**do fr**i**yo*
Désolé(e), mais le poisson n'est pas assez cuit.	Perdone, pero el pescado no está suficientemente cocido. *pérd**o**né • p**é**ro él pésk**a**do no ést**a** soufithiénntém**é**nnté kothi**d**o*
Pouvez-vous réchauffer mon plat / ce biberon ?	¿Me puede calentar el plato / el biberón? *mé pou**é**dé kalénnt**a**r él pl**a**to / él bibér**o**nn?*
Pourriez-vous nous donner des cuillères pour les enfants ?	¿Me puede dar cucharas para los niños? *mé pou**é**dé dar koutch**a**rass p**a**ra loss n**i**gnoss?*
Qu'avez comme desserts ?	¿Qué tienen de postre? *ké ti**é**nénn dé p**o**stré?*
Où sont les toilettes, s'il vous plaît ?	¿Dónde están los servicios, por favor? *d**o**nndé ést**a**nn loss sérb**i**thioss • por fab**o**r?*

l'addition

L'addition, s'il vous plaît !	**¡La cuenta, por favor!** *la kouénnta • por fabor!*
Je voudrais régler, s'il vous plaît.	**Quiero pagar, por favor.** *kiéro pagar • por fabor*
C'était délicieux !	**¡Estaba buenísimo / riquísimo!** *éstaba bouénissimo / rrikissimo!*
Nos compliments au chef.	**¡Feliciten al cocinero!** *félithiténn al kothinéro!*
Je crois que vous vous êtes trompé(e), nous n'avons pas pris de dessert.	**Creo que se ha equivocado, no hemos tomado postre.** *kréo ké sé a ékibokado • no émoss tomado postré*
Vous acceptez les cartes de crédit ?	**¿Aceptan las tarjetas de crédito?** *athéptann lass tarxétass dé krédito?*
Je vais payer en liquide.	**Voy a pagar en efectivo.** *boï a pagar énn éféktibo*
On va payer séparément.	**Cada uno paga lo suyo.** *kada ouno paga lo souyo*

Vous entendrez…

- **¿Para cuántas personas?** *[para kouanntass pérso-nass?]* C'est pour combien de personnes ?
- **¿Cuántos son?** *[kouanntoss sonn?]* Vous êtes combien ?
- **Tendremos una mesa libre dentro de un cuarto de hora.** *[ténndrémoss ouna méssa libré dénntro dé ounn kouar-to dé ora]* Il y aura une table libre dans un quart d'heure.
- **¿Tiene reserva?** *[tiéné rrés-sérba?]* Vous avez réservé ?
- **¿Qué van a tomar?** *[ké bann a tomar]* Vous désirez ?
- **Ya no nos queda.** *[ya no noss kéda]* Nous n'en avons plus.
- **Está cerrado.** *[ésta thérrado]* C'est fermé.

au café

l'arrivée

Cette table / chaise est-elle libre ?	**¿Está libre esta mesa / silla?** *ésta libré ésta méssa / silla?*
S'il vous plaît !	**¡(Camarero,) por favor!** *(kamaréro •) por fabor!*
Pourriez-vous nous apporter la carte des consommations ?	**¿Nos podría traer la carta con los precios?** *noss podriya traér la karta konn loss préthioss?*
Est-il possible de manger quelque chose ?	**¿Tienen algo para comer / picar?** *tiénénn algo para komér / pikar?*
Servez-vous des petits déjeuners ?	**¿Sirven desayunos?** *sirbénn déssayounoss?*
Avez-vous un plat du jour ?	**¿Tienen plato del día?** *tiénénn plato dél diya?*
Avez-vous des formules ?	**¿Tienen menús?** *tiénénn ménouss?*
Servez-vous des tapas ?	**¿Tienen tapas?** *tiénénn tapass?*

C'est l'heure de l'apéro

Les **tapas** *[tapass]* sont des amuse-gueule, parfois copieux, servis en apéritif pour accompagner un verre de vin, de bière ou de **vermú del grifo** *[bérmou dél grifo]* (littéralement, « vermouth au robinet »), un vin cuit servi, comme son nom l'indique, au robinet, et coupé quelquefois d'eau de Seltz. En *Andalousie*, le **fino** *[fino]* (« vin de Xérès » sec et léger) est très prisé. Dans toute l'Espagne, les *bars à tapas* sont légion, les plus célèbres se trouvant dans les villes du Nord (Pampelune, Saint-Sébastien) et en *Andalousie*. Il n'est pas rare pour déjeuner ou dîner entre amis d'aller ainsi de bar en bar (**ir de tapeo** *[ir de tapéo]*).

la commande

Qu'avez-vous comme boissons fraîches / chaudes ?	¿Qué refrescos / bebidas calientes tienen? *ké rréfréskoss / bébidass kaliénntéss tiénénn?*
Un café, un jus d'orange et un croissant, s'il vous plaît.	Un café, un zumo de naranja y un cruasán, por favor. *ounn kafé • ounn thoumo dé narannxa i ounn krouassann • por fabor*
Un café allongé, un grand crème et un cappuccino, s'il vous plaît.	Un café americano, un café con leche y un capuchino, por favor. *ounn kafé amérikano • ounn kafé konn létché i ounn kapoutchino • por fabor*
Une bière pression / Une sangria, s'il vous plaît.	Una caña / Una sangría, por favor. *ouna kagna / ouna sanngriya • por fabor*
Je voudrais un apéritif sans alcool / une limonade, s'il vous plaît.	Me trae una bebida sin alcohol / una gaseosa, por favor. *mé traé ouna bébida sinn alkool / ouna gasséossa • por fabor*
Pourrais-je avoir des glaçons ?	¿Me trae hielo? *mé traé yélo?*
Qu'avez-vous comme sandwichs / salades ?	¿De que son los bocadillos / las ensaladas? *dé ké sonn loss bokadilloss / lass énnsaladass?*

l'addition

L'addition, s'il vous plaît !	¡La cuenta, por favor! *la kouénnta • por fabor!*
On va payer séparément.	Cada uno paga lo suyo. *kada ouno paga lo souyo*
Gardez la monnaie.	Quédese con la vuelta / el cambio. *kédéssé konn la bouélta / él kammbio*
Puis-je payer avec ma carte ?	¿Puedo pagar con la tarjeta de crédito? *pouédo pagar konn la tarxéta dé krédito?*

pique-niquer

chez le boulanger

Qu'est-ce que c'est ?	¿Qué es esto? *ké éss **é**sto?*
Une baguette et trois croissants, s'il vous plaît.	Una barra (de pan) y tres cruasanes, por favor. ***ou**na b**a**rra (dé pann) i tréss krouass**a**néss • por fab**o**r*
Vous vendez des boissons fraîches ?	¿Venden refrescos? *b**é**nndénn rréfr**é**skoss?*
Vous avez des sandwichs ?	¿Tienen bocadillos? *ti**é**nénn bokad**i**lloss?*
C'est possible d'en faire un sans tomate / sans mayonnaise ?	¿Puede hacer uno sin tomate / sin mayonesa? *pou**é**dé ath**é**r **ou**no sinn tom**a**té / sinn mayon**é**ssa?*
Quels fruits y a-t-il dans les tartelettes ?	¿Cuál es la fruta que hay en las tartaletas? *kou**a**l éss la fr**ou**ta ké **a**ï énn lass tartal**é**tass?*
Vous avez des sucreries (pour les enfants) ?	¿Tienen golosinas (para los niños)? *ti**é**nénn golossi**n**ass (p**a**ra loss n**i**gnoss)?*
Y a-t-il dans le coin un endroit à l'ombre où on pourrait s'installer pour manger ?	¿Hay por aquí cerca un lugar con sombra para sentarse a comer? ***a**ï por ak**i** th**é**rka ounn loug**a**r konn s**o**mmbra p**a**ra sénnt**a**rsé a kom**é**r?*

En pique-nique

Près des plages, dans les terres, au bord de jolies rivières, il existe des endroits aménagés pour pique-niquer, avec des tables et des bancs à l'ombre des arbres ou abrités sous des préaux (pour se protéger du soleil plutôt que de la pluie !). Ces **merenderos** *[mérénndéross]* disposent parfois de barbecues, mais attention, en raison des graves incendies qui ont ravagé certaines régions, il est désormais interdit de les utiliser.

la vente à emporter

'e voudrais ... tranches le chorizo / de ambon cru.	**Quiero ... rodajas de chorizo / lonchas de jamón serrano.** *kiéro ... rrodaxass dé tchoritho / lonntchass dé xamonn sérrano*
Jn peu plus / moins, nerci.	**Un poco más / menos, por favor.** *ounn poko mass / ménoss • por fabor*
\vez-vous quelque :hose de moins cher / noins gras ?	**¿Tiene algo menos caro / menos graso?** *tiéné algo ménoss karo / ménoss grasso?*
'ouvez-vous me ervir une portion our 2 personnes ?	**Póngame una ración para dos.** *ponngamé ouna rrathionn para doss*
'en voudrais :00 grammes, s'il vous laît.	**Póngame doscientos gramos, por favor.** *ponngamé dosthiénntoss gramoss • por fabor*
:e n'est pas trop iquant / salé ?	**¿No pica demasiado? / ¿No es demasiado salado?** *no pika démassiado? / no éss démassiado salado?*
'ouvez-vous échauffer ce plat ?	**¿Puede calentar este plato?** *pouédé kalénntar ésté plato?*
'uis-je avoir des ouverts / des serviettes / les gobelets ?	**¿Me puede dar cubiertos / servilletas / vasos?** *mé pouédé dar kouhiértoss / sérbillétass / bassoss?*
'ous avez des paquets le chips individuels ?	**¿Tiene bolsas de patatas fritas individuales?** *tiéné bolsass dé patatass fritass inndibidouales?*
e voudrais un kilo de ommes et une livre de aisin, s'il vous plaît.	**Póngame un kilo de manzanas y medio kilo de uva, por favor.** *ponngamé ounn kilo dé mannthanass i médio kilo dé ouba • por fabor*
\vez-vous de grandes outeilles d'eau ?	**¿Tiene botellas de agua grandes?** *tiéné botéïllass dé agoua granndéss*

le fast-food

se renseigner

Y a-t-il une cafétéria dans le musée ?	**¿Hay una cafetería en el museo?** *aï ouna kafétériya énn él mousséo?*
Où puis-je trouver un distributeur de boissons / confiseries ?	**¿Dónde puedo encontrar una máquina de bebidas / de golosinas?** *donndé pouédo énnkonntrar ouna makina dé bébidass / dé golossinass?*
Peut-on grignoter quelque chose de sucré / salé ?	**¿Tienen algo dulce / salado para picar?** *tiénénn algo doulthé / salado para pikar?*
Avez-vous des sodas / des bières ?	**¿Tienen refrescos / cervezas?** *tiénénn rréfréskoss / thérbéthass?*
C'est combien ?	**¿Cuánto es?** *kouannto éss?*
Un sandwich au poulet, s'il vous plaît.	**Un bocadillo de pollo, por favor.** *ounn bokadillo dé poïllo • por fabor*
Une portion de frites.	**Una ración de patatas fritas.** *ouna rathionn dé patatass fritass*
Je voudrais un café / un thé.	**Quisiera un café / un té.** *kissiéra ounn kafé / ounn té*
Puis-je m'asseoir ?	**¿Puedo sentarme?** *pouédo sénntarmé?*

Un petit goûter ?

Un petit creux vers 18 h ? Il est encore trop tôt pour dîner. Pourquoi ne pas en profiter pour retourner en enfance ? Cherchez une **cafetería** *[kafétériya]* ou, mieux encore, une **chocolatería** *[tchokolateriya]*, et offrez-vous un **chocolate con churros** *[tchokolaté konn tchourross]* : un chocolat bien chaud et bien épais, dans lequel vous tremperez ces délicieux beignets espagnols qui font penser à nos chichis, et que vous pouvez également commander au petit déjeuner.

formuler sa demande

/ a-t-il un bon ›estaurant végétarien dans le coin ?	**¿Hay un buen restaurante vegetariano por aquí cerca?** *aï ounn bouénn rréstaourannté béxétariano por aki thérka?*
Dù puis-je trouver des ›roduits casher / ıalal ?	**¿Dónde puedo encontrar productos cosher / halal?** *donndé pouédo énnkonntrar prodouktoss koshér / alal?*
Désolé(e), mais je ne ›ois pas d'alcool / ne nange pas de porc.	**Lo siento, pero no bebo alcohol / no como cerdo.** *lo siénnto • péro no bébo alkool / no komo thérdo*
C'est parce que je suis le religion bouddhiste / uive / musulmane.	**Es que soy budista / judío(a) / musulmán(ana).** *éss ké soï boudista / xoudiyo(a) / moussoulmann(ana)*
Excusez-moi, je suis ıllergique aux ırachides, que puis-je ›rendre ?	**Mire, soy alérgico a los cacahuetes, ¿qué puedo tomar?** *miré • soï alérxiko a loss kakaouétéss • ké pouédo tomar?*
'e suis un régime sans ›el, pouvez-vous me ›réparer quelque :hose ?	**Estoy siguiendo una dieta sin sal, ¿me puede preparar algo?** *éstoï siguïénndo ouna diéta sinn sal • mé pouédé préparar algo?*
'e ne digère pas bien 'ail.	**Me cuesta digerir el ajo.** *mé kouésta dixérir él axo*
Mon fils ne supporte ›as les produits aitiers / les œufs.	**A mi hijo le sientan mal los productos lácteos / los huevos.** *a mi ixo lé siénntann mal loss prodouktoss laktéoss / loss ouéboss*
' a-t-il des fruits de ner / des crevettes lans ce plat, je n'ai pas e droit d'en manger.	**¿Este plato lleva marisco / gambas? Es que tengo prohibido comer.** *ésté plato lléba marisko / gammbass? • éss ké ténngo proïbido komér*

faire la cuisine

les courses

Pouvez-vous m'indiquer un supermarché ?	¿Me puede decir dónde hay un supermercado? *mé pouédé déthir donndé aï ounn soupérmérkado?*
Où se trouvent les préparations instantanées / les plats surgelés ?	¿Dónde está la comida instantánea? / ¿Dónde están los platos congelados? *donndé ésta la komida innstanntanéa? / donndé éstann loss platoss konnxéladoss?*
Quels sont les jours de marché ?	¿Qué días hay mercado? *ké diyass aï mérkado?*
Quelle est la provenance de ces fruits ?	¿De dónde viene esta fruta? *dé donndé biéné ésta frouta?*
Ces légumes / ces crustacés se mangent crus ?	¿Estas hortalizas se comen crudas? / ¿Estos crustáceos se comen crudos? *éstass ortalithass sé koménn kroudass? / éstoss kroustathéoss sé koménn kroudoss?*
Peut-on cuire cette viande / ce poisson au barbecue ?	¿Esta carne / Este pescado se puede hacer a la brasa? *ésta karné / ésté péskado sé pouédé athér a la brassa?*
Il faut les éplucher ?	¿Hay que pelarlos(las)? *aï ké pélarloss(lass)?*
Vous pouvez le préparer / nettoyer / découper ?	¿Puede prepararlo / limpiarlo / cortarlo? *pouédé prépararlo / limmpiarlo / kortarlo?*
On peut le garder combien de temps ?	¿Cuánto (tiempo) se conserva? *kouannto (tiémmpo) sé konnsérba?*
On doit le garder au frais ?	¿Hay que guardarlo en lugar fresco? *aï ké gouardarlo énn lougar frésko?*
Où puis-je acheter des fruits ?	¿Dónde puedo comprar fruta? *donndé pouédo kommprar frouta?*
Vous m'en mettrez un kilo.	Póngame un kilo. *ponngamé ounn kilo*

demander des conseils

Comment puis-je préparer cette viande / ce poisson ?	¿Cómo puedo preparar esta carne / este pescado? *k**o**mo pou**é**do prépar**a**r **é**sta k**a**rné / **é**sté pésk**a**do?*
Ce condiment / Cette épice sert pour quel plat ?	¿Para qué plato se utiliza este condimento / esta especia? *p**a**ra ké pl**a**to sé outil**i**tha **é**sté konndim**é**nnto / **é**sta ésp**é**thia?*
J'aimerais faire une recette espagnole, mais pas trop compliquée.	Me gustaría hacer una receta española, pero no demasiado complicada. *mé goustar**i**ya ath**é**r **ou**na rréth**é**ta éspagn**o**la • p**é**ro no démassi**a**do kommplik**a**da*
Je n'ai pas de four.	No tengo horno. *no t**é**nngo **o**rno*
Quels sont les ingrédients pour quatre personnes ?	¿Qué ingredientes se necesitan para cuatro personas? *ké inngrédi**é**nntéss sé néthéss**i**tann p**a**ra kou**a**tro pérs**o**nass?*
C'est une entrée ou un plat principal ?	¿Es más bien entrada o plato principal? *éss mass bi**é**nn énntr**a**da o pl**a**to prinnthip**a**l?*
Vous pouvez répéter / me l'épeler ?	¿Puede repetir / deletreármelo? *pou**é**dé rrépét**i**r / délétré**a**rmélo?*
Est-ce qu'il y a beaucoup d'ail / d'oignon / de piment ?	¿Lleva mucho ajo / mucha cebolla / mucha guindilla? *ll**é**va m**ou**tcho **a**xo / m**ou**tcha théb**o**ïlla / m**ou**tcha guinnd**i**lla?*

Petit lexique sur les ustensiles

- le mixeur **la batidora** *[la batidora]*
- la casserole **la cacerola** *[la kathérola]*
- la Cocotte-Minute® **la olla exprés** *[la oïlla ékspréss]*
- la poêle à paella **la paellera** *[la paëillérа]*
- le plat *(pour servir)* **la fuente** *[la fouénnté]*
- la poêle **la sartén** *[la sarténn]*

Les cuisines d'Espagne

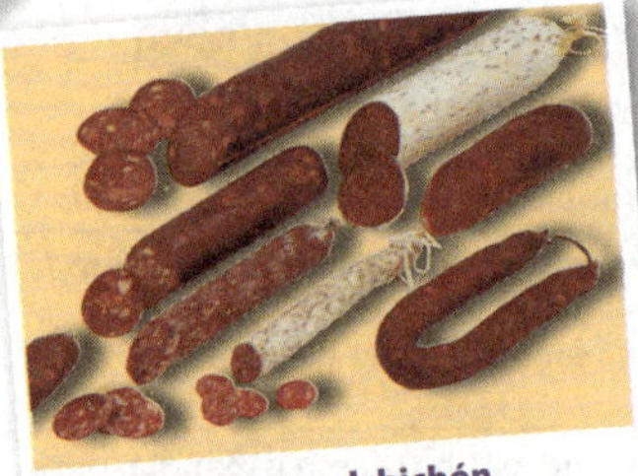

Chorizo, salchichón, lomo embuchado

Banderillas (tapas)

Sepia seiches

Mejillones moules

Zarzuela de pescado
ragoût de poissons et de fruits de mer

Churros

En ville

La structure de la ville espagnole est le reflet des changements subis au fil du temps. Le **casco antiguo** *[kasko anntigouo]* (« vieille ville ») ou **centro histórico** *[thénntro istoriko]* (« centre historique ») s'articule autour de la traditionnelle **plaza mayor** *[platha mayor]* (« grande place »), à proximité de laquelle se dresse souvent la **casa consistorial** *[kassa konnsistorial]* ou **ayuntamiento** *[ayounntamiénnto]* (« hôtel de ville »). Rien de plus agréable que de se perdre dans le dédale des rues étroites de ces quartiers d'origine médiévale, riches en églises, anciens couvents et monuments historiques. Aux XIXe et XXe siècles, les villes se sont agrandies, suivant un tracé régulier, autour de larges artères (**paseos** *[passéos]* et **avenidas** *[abénidass]*) bordées d'édifices somptueux. Cette partie de la ville, appelée **ensanche** *[énnsanntché]* (« agrandissement »), accueille désormais les quartiers d'affaires. Enfin, les cités pavillonnaires et ensembles résidentiels qui s'étendent à la périphérie des grandes villes sont l'image même du fameux « boom » de la construction qu'a connu l'Espagne ces dernières années.

Réminiscences mauresques, austérité classique ou délires modernistes : les villes espagnoles raviront les amateurs de tourisme culturel et urbain.

Madrid

Ce n'est qu'au XVIe siècle que ce petit bourg de Castille devient la capitale du royaume sur décision de Philippe II. Le ***vieux Madrid***, qui s'étend autour de la ***Puerta del Sol***, pour descendre jusqu'au ***Palais royal***, évoque cette Espagne du Siècle d'or, avec sa ***Plaza Mayor***, ses couvents et ses murs en brique rouge. Puis la ville a grandi, et plusieurs Madrid sont apparus : le ***Madrid du XIXe siècle***, avec ses immeubles Art déco longeant la ***Gran Vía***, le ***Madrid franquiste***, avec ses ministères imposants disséminés dans la ville, puis le ***Madrid moderne*** et ses quartiers d'affaires, au nord, qui s'ouvre sur la ***porte de l'Europe*** et ses deux tours penchées. À seulement 35 minutes en train, la visite de ***Tolède***, où vécurent en bonne entente juifs séfarades, musulmans et chrétiens pendant plusieurs siècles, apparaît comme un passage obligé. Et aussi, à proximité : le ***monastère de l'Escurial***, les ***murailles d'Ávila***, l'***aqueduc de Ségovie***.

Sœurs ennemies

L'une, enclavée au cœur de la Péninsule, est devenue la capitale du pays par accident ; l'autre, tournée vers la mer, regrettera toujours de n'être que la capitale d'une région dont la prospérité économique fait pourtant des envieux : entre *Madrid* et *Barcelone*, éternelles rivales, notre cœur balance.

Barcelone

Barcelone exerce une fascination sans pareille sur les amoureux d'architecture urbaine. Ses larges avenues, dignes d'une grande capitale, les délires visionnaires de ***Gaudí*** (***parc Güell***, ***Sagrada Familia***, ***Casa Batlló***), l'ultramoderne ***tour Agbar*** de ***Jean Nouvel***, tout concorde pour faire de la métropole catalane la ville du modernisme et de l'avant-garde par excellence. À proximité : le ***monastère de Montserrat*** et sa célèbre Vierge noire, le ***monastère de Poblet***, le ***musée Dalí à Figueras***.

Allons au musée

- *Madrid* : Prado, Thyssen-Bornemisza, Reina Sofía (art contemporain)
- *Barcelone* : fondation Joan Miró, musée Picasso, musée maritime
- *Figueras* : musée Dalí
- *León* : Musac (art contemporain)
- *Pays basque* : musée Guggenheim (Bilbao), musée Chillida-Leku (Saint-Sébastien)

L'Andalousie

Terre d'islam jusqu'en 1492, l'Andalousie arbore fièrement son héritage métissé. La ***mosquée-cathédrale de Cordoue***, mélangeant éléments mauresques, gothiques et mudéjars, en est le meilleur exemple. À ***Grenade***, le ***palais de l'Alhambra*** semble sorti d'un conte des « Mille et Une Nuits », tandis que les ruelles de l'***Alcaicería*** évoquent immanquablement le Maroc et ses souks colorés. Sans oublier, bien entendu, ***Séville***, sa ***cathédrale gothique***, sa ***Giralda*** (ancien minaret) et son ***alcazar mudéjar***.

L'Espagne du Nord

Les villes du Nord, terre d'églises et de cathédrales, de forteresses et de monastères, dressés au fur et à mesure qu'avançait la Reconquête chrétienne, n'ont rien à envier à leurs consœurs du Sud. À voir : ***Salamanque***, ***Burgos***, ***León***, ***Saint-Jacques-de-Compostelle***, ***Oviedo***, la ville médiévale de ***Santillana del Mar***…

à l'office du tourisme

se renseigner

Excusez-moi, je cherche l'office du tourisme.	Perdone, estoy buscando la oficina de turismo. *pérdoné • éstoï bouskanndo la ofithina dé tourismo*
Avez-vous un plan de la ville ?	¿Tiene un plano de la ciudad? *tiéné ounn plano dé la thioudad?*
Je voudrais une carte de la région.	Quiero un mapa de la región. *kiéro ounn mapa dé la réxionn*
Pourrais-je avoir une documentation sur les musées / la ville / la région ?	¿Podría darme documentación sobre los museos / la ciudad / la región? *podriya darmé dokouménntathionn sobré loss mousséoss / la thioudad / la rréxionn?*
Qu'y a-t-il à voir aux environs ?	¿Qué hay para ver en los alrededores? *ké aï para bér énn loss alrédédoréss?*
Y a-t-il des circuits organisés ?	¿Hay circuitos organizados? *aï thirkouïtoss organithadoss?*
Auriez-vous un programme des spectacles / du festival / des fêtes ?	¿Tienen un programa de espectáculos / del festival / de las fiestas? *tiénénn ounn programa dé éspéktakouloss / dél féstibal / dé lass fiéstass?*
Qu'y a-t-il comme spectacle / exposition / concert en ce moment ?	¿Qué espectáculos / exposiciones / conciertos hay en estos momentos? *ké éspéktakouloss / ékspossithionéss / konnthiértoss aï énn éstoss moménntoss?*

Sigles et abréviations

- **Avda. = avenida** (avenue)
- **c/ = calle** (rue)
- **C. C. = centro comercial** (centre commercial)
- **Gta. = glorieta** (rond-point)
- **P° = paseo** (boulevard)
- **Pza. = plaza** (place)
- **EMT** (Madrid) = **Empresa Municipal de Transportes de Madrid** (bus urbains : rouges ou bleu et blanc)
- **TMB** (Barcelone) = **Transportes Metropolitanos de Barcelona** (train, métro et bus)

se renseigner

Où se trouve la piscine la plus proche ?	¿Dónde está la piscina más cercana? *d**o**nndé ést**a** la pisth**i**na mass thérk**a**na?*
À quelle distance se trouve la plage ?	¿A qué distancia está la playa? *a ké dist**a**nnthia ést**a** la pl**a**ya?*
Y a-t-il un cinéma près d'ici ?	¿Hay algún cine cerca de aquí? *__a__ï alg**ou**nn th**i**né th**é**rka dé ak**i**?*
Pouvez-vous nous conseiller un endroit pour sortir le soir ?	¿Nos puede aconsejar algún sitio para salir de noche? *noss pou**é**dé akonnséx**a**r alg**ou**nn s**i**tio p**a**ra sal**i**r dé n**o**tché?*
Avez-vous une liste des auberges de jeunesse / des campings de la région ?	¿Tiene una lista de los albergues juveniles / de los campings de la región? *ti**é**né **ou**na l**i**sta dé loss alb**é**rguéss xoubén**i**léss / dé loss k**a**mmpinnss dé la rréxi**o**nn?*
Je cherche un hôtel pas trop cher / près du centre	Busco un hotel no demasiado caro / cerca del centro. *b**ou**sko ounn ot**é**l no démassi**a**do k**a**ro / th**é**rka dél th**é**nntro*
Je voudrais un plan des transports en commun avec les horaires.	Quisiera un plano de los transportes públicos con los horarios. *kissi**é**ra ounn pl**a**no dé loss trannsp**o**rtéss p**ou**blikoss konn loss or**a**rioss*
Où peut-on louer une voiture / des vélos ?	¿Dónde alquilan coches / bicis? *d**o**nndé alk**i**lann k**o**tchéss / b**i**thiss?*
Pourriez-vous m'indiquer une église / une mosquée / une synagogue / un temple à proximité ?	¿Sabe si hay alguna iglesia / alguna mezquita / alguna sinagoga / algún templo cerca de aquí? *s**a**bé si **a**ï alg**ou**na igl**é**ssia / alg**ou**na méthk**i**ta / alg**ou**na sinag**o**ga / alg**ou**nn t**é**mmplo th**é**rka dé ak**i**?*

à l'office du tourisme

tarifs et horaires

À quelle heure ouvrent / ferment les magasins ?	¿A qué hora abren / cierran las tiendas? *a ké ora abrénn / thiérrann lass tiénndass?*
Y a-t-il des magasins qui restent ouverts les jours fériés ?	¿Hay tiendas abiertas los días festivos? *aï tiénndass abiértass loss dïyass féstiboss?*
Quels sont les horaires d'ouverture des musées ?	¿Cuáles son los horarios de apertura de los museos? *koualéss sonn loss orarioss dé apértoura dé loss mousséoss?*
Combien coûte une entrée au musée / en boîte de nuit ?	¿Cuánto cuesta una entrada al museo / a la discoteca? *kouannto kouésta ouna énntrada al mousséo / a la diskotéka?*
Combien coûte une place de cinéma / de théâtre / à un concert ?	¿Cuánto cuesta una entrada de cine / de teatro / a un concierto? *kouannto kouésta ouna énntrada dé thiné / dé téatro / a ounn konnthiérto?*
Où peut-on faire du pédalo / de la planche à voile ?	¿Dónde se puede hacer patín / windsurf? *donndé sé pouédé athér patinn / ouïnndsourf?*
Une entrée / une place à tarif réduit, s'il vous plaît.	Una entrada con tarifa reducida, por favor. *ouna énntrada konn tarifa rrédouthida • por fabor*

Voir et se montrer

En fin d'après-midi, vers 19 h, jeunes et moins jeunes se mettent sur leur trente et un pour s'adonner à un rituel bien espagnol : le **paseo** *[passéo]* (littéralement, la « promenade »). En couple, en famille ou entre amis, on flâne dans la **calle mayor** *[kaïllé mayor]* (« grand-rue ») ou sur le front de mer, pour prendre l'air, pour voir et se montrer, pour saluer les uns ou les autres et faire un brin de conversation. Cette particularité espagnole a tendance à disparaître peu à peu.

profiter de la ville

Y a-t-il un tour guidé / en bus de la ville ?	¿Hay alguna visita guiada / en autobús de la ciudad? *aï algouna bissita guiada / énn aoutobouss dé la thioudad?*
Quels sont les principaux monuments à visiter ?	¿Cuáles son los principales monumentos que visitar? *kouacléss sonn loss prinnthipaléss monouménntoss ké bissitar?*
Y a-t-il des excursions ?	¿Hay excursiones? *aï ékskoursionéss?*
Y a-t-il des promenades en bateau ?	¿Hay paseos en barco? *aï passéoss énn barko?*
Où peut-on louer des vélos ?	¿Dónde se pueden alquilar bicicletas? *donndé sé pouédénn alkilar bithiklétass?*
Quel parc a un espace de jeux pour les enfants ?	¿Qué parque tiene un área de juegos para niños? *ké parké tiéné ounn aréa dé xouégoss para nignoss?*
Où est le lac / la rivière ?	¿Dónde está el lago / el río? *donndé ésta él lago / él rriyo?*
Peut-on s'y rendre à pied ?	¿Se puede ir andando? *sé pouédé ir anndanndo?*

Promenades

- le centre commercial **el centro comercial** *[él thénntro komérthial]*
- le centre historique **el centro histórico** *[él thénntro istoriko]*
- la grande place **la plaza mayor** *[la platha mayor]*
- le marché **el mercado** *[él mérkado]*
- la plage **la playa** *[la playa]*
- le pont **el puente** *[él pouénnté]*
- les puces **el mercadillo** *[él mérkadillo]* / **el rastro** *[él rrastro]*
- le quai **la ribera** *[la rribéra]*
- les remparts **las murallas** *[lass mouraïllass]*
- le zoo **el zoo** *[él thoo]*

demander son chemin

Pourriez-vous m'aider ?	¿Puede ayudarme? *pouédé ayoudarmé?*
Je crois que je me suis perdu(e).	Creo que me he perdido. *kréo ké mé é pérdido*
Pourriez-vous m'indiquer où nous sommes ?	¿Puede indicarme dónde estamos? *pouédé inndikarmé donndé éstamoss?*
Où est-ce sur le plan ?	¿Dónde está en el plano? *donndé ésta énn él plano?*
Excusez-moi, je cherche…	Perdone, estoy buscando… *pérdoné • éstoï bouskanndo…*
C'est tout droit ? Il faut tourner à droite ou à gauche ?	¿Es todo recto? ¿Hay que girar a la derecha o a la izquierda? *éss todo rrékto? • aï ké xirar a la dérétcha o a la ithkiérda?*
Est-ce bien la direction de… ?	¿Voy bien por aquí para ir a…? *boï biénn por aki para ir a…?*

Vous entendrez

- **Para ir a la estación, tome en la primera a la derecha.** *[para ir a la éstathionn • tomé la priméra a la dérétcha]* Pour aller à la gare, prenez la première à droite.
- **Siga siempre todo recto.** *[siga siémmpré todo rrékto]* C'est toujours tout droit.
- **No va en la buena dirección. Tiene que dar media vuelta.** *[no ba énn la bouéna dirékthionn • tiéné ké dar média bouélta]* Vous avez pris la mauvaise direction. Vous devez faire demi-tour.
- **Andando queda un poco lejos. Le aconsejo que vaya en autobús.** *[anndanndo kéda ounn poko léxoss • lé akonnséxo ké baya énn aoutobouss]* C'est un peu loin à pied. Je vous conseille d'y aller en bus.
- **Hay que tomar el metro, la línea B.** *[aï ké tomar él métro • la linéa bé]* Il faut prendre le métro, ligne B.

transports en commun

Où peut-on acheter les tickets ?	**¿Dónde se compran los billetes?** *donndé sé kommprann loss billétéss?*
Un ticket / Deux tickets pour la gare, s'il vous plaît.	**Un billete / Dos billetes para la estación, por favor.** *ounn billété / doss billétéss para la éstathionn • por fabor*
Un ticket de 10 voyages, s'il vous plaît.	**Un billete de 10 viajes, por favor.** *ounn billété dé diéth biaxéss • por fabor*
Existe-t-il un billet hebdomadaire ?	**¿Hay algún abono semanal?** *aï algounn abono sémanal?*
Les enfants paient à partir de quel âge ?	**¿A partir de qué edad pagan los niños?** *a partir dé ké édad pagann loss nignoss?*
Peut-on acheter les tickets au chauffeur du bus ?	**¿Los billetes se pueden comprar directamente al conductor del autobús?** *loss billétéss sé pouédénn kommprar diréktaménnté al konndouktor dél aoutobous?*
Ces tickets sont-ils aussi valables pour le bus ?	**¿Estos billetes también sirven para el autobús?** *éstoss billétéss tammbiénn sirbénn para él aoutobouss?*
Y a-t-il des réductions pour les jeunes / les étudiants / les groupes ?	**¿Hacen descuentos para jóvenes / estudiantes / grupos?** *athénn déskouénntoss para xobénéss / éstoudianntéss / grouposs?*
Puis-je payer avec ma carte ?	**¿Puedo pagar con tarjeta?** *pouédo pagar konn tarxéta?*

Directions

- l'est **el este** *[él ésté]*
- le sud **el sur** *[él sour]*
- l'ouest **el oeste** *[él oésté]*
- le nord **el norte** *[él norté]*
- devant **delante** *[délannté]*
- derrière **detrás** *[détrass]*
- gauche **izquierda** *[ithkiérda]*
- droite **derecha** *[dérétcha]*
- le centre **el centro** *[él thénntro]*
- en haut **arriba** *[arriba]*
- en bas **abajo** *[abaxo]*

en bus / en métro

Je cherche la ligne...	Busco la línea... *bousko la linéa...*
Excusez-moi, où se trouve l'arrêt du 20 ?	Perdone, ¿dónde está la parada del veinte? *pérdoné • donndé ésta la parada dél béïnnté?*
À quelle station / quel arrêt dois-je descendre pour aller à ...?	¿En qué estación / qué parada tengo que bajar para ir a...? *énn ké éstathionn / ké parada ténngo ké baxar para ir a...?*
Quel bus / Quel métro faut-il prendre pour aller à ... ?	¿Qué autobús / Qué metro hay que tomar para ir a...? *ké aoutobouss / ké métro aï ké tomar para ir a...?*
Ce bus va-t-il / Cette ligne va-t-elle à la gare / à l'aéroport ?	¿Este autobús / Esta línea va a la estación / al aeropuerto? *ésté aoutobouss / ésta linéa ba a la éstathionn / al aéropouérto?*
Ce bus va bien à... ?	¿Este autobús va a...? *ésté aoutobouss ba a...?*
Où est la station de métro la plus proche / l'arrêt de bus le plus proche ?	¿Dónde está la estación de metro / la parada de autobús más cercana? *donndé ésta la éstathionn dé métro / la parada dé aoutobouss mass thérkanna?*

À Barcelone et Madrid

Pour prendre les transports en commun, vous devrez acheter soit des billets *trajet unique* (**billete sencillo** *[billété sénnthillo]*), soit des abonnements valables pour *10 trajets* (à Madrid le **metrobus** *[métrobouss]*, également utilisable dans les bus ; à Barcelone le **T-10** *[té diéth]*, valable 1 h 15 sur tous les transports urbains). Ces tickets peuvent être utilisés par plusieurs personnes. À Madrid, les métros circulent tous les jours de *6 h à 2 h*. À Barcelone, ils circulent de *5 h à 24 h*, sauf le vendredi (*5 h - 2 h*) et le samedi (*service continu*).

en taxi

Pouvez-vous me dire où est la station de taxis ?	**¿Podría decirme dónde hay una parada de taxis?** *podriya déthirmé donndé aï ouna parada dé taksiss?*
Pourriez-vous m'appeler un taxi ?	**¿Me podría pedir un taxi?** *mé podriya pédir ounn taksi?*
Je voudrais réserver un taxi pour 8 h.	**Quisiera un taxi para las ocho.** *kissiéra ounn taksi para lass otcho*
Conduisez-moi à cette adresse, s'il vous plaît.	**Lléveme a esta dirección, por favor.** *llébémé a ésta dirékthionn • por fabor*
À la gare routière / À la gare / À l'aéroport, s'il vous plaît.	**A la estación de autobuses / A la estación (de tren) / Al aeropuerto, por favor.** *a la éstathionn dé aoutoboussés / a la éstathionn (dé trénn) / al aéropouérto • por fabor*
Combien de temps met-on pour aller à l'aéroport ?	**¿Cuánto (tiempo) se tarda en ir al aeropuerto?** *kouannto (tiémmpo) sé tarda énn ir al aéropouérto?*
Veuillez vous arrêter ici / au feu / au coin de la rue.	**Pare aquí / en el semáforo / a la vuelta de la esquina.** *paré aki / énn él sémaforo / a la bouélta dé la éskina*
Quel sera le prix de la course ?	**¿Cuánto costará la carrera?** *kouannto kostara la karréra?*
Je vous dois combien ?	**¿Cuánto es? / ¿Cuánto le debo?** *kouannto éss? / kouannto lé débo?*
Gardez la monnaie.	**Quédese con el cambio / la vuelta.** *kédéssé konn él kammbio / la bouélta*

Hep, taxi !

Dans la plupart des grandes villes, hormis Barcelone (où ils sont jaune et noir), les taxis sont de couleur blanche. Une lumière verte sur le toit indique qu'ils sont libres, et il suffit de les héler dans la rue. Le pourboire est facultatif.

à pied

Je cherche le centre historique.	Estoy buscando el centro histórico. *éstoï bouskanndo él thénntro istoriko*
Où se trouve la zone commerciale / piétonne ?	¿Dónde está la zona comercial / peatonal? *donndé ésta la thona komérthial / péatonal?*
Excusez-moi, quel est le nom de cette église / de ce musée ?	Perdone, ¿qué iglesia es esta / qué museo es este? *pérdoné • ké igléssia éss ésta / ké mousséo éss ésté?*
Vous pouvez nous prendre en photo ?	¿Nos puede sacar una foto? *noss pouédé sakar ouna foto?*
Nous cherchons le parc / le square.	Estamos buscando el parque / el jardín. *éstamoss bouskanndo él parké / él xardinn*
Où peut-on louer des vélos ?	¿Dónde alquilan bicicletas? *donndé alkilann bithiklétass?*
On peut acheter des souvenirs / des cartes postales / des timbres ?	¿Dónde se puede comprar recuerdos / postales / sellos? *donndé sé pouédé kommprar rrékouérdoss / postaléss / séïlloss?*
Le château est-il ouvert au public ?	¿El castillo está abierto al público? *él kastillo ésta abiérto al poubliko?*

Réductions dans les musées

Certains musées sont gratuits un jour par semaine (pour cela, il faut se renseigner). La plupart accordent des réductions ou l'entrée gratuite aux ressortissants de l'UE de plus de 65 ans, étudiants, enseignants, demandeurs d'emploi ou membres de famille nombreuse (sur présentation d'un justificatif et d'une pièce d'identité). À Madrid, l'abonnement **Paseo del Arte** *[passéo dél arté]* permet de visiter le *Prado* (fermé le lundi), le *Reina Sofía* (fermé le mardi) et le *Thyssen-Bornemisza* (fermé le lundi).

aller au musée

Excusez-moi, je cherche le musée...	**Perdone, ¿para ir al museo...?** *pérdoné • para ir al mousséo...?*
Combien coûte une entrée au musée / à l'exposition ?	**¿Cuánto cuesta la entrada al museo / a la exposición?** *kouannto kouésta la énntrada al mousséo / a la éxpossithionn?*
Y a-t-il des réductions enfants / étudiants / seniors ?	**¿Hay descuentos para niños / estudiantes / personas mayores?** *aï déskouénntoss para nignoss / éstoudianntéss / pérsonass mayoréss?*
Vous avez de la documentation en français ?	**¿Tienen documentación en francés?** *tiénénn dokouménntathionn énn frannthéss?*
Y a-t-il des visites guidées en français ?	**¿Hay visitas guiadas en francés?** *aï bissitass guiadass énn frannthéss?*
Combien coûte une visite guidée ?	**¿Cuánto cuesta una visita guiada?** *kouannto kouésta ouna bissita guiada?*
À quelle heure commence la visite ?	**¿A qué hora empieza la visita?** *a ké ora émmpiétha la bissita?*
Je voudrais un guide / un guide audio en français.	**Querría un guía / una audioguía en francés.** *kérriya ounn guiya / ouna aoudioguiya énn frannthéss*
Où est la consigne / le vestiaire ?	**¿Dónde está la consigna / el guardarropa?** *donndé ésta la konnsigna / él gouardarropa?*
Le musée est-il ouvert toute la journée / en nocturne ?	**¿El museo está abierto todo el día / en horario nocturno?** *él mousséo ésta abiérto todo él diya / énn orario noktourno?*
Quelles sont les choses à voir absolument ?	**¿Qué es lo que no hay que dejar de ver?** *ké èss lo ké no aï ké déxar dé bér?*

EN VILLE

aller au théâtre / au cinéma

Y a-t-il encore de la place pour demain soir ?	¿Todavía hay entradas para mañana por la noche? *todab**i**ya **a**ï énntr**a**dass p**a**ra magn**a**na por la n**o**tché?*
La réservation est-elle obligatoire ?	¿La reserva es obligatoria? *la réss**é**rba éss obligat**o**ria?*
Y a-t-il un entracte ?	¿Hay entreacto? ***a**ï énntré**a**kto?*
Les places sont-elles numérotées ou c'est en placement libre ?	¿Los asientos están numerados o cada uno se sienta donde quiere? *loss assi**é**nntoss ést**a**nn nouméra**d**oss o kada **ou**no sé si**é**nnta d**o**nndé ki**é**ré?*
Je voudrais deux places d'orchestre / au balcon.	Querría dos butacas de patio / en el piso principal. *kérr**i**ya doss bout**a**kass dé p**a**tio / énn él p**i**sso prinnthip**a**l*
Est-ce qu'il reste de la place pour le concert de ce soir ?	¿Quedan entradas para el concierto de esta noche? *k**é**dann énntr**a**dass p**a**ra él konnthi**é**rto dé ésta n**o**tché?*
Il reste des places pour la séance de 20 h ?	¿Quedan entradas para la sesión de las ocho? *k**é**dann énntr**a**dass p**a**ra la séssi**o**nn dé lass **o**tcho?*
Le film est-il en VO / sous-titré ?	¿La película es en versión original / está subtitulada? *la pél**i**koula éss énn bérsi**o**nn orixin**a**l / ést**a** soubtitoul**a**da?*
Où est la file pour « Goya » ?	¿Cuál es la cola para « Goya »? *kou**a**l éss la k**o**la p**a**ra g**o**ya?*
Y a-t-il des réductions pour les étudiants ?	¿Hay descuentos para estudiantes? ***a**ï déskou**é**nntoss p**a**ra éstoudi**a**nntéss?*
Où y a-t-il des concerts ?	¿Dónde hay conciertos? *d**o**nndé **a**ï konnthi**é**rtoss?*

les fêtes en plein air

Faut-il payer ?	¿Hay que pagar? *aï ké pagar?*
Je cherche l'entrée / le guichet / la caisse.	Estoy buscando la entrada / la taquilla / la caja. *éstoï bouskanndo la énntrada / la takilla / la kaxa*
Où a lieu le défilé / la manifestation / la fête ?	¿Dónde tiene lugar el desfile / el acto / la fiesta? *donndé tiéné lougar él désfilé / él akto / la fiésta?*
À quelle heure commence le match / le concert ?	¿A qué hora empieza el partido / el concierto? *a ké ora émmpiétha él partido / él konnthiérto?*
Nous aimerions voir un match de football, y en a-t-il un ce soir ?	Nos gustaría ver un partido de fútbol, ¿hay alguno esta noche? *noss goustariya bér ounn partido dé foutbol • aï algouno ésta notché?*
Où est le cinéma en plein air ?	¿Dónde se hace el cine al aire libre? *donndé sé athé él thiné al aïré libré?*
Où est la buvette / le café / le bistro ?	¿Dónde está el chiringuito / la cafetería / el bar? *donndé ésta él tchirinnguito / la kafétériya / él bar?*
Est-ce qu'on peut pique-niquer ?	¿Se puede hacer un picnic? *sé pouédé athér ounn piknik?*

Avis aux noctambules

Les rues, désertées à l'heure de la sieste, s'animent de nouveau en soirée. Et c'est parti pour durer jusqu'à l'aube ! Les bars et les cafés se remplissent : pour une bière, d'abord, puis pour grignoter quelques tapas, avant de poursuivre avec un **mojito** *[moxito]*. Conversations animées, musiques entraînantes et ambiance festive sont au rendez-vous. **¡La noche es joven!** *[la notché éss xobénn!]*, « la nuit est jeune ! ».

Vie urbaine

Bureau de poste

Boîte aux lettres

Stationnement interdit sous peine d'enlèvement de véhicule

Bouche de métro

Boissons et tapas

À la plage

Loisirs de plein air

En plein essor, l'*écotourisme* est aussi tendance de l'autre côté des Pyrénées. Les gîtes ruraux (**casas rurales** *[kassass roura-léss]*) fleurissent sur l'**ensemble** de la Péninsule et dans les îles. En plein cœur de la **Sierra de Gredos** *aux portes de Madrid*, sur les terres d'anciennes *haciendas andalouses* ou dans des *hameaux galiciens* à l'abandon auxquels elles ont redonné vie, ces bâtisses restaurées avec goût sont souvent très confortables, parfois même luxueuses (certaines disposent de jacuzzi, de spa ou de piscine). Des activités sont généralement proposées par les propriétaires ou dans les villages alentour : *randonnées équestres, canoë-kayak, locations de VTT*… Un choix de vacances idéal pour les amoureux de la nature, qui, après la visite de la ville de **Cáceres** sous un soleil brûlant ou une dure journée de marche dans les **Picos de Europa**, prendront plaisir à déguster les produits du terroir en admirant le coucher du soleil sur les champs d'oliviers ou sur les vertes montagnes asturiennes.

Marcher sur les pas de Saint Jacques, surfer sur les vagues de Tarifa, découvrir les fonds marins de la Costa Brava... des vacances sportives en Espagne.

À pied, à vélo ou à cheval...

Qui dit randonnée en Espagne dit ***chemin de Saint-Jacques*** (**Camino de Santiago** ***[kamino dé sanntiago]***) et, plus précisément, **Camino Francés** ***[kamino frannthéss]*** (« Chemin français »), le plus célèbre des chemins de Compostelle. Cet itinéraire mythique, d'environ 800 km, qui se termine à Saint-Jacques-de-Compostelle, permet de découvrir le nord du pays, son architecture rurale et ses petites églises romanes. Moins universelle, mais tout aussi riche, la **Vía de la Plata** (« Voie d'argent ») relie depuis l'époque romaine Séville l'andalouse à Gijón l'asturienne, l'Espagne du Sud à l'Espagne du Nord. D'autres balades superbes : les sentiers du massif de **La Pedriza**, aux environs de Madrid, les pics et les défilés des **Picos de Europa**, dans les Asturies et en Cantabrique, les anciennes mines d'or romaines de **Las Médulas**, dans la région du **Bierzo** (**León**), les

Des écosystèmes préservés

Il y a actuellement en Espagne *14 parcs nationaux*, dans des environnements naturels riches et variés. *Montagnes et forêts* : Picos de Europa (Asturies, Cantabrique, León), Ordesa-Monte Perdido (Aragon), Aigüestortes (Pyrénées catalanes), Garajonay (Gomera, Canaries), Sierra Nevada (Andalousie), Monfragüe (Estrémadure). *Marécages et étangs* : Doñana (Andalousie), Tablas de Daimiel, Cabañeros (Castille-La Manche). *Îles* : parc national des îles atlantiques (Galice), archipel de Cabrera (Baléares). *Sites volcaniques* (Canaries) : Caldera de Taburiente (La Palma), Timanfaya (Lanzarote), Teide (Tenerife).

abords volcaniques du **Teide**, sur l'île de Tenerife…

Voies vertes

Le programme des **Rutas Verdes** *[rroutass bérdéss]* (« voies vertes ») a été lancé dans les années 1990 afin de faire revivre d'anciens tracés ferroviaires, des chemins de halage ou de transhumance abandonnés, vestiges d'une époque révolue. Aménagées essentiellement pour les ***marcheurs*** et les ***cyclistes***, d'***une difficulté souvent faible ou inexistante*** (certaines sont ***accessibles aux personnes à mobilité réduite***), ces ***voies vertes*** offrent aux grands et aux petits une immersion paisible dans le patrimoine.

Balades en mer

Les amateurs de navigation peuvent explorer le littoral péninsulaire ou caboter d'île en île, et découvrir ainsi des recoins inaccessibles en voiture tout en respirant le vent du large. Possibilité de louer des bateaux avec un équipage de professionnels. Les moins intrépides préféreront sans doute les excursions organisées. Peut-être même auront-ils la chance de voir des baleines et des dauphins aux Canaries ou à Tarifa !

En bord de mer

Si ***Tarifa*** fascine les amateurs de glisse du monde entier, ce petit village de la ***Costa de la Luz*** est loin d'être le seul endroit où ceux-ci peuvent assouvir leur passion. Les ***spots*** des ***côtes basque et cantabrique***, ceux de la ***Costa Brava*** ou de l'île de ***Fuerteventura*** sont à mentionner pour les adeptes de ***planche à voile***, de ***surf***, ***kitesurf***, et autres sports nautiques. La plongée sous-marine (**el submarinismo** *[él soubmarinismo]*) et le snorkeling (**el esnórquel** *[él ésnorkel]*, « palmes-masque-tuba ») dans le ***parc naturel de*** **Cabo de Gata**.

Pour les amateurs de sensations fortes…

À titre d'exemple uniquement : « parapente » (**el parapente** *[él parapénnté]*) : **Castejón de Sos** dans les Pyrénées aragonaises, **Vejer** à Cadix ; « canyoning » (**el barranquismo** *[él barrannkismo]*) : **Sierra de Guara** en Aragon, **Río Verde** à Grenade ; « rafting » (**el rafting** *[él raftinn]*) : descente du **Noguera Pallaresa** ; « escalade » (**la escalada** *[la éskalada]*) : Pyrénées, **Sierra Nevada** dans le sud-ouest de l'Andalousie ; etc.

les indispensables

Où se trouve le club de... ?	¿Dónde está el club de...? *donndé ésta él kloub dé...?*
Y a-t-il un terrain de...?	¿Hay un campo de...? *aï ounn kammpo dé...?*
Où peut-on jouer au / à la... ?	¿Dónde se puede jugar a...? *donndé se pouéde xougar a...?*
Combien coûte une entrée ?	¿Cuánto cuesta una entrada? *kouannto kouésta ouna énntrada?*
C'est combien pour une heure de... ?	¿Cuánto cuesta una hora de...? *kouannto kouésta ouna ora dé...?*
Combien coûte une licence / un permis ?	¿Cuánto cuesta una licencia / un permiso? *kouannto kouésta ouna lithénnthia / ounn pérmisso?*
On loue à l'heure ou à la journée ?	¿Se alquila por horas o por día? *sé alkila por orass o por diya?*
Est-ce moins cher si on loue à la semaine ?	¿Sale más barato si se alquila por una semana? *salé mass barato si sé alkila por ouna sémana?*
J'aimerais prendre des cours.	Me gustaría tomar clases. *mé goustariya tomar klasséss*
Je voudrais m'inscrire / inscrire mon enfant à un cours de... / à une activité / au club.	Querría apuntarme / apuntar a mi hijo a una clase de... / a una actividad / al club. *kérriya apounntarmé / apounntar a mi ixo a ouna klassé dé... / a ouna aktibidad / al kloub*
Avez-vous des activités pour les enfants ?	¿Tienen actividades para los niños? *tiénénn aktibidadéss para loss nignoss?*
Y a-t-il des excursions pour les enfants / à faire en famille ?	¿Hay excursiones para los niños / para hacer en familia? *aï ékskoursionnéss para loss nignoss / para athér énn familia?*

les indispensables

Est-il nécessaire de réserver ?	**¿Hace falta reservar?** *athé falta rréssérbar?*
Fournissez-vous aussi le matériel ?	**¿Proporcionan también el equipo?** *proporthionann tammbiénn él ékipo?*
Faut-il payer une caution pour le matériel ?	**¿Hay que dejar una fianza por el equipo?** *aï ké déxar ouna fianntha por él ékipo?*
Combien cela coûte-t-il ?	**¿Cuánto cuesta?** *kouannto kouésta?*
Avez-vous un tarif enfant / étudiant ?	**¿Tienen una tarifa para niños / estudiantes?** *tiénénn ouna tarifa para nignoss / éstoudianntéss?*
Je voudrais louer... , s'il vous plaît.	**Quiero alquilar... , por favor.** *kiéro alkilar... • por fabor*
Êtes-vous équipés pour les handicapés ?	**¿Están equipados para acoger a personas con discapacidad?** *éstann ékipadoss para akoxér a pérsonass konn diskapathidad?*
J'aimerais déposer mes affaires au vestiaire.	**Me gustaría dejar mis cosas en el guardarropa.** *mé goustariya déxar miss kossass énn él gouardarropa*
Je voudrais une crème solaire haute protection.	**Quiero una crema solar de alta protección.** *kiéro ouna kréma solar dé alta protékthionn*

Pour tous les goûts

Sable noir volcanique à Tenerife, galets ou sable fin et doré le long des eaux chaudes et paisibles de la Méditerranée, longues étendues exposées aux vagues de l'Atlantique, au nord : la diversité des plages espagnoles en surprendra plus d'un.

à la mer

sur la plage

Où se trouve la plage / la plage privée ?	¿Dónde está la playa / la playa privada? *donndé ésta la playa / la playa pribada?*
Le prix de l'entrée comprend quelles prestations ?	¿Qué prestaciones incluye el precio de la entrada? *ké préstathionéss innklouyé él préthio dé la énntrada?*
Y a-t-il une plage naturiste ? Où se trouve-t-elle ?	¿Hay alguna playa naturista? ¿Dónde está? *aï algouna playa natourista? • donndé ésta?*
Pouvons-nous nous installer ici ?	¿Nos podemos poner aquí? *noss podémoss ponér aki?*
Excusez-moi, mon fils / mon épouse s'est installé(e) là.	Disculpe, pero ahí está mi hijo / mi mujer. *diskoulpé • péro aï ésta mi ixo / mi mouxér*
Pardon, je crois que c'est ma serviette / notre cerf-volant / notre ballon.	Perdone, pero creo que esta es mi toalla / nuestra cometa / nuestra pelota. *pérdoné • péro kréo ké ésta éss mi toaïlla / nouéstra kométa / nouéstra pélota*
Excusez-moi, où sont les douches / les cabines / les toilettes ?	Perdone, ¿dónde están las duchas / las casetas / los servicios? *pérdoné • donndé éstann lass doutchass / lass kassétass / loss sérbithioss?*

Petit lexique pour la plage

- la casquette **la gorra** *[la gorra]*
- la chaise longue **la tumbona** *[la toummbona]*
- les chaussures de plage **el calzado de playa** *[él kalthado dé playa]*
- la crème solaire **la crema solar** *[la kréma solar]*
- l'insolation **la insolación** *[la innsolathionn]*
- le parasol **la sombrilla** *[la sommbrilla]* / **el parasol** *[él parassol]*
- la serviette **la toalla** *[la toaïlla]*
- les tongs **las chancletas** *[lass tchannklétass]* / **las chanclas** *[lass tchannklass]*

sur la plage

Où est le poste de sécurité ?	**¿Dónde está el puesto de vigilancia?** *donndé ésta él pouésto dé bixilannthia?*
Où sont les maîtres-nageurs ?	**¿Dónde están los profesores de natación?** *donndé éstann loss proféssoréss dé natathionn?*
Je cherche un petit garçon de...	**Estoy buscando a un niño de...** *éstoï bouskanndo a ounn nigno dé...*
Je cherche la buvette / un vendeur de glaces / de gaufres.	**Estoy buscando el chiringuito / un vendedor de helados / de gofres.** *éstoï bouskanndo él tchirinnguito / ounn bénndédor dé éladoss / dé gofréss*
Où puis-je acheter une glace / quelque chose à manger / à boire ?	**¿Dónde se puede comprar un helado / algo para comer / para beber?** *donndé sé pouédé kommprar ounn élado / algo para komér / para bébér?*
Pourriez-vous me dire quels types de sports on peut pratiquer sur cette plage ?	**¿Puede decirme qué deportes se pueden practicar en esta playa?** *pouédé déthirmé ké déportéss sé pouédénn praktikar énn ésta playa?*
Y a-t-il un club pour les enfants ?	**¿Hay un club para niños?** *aï ounn kloub para nignoss?*
Où peut-on se changer ?	**¿Dónde puede uno(a) cambiarse?** *donndé pouédé ouno(a) kammbiarsé?*
Où peut-on louer des cabines / des chaises de plage / des parasols ?	**¿Dónde alquilan casetas / tumbonas / sombrillas?** *donndé alkilann kassétass / toummbonass / sommbrillass?*
Y a-t-il des méduses ?	**¿Hay medusas?** *aï médoussass?*
Où est la poubelle ?	**¿Dónde está (el cubo de) la basura?** *donndé ésta (él koubo dé) la bassoura?*

à la mer

dans l'eau

À quelle heure est la marée haute / la marée basse ?	¿A qué hora sube / baja la marea? *a ké **o**ra s**ou**bé / b**a**xa la mar**é**a?*
La baignade est-elle surveillée sur cette plage ? Où faut-il aller ?	¿En esta playa hay socorristas? ¿Adónde hay que ir? *énn **é**sta pl**a**ya **a**ï sokorr**i**stass? • ad**o**nndé **a**ï ké ir?*
Faut-il se méfier des courants par ici ?	¿Hay corrientes peligrosas por aquí? ***a**ï korri**é**nntéss péligr**o**ssass por ak**i**?*
Est-ce qu'on a pied longtemps ?	¿Hasta dónde se hace pie? ***a**sta d**o**nndé sé **a**thé pi**é**?*
Le niveau de l'eau monte-t-il vite ?	¿El nivel del agua sube rápido? *él nib**é**l dél **a**goua s**ou**bé rr**a**pido?*
Est-ce risqué de plonger par ici ?	¿Es peligroso bucear por aquí? *éss péligr**o**sso bouthé**a**r por ak**i**?*
Est-il dangereux de… ?	¿Es peligroso…? *éss péligr**o**sso…?*
Quel est le meilleur endroit pour faire de la plongée ?	¿Cuál es el mejor sitio para bucear? *kou**a**l éss él méx**o**r s**i**tio p**a**ra bouthé**a**r?*
Peut-on plonger de nuit ?	¿Se puede bucear por la noche? *sé pou**é**dé bouthé**a**r por la n**o**tché?*
Où est la limite de la zone de planche / de kitesurf / de Jet-Ski®?	¿Dónde está el límite de la zona de windsurf / de kitesurf / de moto acuática? *d**o**nndé ést**a** él l**i**mité dé la th**o**na dé ou**ï**nndsourf / dé k**a**ïtsourf / dé m**o**to akou**a**tika?*

Pardon, vous avez dit « chiringuito » ?

Les **chiringuitos** *[tchirinnguitoss]*, buvettes à même le sable, sont un signe d'identité des plages du Sud espagnol. Y déguster des **pescaditos fritos** *[péskaditoss fritoss]* (« friture ») est un rituel obligé pour tout vacancier qui se respecte.

les activités

Y a-t-il une piscine pour les enfants ?	¿Hay una piscina para los niños? *aï ouna pisthina para loss nignoss?*
Où est la piscine municipale ?	¿Dónde está la piscina municipal? *donndé ésta la pisthina mounithipal?*
La piscine est chauffée / en plein air ?	¿Es una piscina climatizada / descubierta? *éss ouna pisthina klimatithada / déskoubiérta?*
Y a-t-il un bassin de jeu pour les enfants ?	¿Hay una piscina con juegos para los niños? *aï ouna pisthina konn xouégoss para loss nignoss?*
Peut-on faire de la planche à voile / du ski nautique par ici ?	¿Se puede hacer windsurf / esquí acuático por aquí? *sé pouédé athér ouïnndsourf / éski akouatiko por aki?*
Où se trouve le club de voile / de plongée / de surf le plus proche ?	¿Dónde está el club de vela / de buceo / de surf más cercano? *donndé ésta él kloub dé béla / dé bouthéo / dé sourf mass thérkanno?*
On m'a dit qu'on pouvait faire du kayak.	Me dijeron que se podía hacer kayac. *mé dixéronn ké sé podiya athér kayak*
Pouvons-nous louer un canot à rames ?	¿Alquilan botes de remos? *alkilan botéss dé rémoss?*
Est-ce qu'il y a un terrain de beach-volley ?	¿Hay un campo de voley playa? *aï ounn kammpo dé boléï playa?*
Y a-t-il un trampoline ?	¿Hay cama elástica? *aï kama élastika?*
Je cherche le manège / le château gonflable.	Estoy buscando el tiovivo / el castillo hinchable. *éstoï bouskanndo él tiobibo / él kastillo inntchablé*
On peut pêcher ?	¿Se puede pescar? *sé pouédé péskar?*
Où peut-on faire de la plongée ?	¿Dónde se puede bucear? *donndé sé pouédé bouthéar?*

à la mer

le matériel

Louez-vous des bateaux / des planches à voile / des planches de surf ?	**¿Alquilan embarcaciones / tablas de windsurf / tablas de surf?** *alkilann émmbarkathionéss / tablass dé ouïnndsourf / tablass dé sourf?*
Où peut-on louer des planches de surf ?	**¿Dónde alquilan tablas de surf?** *donndé alkilann tablass dé sourf?*
Je voudrais louer du matériel de plongée / un tuba et un masque, s'il vous plaît.	**Quiero alquilar un equipo de buceo / un tubo y gafas de bucear, por favor.** *kiéro alkilar ounn ékipo dé bouthéo / ounn toubo i gafass dé bouthéar • por fabor*
Il me faudrait une bouteille d'oxygène / des palmes.	**Necesito una botella de oxígeno / aletas.** *néthéssito ouna botéïlla dé oksixéno / alétass*
Je cherche un casque / un gilet de sauvetage.	**Busco un casco / un chaleco salvavidas.** *bousko ounn kasko / ounn tchaléko salbabidass*
Combien coûte la location d'une combinaison / d'une planche ?	**¿Cuánto cuesta alquilar un traje de buceo / una tabla?** *kouannto kouésta alkilar ounn traxé dé bouthéo / ouna tabla?*
C'est le prix par bateau ou par personne ?	**¿Ese es el precio por embarcación o por persona?** *éssé éss él préthio por émmbarkathionn o por pérsona?*
Le permis bateau est-il obligatoire ?	**¿Es obligatorio tener una licencia de barco?** *éss obligatorio ténér ouna lithénnthia dé barko?*
Combien coûte l'heure de voile / de scooter / de pédalo ?	**¿Cuánto cuesta una hora de vela / de escúter / de patín?** *kouannto kouésta ouna ora dé béla / dé éskoutér / dé patinn?*
Je voudrais acheter un maillot de bain / une combinaison / des palmes.	**Quiero comprar un bañador / un traje de buceo / aletas.** *kiéro kommprar ounn bagnador / ounn traxé dé bouthéo / alétass*

prendre des cours

Je voudrais m'inscrire / l'inscrire.	**Quiero apuntarme / apuntarlo(la).** *kiéro apounntarmé / apounntarlo(la)*
Nous voudrions nous inscrire.	**Queremos apuntarnos.** *kérémoss apounntarnoss*
Avez-vous des ateliers créatifs / des stages ?	**¿Hacen talleres creativos / cursillos?** *athénn taïlléréss kréatiboss / koursilloss?*
Combien coûtent les cours / coûte le forfait / la licence ?	**¿Cuánto cuestan las clases / cuesta el abono / la licencia?** *kouannto kouéstann lass klasséss / kouésta él abono / la lithénnthia?*
Je suis débutant(e).	**Soy principiante.** *soï prinnthipiannté*
J'ai besoin d'un cours de remise à niveau.	**Necesito una clase para recuperar el nivel.** *néthéssito ouna klasé para rékoupérar él nibél*
Je voudrais prendre des cours de plongée.	**Quiero tomar clases de buceo.** *kiéro tomar klasséss dé bouthéo*
Je voudrais apprendre à faire du body surf / de la planche.	**Quiero aprender a hacer bodysurf / surf.** *kiéro aprénndér a athér bodissourf / sourf*
Je voudrais m'inscrire pour le stage de plongée / de voile / de planche à voile.	**Quiero apuntarme al cursillo de buceo / de vela / de windsurf.** *kiéro apounntarmé al koursillo dé bouthéo / dé béla / dé ouïnndsourf*

Sports nautiques

- le canoë-kayak **el piragüismo** *[él piragouïsmo]*
- le canyoning **el barranquismo** *[él barrannkismo]*
- la voile **la vela** *[la béla]*
- la planche à voile **el windsurf** *[él ouïnndsourf]*
- la plongée **el buceo** *[él bouthéo]* / **el submarinismo** *[él soubmarinismo]*
- le rafting **el rafting** *[él rraftinn]*
- le ski nautique **el esquí acuático** *[él éski akouatiko]*
- le surf **el surf** *[él sourf]*

aux sports d'hiver

se renseigner

À quelle altitude se trouve la station / le domaine skiable ?	¿A qué altitud está la estación / están las pistas esquiables?	*a ké altitoud ésta la éstathionn / éstann lass pistass éskiabléss?*
Combien de remonte-pentes y a-t-il ?	¿Cuántos telesquís hay?	*kouanntoss téléskiss aï?*
À quelle heure s'arrêtent les télésièges ?	¿A qué hora se paran los telesillas?	*a ké ora sé parann loss téléssillass?*
Est-il possible de faire du surf des neiges ?	¿Se puede hacer snowboard?	*sé pouédé athér ésnooubord?*

le matériel

Je voudrais louer une paire de skis pour la semaine, s'il vous plaît.	Quiero alquilar un par de esquís durante una semana, por favor.	*kiéro alkilar ounn par dé éskiss dourannté ouna sémana • por fabor*
Je voudrais des skis de fond / des raquettes.	Quiero esquís de fondo / raquetas.	*kiéro éskiss dé fonndo / rrakétass*
Vous avez des combinaisons à louer ? Et des chaussures ?	¿Alquilan trajes de esquí? ¿Y botas?	*alkilann traxéss dé éski? • i botass?*

Tout schuss !

35 stations de sports d'hiver sont réparties sur l'ensemble du territoire, essentiellement dans les *Pyrénées catalanes et aragonaises*, et la *Sierra Nevada* (à 30 km de Grenade). Les citadins en mal d'air pur et de grands espaces aiment à s'y rendre le week-end pour pratiquer le ski de fond ou le ski alpin. Les Madrilènes ne sont pas en reste, les pistes de la station familiale de *Navacerrada* n'étant qu'à une heure de la capitale.

prendre des cours

Pourriez-vous me dire à quelle heure ouvre l'école de ski ?	¿Podría decirme a qué hora abre la escuela de esquí? *podriya déthirmé a ké ora abré la éskouéla dé éski?*
À partir de quel âge peut-on inscrire les enfants ?	¿A partir de qué edad se puede apuntar a los niños? *a partir dé ké édad sé pouédé apounntar a loss nignoss?*
Je voudrais l'inscrire dans un cours pour les tout-petits / pour les débutants.	Quiero apuntarlo(la) a la clase infantil / para principiantes. *kiéro apounntarlo(la) a la klassé innfanntil / para prinnthipianntéss*
Je voudrais m'inscrire dans un cours supérieur / de compétition.	Quiero apuntarme a la clase avanzada / de competición. *kiéro apounntarmé a la klassé abannthada / dé kommpéthionn*
Quel est le contenu du cours pour débutants ?	¿Qué se hace en la clase para principiantes? *ké sé athé énn la klassé para prinnthipianntéss?*
Je voudrais prendre un cours particulier.	Quiero recibir clases particulares. *kiéro rréthibir klasséss partikouláréss*
Je voudrais m'inscrire à la randonnée de ski hors-piste.	Quiero apuntarme al esquí fuera de pista. *kiéro apounntarmé al éski fouéra dé pista*
Je n'ai jamais fait de ski.	Nunca he esquiado. *nounka é éskiado*
Pourriez-vous régler mes fixations ?	¿Me podría ajustar las fijaciones? *mé podriya axoustar lass fixathionéss?*
J'aimerais m'inscrire au slalom de lundi.	Me gustaría apuntarme al eslálom del lunes. *mé goustariya apounntarmé al éslalomm dél lounéss*
Combien coûtent les cours ?	¿Cuánto cuestan las clases? *kouannto kouéstann lass klassés?*

en plein air

la randonnée

J'aimerais faire une randonnée.	Me gustaría hacer una excursión. *mé goustariya athér ouna ékskoursionn*
Quelle est la longueur du parcours ?	¿Qué distancia tiene el recorrido? *ké distannthia tiéné él rrékorrido?*
Le parcours est-il facile / difficile ?	¿La ruta es fácil / difícil? *la rrouta éss fathil / difithil?*
De quel endroit faut-il partir ?	¿De qué lugar se sale? *dé ké lougar sé salé?*

les autres loisirs

La baignade est-elle autorisée ?	¿Está permitido bañarse aquí? *ésta pérmitido bagnarsé aki?*
Où se trouve le stade / la piscine / le gymnase ?	¿Dónde está el estadio / la piscina / el gimnasio? *donndé ésta él éstadio / la pisthina / él gimmnassio?*
Y a-t-il un poney club / un club de volley ?	¿Hay un picadero de ponis / un club de voleibol? *aï ounn pikadéro dé poniss / ounn kloub dé boléïbol?*
Nous voudrions louer des vélos.	Quisiéramos alquilar bicicletas. *kissiéramoss alkilar bithiklétass*

Petit lexique de la randonnée

- la balise **el mojón** *[él moxonn]*
- le circuit **el circuito** *[él thirkouïto]*
- le départ **la salida** *[la salida]*
- l'excursion **la excursión** *[la ékskoursionn]*
- la promenade **el paseo** *[él passéo]*
- la randonnée *(à pied)* **la excursión** *[la ékskoursionn]*
- le refuge **el refugio** *[él rréfouxio]*
- le sentier **el sendero** *[él sénndéro]* / **el camino** *[él kamino]*
- le tour **el paseo** *[él passéo]* / **la vuelta** *[la bouélta]*
- le trek **el senderismo** *[él sénndérismo]* / **el trekking** *[él trékinn]*
- la visite **la visita** *[la bissita]*

le matériel

Peut-on louer le matériel ?	¿Se puede alquilar el equipo? *sé pouédé alkilar él ékipo?*
Combien coûte la location de... ?	¿Cuánto cuesta alquilar...? *kouannto kouésta alkilar...?*
Faut-il déposer une caution ?	¿Hay que dejar una fianza? *aï ké déxar ouna fiannttha?*
Il me faudrait une gourde / un sac à dos / des piquets de tente.	Necesito una cantimplora / una mochila / piquetas. *néthéssito ouna kanntimmplora / ouna motchila / pikétass*

prendre des cours

Je voudrais prendre des cours de tennis, s'il vous plaît.	Quiero tomar clases de tenis, por favor. *kiéro tomar klasséss dé téniss • por fabor*
Combien coûte une heure de cours ?	¿Cuánto cuesta una hora de clase? *kouannto kouésta ouna ora dé klassé?*
Quels sont les horaires des cours de tennis ?	¿Cuáles son los horarios de las clases de tenis? *koualéss sonn loss orarioss dé lass klasséss dé téniss?*
Peut-on avoir un guide ?	¿Se puede contratar un guía? *sé pouédé konntratar ounn guiya?*

Un kilomètre à pied...

Les randonneurs trouveront trois types de chemins balisés et homologués : les **GR** (**Gran Recorrido**, « longue distance »), de plus de 50 km ; les **PR** (**Pequeño Recorrido**, « petite distance »), entre 10 et 50 km ; et les **SL** (**Sendero Local**, « sentier local »), de moins de 10 km. Le balisage répond aux normes en vigueur dans la plupart des pays de l'UE : un trait blanc superposé à un trait rouge (**GR**), un trait jaune (**PR**) ou un trait vert (**SL**).

BTT
VTT

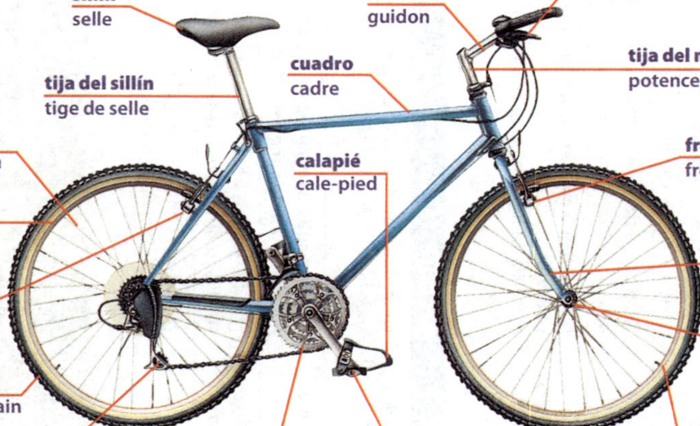
sillín
selle
tija del sillín
tige de selle
radio
rayon
llanta
jante
freno trasero
frein arrière
neumático
todo terreno
pneu tout-terrain
desviador
dérailleur
plato triple
triple plateau
pedal
pédale
calapié
cale-pied
cuadro
cadre
manillar
guidon
cambio de marchas
changement de vitesse
tija del manillar
potence
freno delantero
frein avant
horquilla
fourche
eje
moyeu
válvula
valve

Shopping

Il y a plusieurs années, une campagne de promotion touristique avait lancé le slogan : « Spain is different ». Et, c'est un fait, ne serait-ce qu'en termes d'horaires, « l'Espagne est différente ». Les horaires d'ouverture et de fermeture des commerces ou des services, nettement décalés par rapport à ceux pratiqués dans le reste de l'Europe, peuvent facilement décontenancer le visiteur non averti. Il est important de savoir que *la plupart des banques sont fermées l'après-midi (à partir de 13 h 30 - 14 h) et le samedi*, certaines succursales ouvrant le *jeudi après-midi* de 17 h à 19 h 30 environ (« sauf en été »). Les « bureaux de tabac » (**estancos** *[éstann-koss]*), qui assurent la vente des *timbres-poste*, les *petites boutiques* et les *commerces d'alimentation* sont généralement ouverts le matin de *10 h à 14 h* (ou de *9 h 30 à 13 h 30*), et l'après-midi de *17 h à 20 h / 21 h*. Toutefois, les grands magasins et les chaînes de prêt-à-porter sont habituellement ouverts toute la journée et ferment rarement avant 21 h. À Madrid, les commerces ont l'autorisation d'ouvrir le premier dimanche de chaque mois.

Bijoux en filigrane de Tolède, cuir de Cordoue, tapis "jarapas" en Andalousie... osez la tradition ! Pour faire plaisir et vous faire plaisir.

Folklore...

Poupées andalouses, toreros miniatures, castagnettes et éventails continuent bien entendu à trôner dans les rayons des boutiques de souvenirs, aux quatre coins du pays. Mais ces souvenirs « typiques » offrent aujourd'hui des variantes amusantes, voire raffinées, qui peuvent constituer d'excellentes idées de cadeaux. Les enfants aimeront les petits taureaux ou les vachettes en peluche, souriant d'un air moqueur, et les femmes de tous âges apprécieront les beaux ***éventails*** ornés de motifs parfois très modernes et originaux. Vous serez peut-être surpris d'ailleurs de remarquer que cet objet, loin d'être purement folklorique, fleurit encore tous les étés dans les rues de Madrid, où femmes jeunes et moins jeunes savent en jouer pour tromper la chaleur étouffante.

Et si on faisait des économies...

Les *cigarettes* sont nettement moins chères qu'en France ce qui n'est pas une raison pour vous remettre à fumer. Elles sont en vente dans les estancos *[éstannkoss]* « bureaux de tabac » (enseigne marron et jaune, avec l'inscription Tabacos *[tabakoss]*). Les *chaussures* en cuir de qualité offrent aussi un bon rapport qualité/prix.

... et tradition

Les **mantones de Manila** *[manntonéss dé manila]*, superbes châles en soie brodée, et les ***mantilles*** de dentelle noire, atours traditionnels encore portés dans la bonne société à l'occasion de certaines cérémonies, raviront les amoureux de l'Espagne romantique. Huiliers en ***céramique traditionnelle***, plats ou bibelots en ***porcelaine de Sargadelos***, très réputée en Galice, où elle est fabriquée, orneront avec goût votre intérieur.

« Il est pas frais, mon poisson ?! »

Les **mercados** *[mérkadoss]* (marchés en plein air ou couverts) sont un véritable plaisir pour les sens. Étals de fruits et de légumes colorés, olives parfumées et amandes grillées vendues au poids, jambons odorants pendus au plafond, poulpes et fruits de mer, petits agneaux et cochons de lait entiers trônant au milieu des lapins et des pieds de porc (végétariens et âmes sensibles s'abstenir), tripes et gras-double sur les étalages des **casquerías** *[kaskériyass]* (« tripiers »), etc. : l'expérience vaut le détour. Le **Mercado de San Miguel**, à Madrid, et celui de **La Boquería**, à Barcelone, sont très réputés.

L'âme des terroirs

Les gastronomes n'auront que l'embarras du choix et devront prévoir de la place dans leur valise pour remporter un peu d'Espagne chez eux, le nec plus ultra étant de ramener de l'***huile d'olive*** de qualité ou un véritable **jamón ibérico** *[xamonn ibériko]* (« jambon cru de pays »). Pour les budgets plus serrés (un jambon entier de qualité supérieure coûte très cher), les rayons « gourmets » ou « delicatessen » de grandes surfaces comme **El Corte Inglés** offrent d'excellents jambons en tranches emballés sous vide. Pour le jambon comme pour les autres ***charcuteries***, choisissez des produits dits **ibéricos** *[ibérikoss]* : c'est un gage de qualité. Pensez aussi aux ***fromages*** et aux ***vins*** ou ***spiritueux*** : un bon **queso manchego** *[késso manntchégo]* (fromage au lait de brebis), un vin de la Rioja, une bouteille de **fino** *[fino]* (« xérès ») ou de **pacharán** *[patcharann]* (liqueur d'origine basque) chatouilleront agréablement les palais de vos invités. Côté friandises, le **turrón** *[tourronn]* (sorte de nougat) et les **mazapanes** *[mathapanéss]* (pâte d'amande), typiques des fêtes de Noël, sont en vente toute l'année dans les endroits touristiques.

à la poste

Quel est le tarif pour un courrier urgent / une carte postale pour la France ?	¿Cuánto cuesta un correo urgente / una postal para Francia? *kouannto kouésta ounn korréo ourxénnté / ouna postal para frannthia?*
Je voudrais dix timbres pour la France.	Quiero diez sellos para Francia. *kiéro diéth séïlloss para frannthia*
Je voudrais envoyer cette lettre / ce paquet en recommandé.	Quiero enviar esta carta certificada / este paquete certificado. *kiéro émmbiar ésta karta thértifikada / ésté pakété thértifikado*
Pouvez-vous me passer un formulaire ?	¿Me puede dar un formulario? *mé pouédé dar ounn formoulario?*
Où dois-je indiquer l'adresse du destinataire et celle de l'expéditeur ?	¿Dónde debo poner la dirección del destinatario y la del remitente? *donndé débo ponér la dirékthionn dél déstinatario i la dél rrémiténnté?*
Ça met combien de temps pour arriver en France ?	¿Cuánto (tiempo) tarda en llegar a Francia? *kouannto (tiémmpo) tarda énn llégar a frannthia?*
J'aurais voulu une carte de téléphone à 15 euros.	Quiero una tarjeta telefónica de quince euros. *kiéro ouna tarxéta téléfonika dé kinnthé éouross*
Je voudrais consulter les pages jaunes.	Quisiera consultar las páginas amarillas. *kissiéra konnsoultar lass paxinass amarillass*
J'attends un mandat au nom de Chabrier.	Estoy esperando un giro a nombre de Chabrier. *éstoï éspéranndo ounn xiro a nommbré dé chabrier*
Mon passeport / Ma carte d'identité vous convient comme papier d'identité ?	¿Le sirve el pasaporte / el DNI como documento de identidad? *lé sirbé él passaporté / él dénéï kommo dokouménnto dé idénntidad?*

à la banque

Je voudrais retirer de l'argent.	Quiero sacar dinero. *kiéro sakar dinéro*
Je voudrais encaisser des chèques de voyage.	Quiero cambiar / cobrar cheques de viaje. *kiéro kammbiar / kobrar tchékéss dé biaxé*
Où y a-t-il un distributeur de billets ?	¿Dónde hay un cajero automático? *donndé aï ounn kaxéro aoutomatiko?*
Ma carte de crédit ne fonctionne pas.	Mi tarjeta de crédito no funciona. *mi tarxéta dé krédito no founnthiona*

au cybercafé

Je voudrais envoyer un e-mail, pouvez-vous m'indiquer un cybercafé ?	Quiero enviar un correo electrónico, ¿dónde hay un cibercafé? *kiéro émmbiar ounn korréo éléktroniko • donndé aï ounn thibérkafé?*
Y a-t-il une zone Wi-Fi par ici ?	¿Hay alguna zona wifi por aquí? *aï algouna thona ouïfi por aki?*
Où puis-je trouver un accès gratuit à Internet ?	¿Dónde hay acceso gratuito a internet? *donndé aï akthésso gratouïto a inntérnét?*

Vous lirez

- **Teclee su número personal.** Veuillez saisir votre code.
- **Sacar dinero.** Retirer des espèces.
- **Compruebe los datos.** Veuillez vérifier les données.
- **¿Qué desea hacer ahora?** Que souhaitez-vous faire ?
- **Cancelar / Corregir / Confirmar** Annuler / Corriger / Confirmer
- **¿Desea justificante de la operación?** Souhaitez-vous un reçu ?
- **Retire la tarjeta, por favor.** Veuillez retirer votre carte, S.V.P.

chez le coiffeur

Je voudrais prendre rendez-vous.	Quiero pedir hora. *kiéro pédir ora*
Une coupe avec brushing, s'il vous plaît.	Cortar y peinar, por favor. *kortar i péïnar • por fabor*
Un shampooing et une mise en plis.	Lavar y marcar. *labar i markar*
Je voudrais une coupe dégradée.	Quisiera un corte a capas. *kissiéra ounn korté a kapass*
Ne coupez pas trop derrière / devant.	No corte demasiado por detrás / por delante. *no korté démassiado por détrass / por délannté*
Plus court dessus / sur les côtés.	Más corto arriba / por los lados. *mass korto arriba / por loss ladoss*
C'est trop chaud / froid / très bien comme ça.	Está demasiado caliente / fría / muy bien así. *ésta démassiado kaliénnté / friya / mouï biénn assi*
J'ai une permanente / une coloration.	Llevo una permanente / el pelo teñido. *llébo ouna pérmanénnté / él pélo tégnido*
Je voudrais un soin pour les cheveux secs.	Quiero un tratamiento para cabello seco. *kiéro ounn tratamiénnto para kabéïllo séko*
Mettez-moi un peu de laque / de gel, s'il vous plaît.	Póngame un poco de laca / de fijador, por favor. *ponngamé ounn poko dé laka / dé fixador • por fabor*

Modes de paiement

Si vous payez par carte de crédit, il ne vous sera pas systématiquement demandé de saisir votre code. Vous devrez présenter alors une *pièce d'identité* et signer le reçu.

les soins du corps

Pouvez-vous me conseiller un centre de thalassothérapie / un spa / un institut de beauté ?	¿Me puede aconsejar un centro de talasoterapia / un spa / un salón de belleza? *mé pouédé akonnséxar ounn thénntro dé talassotérapia / ounn éspa / ounn salonn dé béïllétha?*
Proposez-vous des soins pour le visage / des massages ?	¿Hacen tratamientos faciales / masajes? *athénn tratamiénntoss fathialéss / massaxéss?*
Faites-vous de l'épilation ?	¿Depilan? *dépilann?*
Quels sont les tarifs de soins ?	¿Cuánto cuestan los tratamientos? *kouannto kouéstann loss tratamiénntoss?*
Les produits utilisés sont-ils naturels ?	¿Utilizan productos naturales / biológicos? *outilithann prodouktoss natouraléss / bioloxikoss?*
Pouvez-vous me détailler les forfaits disponibles ?	¿Me puede precisar qué fórmulas proponen? *mé pouédé préthissar ké formoulass proponénn?*
J'aurai accès à quelles installations ?	¿A qué instalaciones tendré acceso? *a ké innstalathionéss ténndré akthésso?*
Dois-je amener un maillot de bain / des sandales / un bonnet de bain ?	¿Tengo que traer un bañador / chancletas / un gorro de baño? *ténngo ké traér ounn bagnador / tchannklétass / ounn gorro dé bagno?*
Les serviettes et le peignoir sont-ils fournis ?	¿Proporcionan las toallas y el albornoz? *proporthionann lass toaïllass i él albornoth?*
Peut-on se restaurer sur place ?	¿Tienen algún lugar para comer? *tiénénn algounn lougar para komér?*
Y a-t-il un sauna ?	¿Hay sauna? *aï saouna?*
Proposez-vous des séances de manucure ?	¿Hacen la manicura? *athènn la manikoura?*

SHOPPING

au magasin

se renseigner

Dans quel zone se trouvent les magasins ?	**¿En qué zona están las tiendas?** *énn ké thona éstann lass tiénndass?*
Où se trouve le centre commercial ?	**¿Dónde está el centro comercial?** *donndé ésta él thénntro komérthial?*
Quels sont les jours de marché aux puces ?	**¿Qué días hay mercadillo / rastro?** *ké diyass aï mérkadillo / rrastro?*
Vendez-vous des enveloppes / des cartes routières ?	**¿Venden sobres / mapas de carretera?** *bénndénn sobréss / mapass dé karrétéra?*
Excusez-moi, je cherche les ascenseurs / l'Escalator® / une caisse.	**Perdone, estoy buscando los ascensores / las escaleras mecánicas / una caja.** *pérdoné • éstoï bouskanndo loss asthénnsoréss / lass éskalérass mékanikass / ouna kaxa*
Je peux vous demander un renseignement ?	**¿Puede informarme?** *pouédé innformarmé?*
Je voudrais voir celui qui est en vitrine.	**Quiero ver el del escaparate.** *kiéro bér él dél éskaparaté*
À quelle heure fermez-vous ?	**¿A qué hora cierran?** *a ké ora thiérrann?*

Vous lirez

- **Abierto** Ouvert
- **Cerrado** Fermé
- **Cerrado por vacaciones.** Fermeture annuelle (pour les vacances).
- **Cerrado sábados y domingos.** Fermé samedi et dimanche.
- **De lunes a viernes, de… a…** Du lundi au vendredi, de… à…
- **Horario de atención al público.** Horaires d'ouverture au public.
- **Hoy domingo abrimos de… a…** Aujourd'hui dimanche, ouvert de… à….
- **Vuelvo en seguida.** Je reviens tout de suite.

se renseigner

Non, merci, je ne fais que regarder.	No, gracias, solo estoy mirando. *no • grathiass • solo éstoï mirranndo*
On s'occupe de moi, merci.	Ya me atienden, gracias. *ya mé atiénndénn • grathiass*
Ce sera tout, merci.	Eso es todo, gracias. *ésso éss todo • grathiass*
C'est combien, s'il vous plaît.	Por favor, ¿cuánto es? *por fabor • kouannto éss?*
Acceptez-vous les cartes de crédit ?	¿Aceptan tarjetas de crédito? *athéptann tarxétass dé krédito?*

cosmétiques et parapharmacie

Je cherche le rayon du linge de toilette.	Estoy buscando la (sección de) ropa blanca. *éstoï bouskanndo la (sékthionn dé) rropa blannka*
Où sont les brosses à dents ?	¿Dónde están los cepillos de dientes? *donndé éstann loss thépilloss dé diénntéss?*
Où est le dentifrice ?	¿Dónde está la pasta de dientes? *donndé ésta la pasta dé diénntéss?*
Pouvez-vous me conseiller une crème hydratante / un shampooing pour enfant ?	¿Me puede aconsejar una crema hidratante / un champú para niños? *mé pouédé akonnséxar ouna kréma idratannté / ounn tchammpou para nignoss?*
Je n'ai plus de mouchoirs en papier / de couches-culottes.	No me quedan pañuelos de papel / pañales. *no mé kédann pagnouéloss dé papél / pagnaléss*
Je cherche un fond de teint / un rouge à lèvres / un baume pour les lèvres.	Estoy buscando crema de base / lápiz de labios / cacao. *éstoï bouskanndo kréma dé bassé / lapith dé labioss / kakao*

SHOPPING

les vêtements

Je fais du 38.	Tengo una treinta y ocho. *ténngo ouna tréïnnta i otcho*
Je chausse du 40.	Calzo un cuarenta. *kaltho ounn kouarénnta*
Ma fille peut-elle l'essayer ?	¿Mi hija se lo puede probar? *mi ixa sé lo pouédé probar?*
Où se trouvent les cabines d'essayage ?	¿Dónde están los probadores? *donndé éstann loss probadoréss?*
Y a-t-il une glace ?	¿Hay un espejo? *aï ounn éspéxo?*
Avez-vous la taille au-dessus / en dessous ?	¿Tiene una talla más grande / pequeña? *tiéné ouna taïlla mass granndé / pékégna?*
Avez-vous un haut / une jupe assorti(e) ?	¿Tiene un top / una falda a juego? *tiéné ounn top / ouna falda a xouégo?*
C'est trop petit / grand / long / serré / juste.	Me queda demasiado pequeño / grande / largo / apretado / justo. *mé kéda démassiado pékégno / granndé / largo / aprétado / xousto*
L'avez-vous dans une autre couleur ?	¿Lo(a) tiene de otro color? *lo(a) tiéné dé otro kolor?*
C'est du cuir / du lin / de la laine / du synthétique ?	¿Es piel / lino / lana / sintético? *éss piél / lino / lana / sinntétiko?*
C'est chaud ?	¿Abriga? *abriga?*
C'est confortable ?	¿Es cómodo(a)? *éss komodo(a)?*
Est-ce lavable en machine ?	¿Se puede lavar a máquina? *sé pouédé labar a makina?*

les vêtements

Combien ça coûte ? / C'est combien ?	¿Cuánto cuesta? *kouannto kouésta?*
Je vais prendre celui-ci, merci.	Me voy a quedar este, gracias. *mé boï a kédar ésté • grathiass*
Si ça ne va pas, je pourrai le changer ?	Si hay algún problema, ¿lo puedo cambiar? *si aï algounn probléma • lo pouédo kammbiar?*
Ça ne me plaît pas.	No me gusta. *no mé gousta*
Faites-vous les retouches / du sur-mesure ?	¿Hacen los arreglos / prendas a medida? *athénn loss arrégloss / prénndass a médida?*
Pouvez-vous prendre mes mesures, s'il vous plaît ?	¿Me puede tomar las medidas, por favor? *mé pouédé tomar lass médidass • por fabor?*
Je vais réfléchir.	Me lo voy a pensar. *mé lo boï a pénnsar*

La garde-robe

- la robe **el vestido** *[él béstido]*
- le chemisier **la blusa** *[la bloussa]*
- la chemise **la camisa** *[la kamissa]*
- le tee-shirt **la camiseta** *[la kamisséta]*
- le pull **el jersey** *[él xérséï]* / **el suéter** *[él souétér]*
- le pantalon **los pantalones** *[loss panntalonéss]*
- la jupe **la falda** *[la falda]*
- la veste **la chaqueta** *[la tchakéta]*
- le blouson **la cazadora** *[la kathadora]*
- le manteau **el abrigo** *[él abrigo]*
- le soutien-gorge **el sujetador** *[él souxétador]* / **el sostén** *[él sosténn]*
- la culotte **las bragas** *[lass bragass]*
- le maillot de bain **el traje de baño** *[él traxé dé bagno]*
- les chaussures **los zapatos** *[loss thapatoss]*

les équipements électroniques

Vendez-vous des cordons d'alimentation pour téléphone portable / Caméscope® ?	¿Venden cargadores para móviles / cámaras de vídeo? *bénndénn kargadoréss para mobiléss / kamarass dé bidéo?*
Quels sont les prix des lecteurs MP3 ?	¿Cuánto cuestan los lectores de MP3? *kouannto kouéstann loss léktoréss dé émépétréss?*
Avez-vous des cartes mémoire / des piles ?	¿Tienen tarjetas de memoria / pilas? *tiénénn tarxétass dé mémoria / pilass?*
Je crois que la batterie de mon appareil ne se charge plus, peut-on la changer ?	La batería de mi cámara ya no se carga, ¿se puede cambiar? *la batériya dé mi kamara ya no sé karga • sé pouédé kammbiar?*
Une pellicule photo, s'il vous plaît.	Un carrete, por favor. *ounn karrété • por fabor*

pour les enfants

Excusez-moi, à quel étage se trouvent les vêtements pour enfants / les jouets ?	Perdone, ¿en qué planta está la ropa para niños / están los juguetes? *pérdoné • énn ké plannta ésta la rropa para ni-gnoss / éstann loss xougouétéss?*
Cela convient-il à un enfant de ... ans ?	¿Esto es adecuado para un niño de ... años? *ésto éss adékouado para ounn nigno dé ... agnoss?*
Que me recommandez-vous pour un adolescent / une petite fille?	¿Qué me recomienda para un adolescente / una niña pequeña? *ké mé rrékomiénnda para ounn adolésthénnté / ouna nigna pékégna?*
C'est la mode en ce moment en Espagne ?	¿En este momento está de moda en España? *énn ésté moménnto ésta dé moda énn éspagna?*
Cette poupée est-elle aux normes européennes ?	¿Esta muñeca es conforme a las normas europeas? *ésta mougnéka éss konnformé a lass normass éouropéass?*

livres et CD

Où puis-je trouver des disques / des livres / des revues ?	¿Dónde puedo comprar discos / libros / revistas? *donndé pouédo kommprar diskoss / libross / rrébistass?*
Est-ce bien un DVD zone 2 ?	¿Este DVD es de zona 2? *ésté déoubédé éss dé thona doss?*
Quel est l'album de pop espagnole qui marche fort en ce moment ?	¿Qué álbum de pop español pega fuerte en este momento? *ké alboumm dé pop éspagnol péga fouérté énn ésté moménnto?*
Je cherche un CD avec la chanson « Corazón loco ».	Estoy buscando un CD con la canción "Corazón loco". *éstoï bouskanndo ounn thédé konn la kannthionn korathonn loko*
Pouvez-vous me conseiller une librairie ?	¿Me puede recomendar una librería? *mé pouédé rrékoménndar ouna libréríya?*
Où sont les livres illustrés / les albums pour enfants ?	¿Dónde están los libros ilustrados / los álbumes para niños? *donndé éstann loss libross iloustradoss / loss alboumés para nignoss?*

El Corte Inglés

Ces établissements présents dans toutes les villes sont réputés pour la qualité de leurs produits et l'exhaustivité de leur offre : habillement ; CD, DVD, librairie ; audiovisuel et informatique ; parfumerie et cosmétique ; bijouterie ; maroquinerie ; alimentation ; électroménager, etc. Certains disposent même d'un salon de coiffure et d'une agence de voyages ! Un peu cher, mais incontournable. LE grand magasin espagnol par excellence.

souvenirs et cadeaux

l'artisanat

Où pouvons-nous acheter des souvenirs de la cathédrale ?	**¿Dónde podemos comprar recuerdos de la catedral?** *donndé podémoss kommprar rrékouérdoss dé la katédral?*
Où est le magasin de cadeaux ?	**¿Dónde está la tienda de regalos?** *donndé ésta la tiénnda dé rrégaloss?*
Je cherche une boutique de souvenirs.	**Estoy buscando una tienda de souvenirs / recuerdos.** *éstoï bouskanndo ouna tiénnda dé soubénirs / rrékouérdoss*
Quelles sont les spécialités de l'artisanat régional / de la ville ?	**¿Cuáles son las especialidades de la artesanía regional / de la ciudad?** *koualéss sonn lass éspéthialidadéss dé la artéssaniya rréxional / dé la thioudad?*
Avez-vous des tee-shirts ?	**¿Tienen camisetas?** *tiénénn kamissétass?*
C'est fait main ?	**¿Está hecho a mano?** *ésta étcho a mano?*
C'est à base de produits naturels ?	**¿Está hecho a base de productos naturales?** *ésta étcho a bassé dé prodouktoss natouraléss?*
C'est fabriqué en Espagne / dans la région ?	**¿Está fabricado en España / en la región?** *ésta fabrikado énn éspagna / énn la rréxionn?*

Chiner aux puces

Les « marchés aux puces », **rastros** *[rastross]* ou **mercadillos** *[mérkadilloss]*, offrent l'occasion de flâner entre stands de fripes, objets artisanaux et livres ou CD d'occasion. **El Rastro** de Madrid, véritable institution, attire les foules le dimanche matin. Antiquités de valeur et meubles neufs ou d'occasion, vêtements et artisanat « peace and love » y côtoient un curieux amoncellement d'objets hétéroclites au charme de vide-grenier.

les spécialités locales

Que me suggérez-vous de ramener en France ?	**¿Que me aconseja para llevarme a Francia?** *ké mé akonnséxa para llébarmé a frannthia?*
Qu'y a-t-il de vraiment typique ?	**¿Qué tienen que sea verdaderamente típico de aquí?** *ké tiénénn ké séa bérdadéraménnté tipiko de aki?*
Il y a du porc / de la viande / de l'alcool ?	**¿Esto lleva cerdo / carne / alcohol?** *ésto lléba thérdo / karné / alkool?*
Ça a été préparé avec des produits naturels ?	**¿Ha sido preparado con productos naturales?** *a sido préparado konn prodouktoss natouraléss?*
Ça ne va pas s'abîmer pendant le voyage ?	**¿No se va a estropear durante el viaje?** *no sé ba a éstropéar dourannté él biaxé?*
Doit-on le conserver au frais ?	**¿Hay que conservarlo en lugar fresco?** *aï ké konnsérbarlo énn lougar frésko?*
Vous l'auriez en conserve / en bocaux ?	**¿Lo tiene en conserva / en tarros?** *lo tiéné énn konnsérba / énn tarross?*
Pouvez-vous l'emballer dans un plastique / sous vide ?	**¿Me lo(a) puede envolver en un plástico / envasar al vacío?** *mé lo(a) pouédé émmbolbér énn ounn plastiko / émmbassar al bathiyo?*
Avez-vous des spécialités sucrées ?	**¿Tienen dulces típicos?** *tiénénn doulthéss tipikoss?*
Pouvez-vous les mettre dans une belle boîte ?	**¿Puede ponerlos(as) en una caja bonita?** *pouédé ponérloss(ass) énn ouna kaxa bonita?*
Pouvez-vous nous recommander un bon vin ?	**¿Nos puede recomendar un buen vino?** *noss pouédé rrékoménndar ounn bouénn bino?*
Pourriez-vous me faire un paquet cadeau ?	**¿Me lo puede envolver para regalo?** *mé lo pouédé èmmbolbèr para régalo?*

Urgences

Avis de recherche

• **Un niño / Una niña ha desaparecido.** *[ounn nigno / ouna nigna a déssaparéthido]*	• Un garçon / Une fille a disparu.
• **Se llama Christian / Marion.** *[sé llama kristian / marion]*	• Il / Elle s'appelle Christian / Marion.
• **Tiene 10 años.** *[tiéné diéth agnoss]*	• Il / Elle a 10 ans.
• **Mide alrededor de 1 metro 45 y pesa unos 35 kilos.** *[midé alrédédor dé ounn métro kouarénnta i thinnko i péssa ounoss tréinnta i thinnko kiloss]*	• Il / Elle mesure environ 1,45 m et pèse quelque 35 kg
• **Tiene el pelo rubio / moreno / pelirrojo, corto / largo y liso / rizado.** *[tiéné él pélo rroubio / moréno / pélirroxo, korto / largo i lisso / rrithado]*	• Il / Elle a les cheveux blonds / bruns / roux, courts / longs et lisses / frisés.
• **Lleva vaqueros, camiseta azul y deportivas rojas.** *[lléba bakéross• kamisséta athoul i déportibass rroxass]*	• Il / Elle porte un jean, un tee-shirt bleu et des tennis rouges.
• **Lo(a) han visto por última vez en / cerca de...** *[lo(a) ann bisto por oultima béth énn / thérka dé...]*	• Il / Elle a été vu(e) pour la dernière fois à ou en... / près de...

Agression... crise d'appendicite... début d'incendie... Un seul numéro à retenir : 112. Gratuit, il centralise toutes les urgences, 24h/24. N'oubliez pas : 112 !

Au voleur !

L'Espagne n'est pas un pays où règne l'insécurité, mais, comme partout, évitez de tenter le diable en laissant en vue dans les voitures vos effets personnels. Portez vos sacs en bandoulière (attention aux sacs à dos) et méfiez-vous des pickpockets, notamment dans les sites touristiques et autres endroits de grande affluence, comme ***le métro***. Si vous êtes victime de vol, vous pouvez déposer plainte au « 902 102 112 » (numéro mis en place pour les étrangers de passage) ou vous rendre dans un commissariat pour faire une ***déclaration de vol*** (**denuncia de robo** *[dénounnthia dé rr**o**bo]*).

Gare au soleil !

Attention aux ***dangers du soleil***, surtout si vous partez aux Canaries où la douceur du climat tend à faire oublier que le soleil y est presque à son zénith. Si vous respectez les règles élémentaires de protection et évitez l'exposition ou les efforts sportifs aux heures les plus chaudes (40 °C à Madrid ou à Séville en plein été), vous échapperez aux ***coups de soleil*** et autres ***coups de chaleur***.

Important : perte ou vol de pièces d'identité

Si vous voyagez en *avion*, adressez-vous au consulat, car les compagnies d'aviation ne sont pas dans l'obligation d'autoriser votre embarquement sur la seule présentation du procès-verbal délivré par la police espagnole. Un *laissez-passer consulaire* pourra vous être délivré.

On peut manger de tout ?

Rassurez-vous, la « turista » n'a d'espagnol que le nom. Toutefois, en été, il est préférable d'éviter les **ensaladillas rusas** ***[énnsaladillass roussass]*** (« macédoines de légumes » : avec des œufs, du thon et de la mayonnaise), **tortillas** ***[tortillass]*** et autres produits à base d'œufs ou de mayonnaise en exposition sur les comptoirs non réfrigérés des bars.

Je vous dois combien, docteur ?

Dans le ***secteur public***, les consultations sont ***gratuites***. Si vous vous rendez dans un **ambulatorio** ***[ammboulatorio]*** (« cabinet médical public ») ou un hôpital public avec votre ***carte européenne d'assurance maladie***, vous n'aurez aucun frais à avancer. En revanche, dans le ***secteur privé***, les soins sont ***payants*** et souvent ***très chers***. Si vous avez recours au privé, ou si vous n'avez pas la carte européenne, pensez à demander une facture pour solliciter ensuite le remboursement en France. Sachez que, dans le cas de la médecine privée, les frais sont très mal remboursés (quand ils le sont) par la Sécurité sociale française. Il est donc préférable d'avoir une bonne assurance complémentaire… À savoir : les frais de ***dentiste*** ne sont jamais pris en charge.

Carte européenne d'assurance maladie

Valable 1 an, cette carte permet de bénéficier de la prise en charge sur place des soins médicalement nécessaires. Tous les membres de la famille doivent avoir leur propre carte, y compris les enfants de moins de 16 ans. S'adresser à la CPAM *au moins deux semaines avant le départ* (la demande peut se faire par téléphone ou Internet). *Attention* : valable uniquement dans le secteur public. Si vous ne possédez pas cette carte, ou si vous vous adressez au secteur privé, n'oubliez pas de demander une facture.

Allô, docteur ?

Une ***liste de médecins francophones*** est disponible sur le site Web du Consulat général de France à Madrid (Conseils pratiques - Santé), pour les villes suivantes : ***Madrid***, ***Alicante***, ***Valence***, ***Séville*** et ***Málaga***, ainsi que pour les ***Canaries***. Même chose pour ***Barcelone*** sur le site du consulat dans cette ville (Vie pratique - Professionnels de santé). Attention : secteur privé.

appeler

À l'**aide** !	¡Auxilio! *aouxilio!*
Au **secours** !	¡Socorro! *sokorro!*
Appelez la **police** / les **pompiers** !	¡Llamen a la policía / a los bomberos! *llaménn a la polithiya / a loss bommbéross!*
Appelez un **médecin** / une **ambulance** !	¡Llamen a un médico / a una ambulancia! *llaménn a ounn médiko / a ouna ammboulannthia!*
Il y a eu un **accident** / le **feu**.	Ha habido un accidente / un incendio. *a abido ounn akthidénnté / ounn innthénndio*
Où est le **commissariat** / l'**hôpital** le plus proche ?	¿Dónde está la comisaría / el hospital más cercano? *donndé ésta la komissariya / él ospital mass thérkano?*

La description physique

- le mari **el marido** *[él marido]*
- la femme **la mujer** *[la mouxér]*
- fils **el hijo** *[él ixo]*
- fille **la hija** *[la ixa]*
- blond(e) **rubio(a)** *[roubio(a)]*
- brun(e) **moreno(a)** *[moréno(a)]*
- châtain(e) **castaño(a)** *[kastagno(a)]*
- roux(rousse) **pelirrojo(a)** *[pélirroxo(a)]*
- les cheveux longs / courts **el pelo largo / corto** *[él pélo largo / korto]*
- chauve **calvo(a)** *[kalbo(a)]*
- les yeux bleus **los ojos azules** *[loss oxoss athoulés]*
- les yeux verts **los ojos verdes** *[loss oxoss bérdés]*
- les yeux marron **los ojos marrones** *[loss oxoss marronés]*
- les yeux noirs / gris **los ojos negros / grises** *[loss oxoss négross / grisséss]*
- petit(e) *(corpulence)* **pequeño(a)** *[pékégno(a)]*
- grand(e) *(corpulence)* **grande** *[granndé]*
- petit(e) *(taille)* **bajo(a)** *[baxo(a)]*
- grand(e) *(taille)* **alto(a)** *[alto(a)]*
- gros(se) **gordo(a)** *[gordo(a)]*
- maigre **flaco(a)** *[flako(a)]*
- les lunettes **las gafas** *[lass gafass]*

au commissariat

Quelqu'un parle-t-il français / anglais ?	**¿Alguien habla francés / inglés?** *alguiénn abla frannthéss / innglés?*
Je voudrais déclarer un vol / déposer une plainte.	**Quiero denunciar un robo / poner una denuncia.** *kiéro dénounnthiar ounn rrobo / ponér ouna dénounnthia*
On m'a volé / J'ai perdu mes papiers.	**Me han robado / He perdido la documentación.** *mé ann rrobado / é pérdido la dokouménntathionn*
Ma voiture / Mon scooter a disparu.	**Me ha desaparecido el coche / la escúter.** *mé a déssaparéthido él kotché / la éskoutér*
On a fracturé ma voiture.	**Me han roto el coche.** *mé ann rroto él kotché*
Mon fils / Ma fille s'est fait voler ses affaires.	**Le han robado las cosas a mi hijo / a mi hija.** *lé ann rrobado lass kossass a mi ixo / a mi ixa*
Je me suis fait cambrioler.	**Me han entrado a robar en casa.** *mé ann énntrado a rrobar énn kassa*
J'ai eu un accident de voiture.	**He tenido un accidente de coche.** *é ténido ounn akthidénnté dé kotché*
Mon fils / Ma fille a été arrêté(e), est-il / est-elle ici ?	**Han detenido a mi hijo / a mi hija, ¿está aquí?** *ann déténido a mi ixo / a mi ixa • ésta aki?*
Je cherche mon fils / ma fille / mon mari / ma femme.	**Estoy buscando a mi hijo / a mi hija / a mi marido / a mi mujer.** *éstoï bouskanndo a mi ixo / a mi ixa / a mi marido / a mi mouxér*
J'ai été verbalisé.	**Me han puesto una multa.** *mé ann pouésto ouna moulta*
Où / Comment puis-je payer cette amende ?	**¿Dónde / Cómo puedo pagar esta multa?** *donndé / komo pouédo pagar ésta moulta?*

la police

décrire la situation

Un homme vient de faire un malaise dans la rue.	A un hombre le acaba de dar algo en la calle. *a ounn ommbré lé akaba de dar algo énn la kaïllé*
J'ai entendu des cris dans l'appartement à côté / du dessous / du dessus.	He oído gritos en el piso de al lado / de abajo / de arriba. *é oïdo gritoss énn él pisso dé al lado / dé abaxo / dé arriba*
Il / Elle est légèrement / gravement blessé(e).	Tiene heridas leves / graves. *tiéné éridass lébéss / grabéss*
Ils ont cassé une vitre / forcé la porte.	Han roto el cristal / forzado la puerta. *ann rroto él kristal / forthado la pouérta*
Nous nous sommes disputés et il m'a frappé(e).	Hemos discutido y me ha pegado. *émoss diskoutido i mé a pégado*
On m'a arraché mon sac sur la place principale.	Me han dado el tirón en la plaza principal. *mé ann dado él tironn énn la platha prinnthipal*
J'ai découvert en rentrant que mon portefeuille avait disparu.	Al volver a casa me he dado cuenta de que la cartera me había desaparecido. *al bolbér a kassa mé é dado kouénnta dé ké la kartéra mé abiya déssaparéthido*

Urgences

112 : tous les services d'urgence

- **091 : policía nacional** *[polithiya nathional]* (police nationale)
- **092 : policía municipal** *[polithiya mounithipal]* (police municipale)
- **085 ou 080 : bomberos** *[bommbéross]* (pompiers)
- **061 : urgencias médicas** *[ourxénnthiass médikass]* (urgences médicales)

le constat d'accident

On va faire un constat.	Vamos a hacer un atestado. *bamoss a athér ounn atéstado*
C'est moi qui suis responsable.	Soy yo el / la responsable. *soï yo él / la rrésponnsablé*
La voiture venait de la gauche / de la droite.	El coche venía de la izquierda / de la derecha. *él kotché béniya dé la ithkiérda / dé la dérétcha*
On m'a refusé la priorité.	El otro vehículo no ha respetado la prioridad. *él otro béïkoulo no a rréspétado la prioridad*
L'autre voiture a brûlé un feu rouge.	El otro coche se ha saltado un semáforo en rojo. *él otro kotché sé a saltado ounn sémaforo énn rroxo*
Un bus / Une voiture / Une moto a percuté notre voiture.	Un autobús / Un coche / Una moto ha chocado contra nuestro coche. *ounn aoutobouss / ounn kotché / ouna moto a tchokado konntra nouéstro kotché*

à l'ambassade / au consulat

Je cherche le consulat français/ l'ambassade de France.	Estoy buscando el consulado francés / la embajada de Francia. *éstoï bouskanndo él konnsoulado frannthéss / la émmbaxada dé frannthia*
J'ai perdu / Je me suis fait voler mes papiers.	He perdido / Me han robado la documentación. *é pérdido / mé ann rrobado la dokouménntathionn*
J'ai besoin de papiers pour pouvoir passer la douane.	Necesito la documentación para poder pasar por la aduana. *néthéssito la dokouménntathionn para podér passar por la adouana*
Je cherche le Photomaton® / la photocopieuse.	Busco el fotomatón® / la fotocopiadora. *bousko él fotomatonn / la fotokopiadora*

les urgences médicales

décrire les symptômes

Il faut appeler les **secours**.	Hay que pedir ayuda. *aï ké pédrr ayouda*
Appelez les **pompiers** !	¡Llamen a los bomberos! *llamènn a loss bommbéross!*
Pouvez-vous nous emmener aux **urgences** / envoyer une **ambulance** au... ?	¿Nos puede llevar a urgencias / enviar una ambulancia a...? *noss pouédé llébar a ourxénnthiass / émmbiar ouna ammboulannthia a...?*
Il / Elle a du mal à **marcher** / **respirer**.	Le cuesta andar / respirar. *lé kouésta anndar / rréspirar*
Il / Elle a une **fracture** du / de la...	Tiene una fractura en el / la... *tiéné ouna fraktoura énn él / la...*
On l'a retrouvé(e) **évanoui**(e).	Lo(a) han encontrado inconsciente. *lo'a) ann énnkonntrado innkonnsthiénnté*
J'ai **vomi**.	He vomitado. *é bomitado*
J'ai la **diarrhée**.	Tengo diarrea. *ténngo diarréa*
J'ai mal à la **tête** / à la **gorge** / au **ventre**.	Me duele la cabeza / la garganta / la barriga. *mé douélé la kabétha / la gargannta / la barriga*
J'ai mal au **cœur**.	Tengo náuseas. *ténngo naousséass*
Mon fils / Ma fille **tousse**.	Mi hijo(a) tose. *mi ixo(a) tossé*
Il / Elle a de la **fièvre**.	Tiene fiebre. *tiéné fiébré*
J'ai eu un **accident**.	He tenido un accidente. *é ténido ounn akthidénnté*

décrire les symptômes

Je me suis foulé la cheville et je ne peux plus marcher.	Me he torcido el tobillo y no puedo andar. *mé é torthido él tobillo i no pouédo anndar*
Je suis tombé(e).	Me he caído. *mé é kaïdo*
Mon bras / Ma jambe me fait très mal.	Me duele mucho el brazo / la pierna. *mé douélé moutcho él bratho / la piérna*
J'ai attrapé un coup de soleil.	Me he quemado con el sol. *mé é kémado konn él sol*
J'ai attrapé une insolation.	He cogido una insolación. *é koxido ouna innsolathionn*
Je me suis brûlé la main.	Me he quemado la mano. *mé é kémado la mano*
J'ai des vertiges.	Me mareo. *mé maréo*
Je crois que j'ai la grippe / une otite.	Creo que he pillado la gripe / una otitis. *kréo ké é pillado la gripé / ouna otitiss*

Le corps humain

- le front **la frente** *[la frénnté]*
- l'œil **el ojo** *[él oxo]*
- la tête **la cabeza** *[la kabétha]*
- le cou **el cuello** *[él kouéïllo]*
- la gorge **la garganta** *[la gargannta]*
- l'épaule **el hombro** *[él ommbro]*
- le dos **la espalda** *[la éspalda]*
- le bras **el brazo** *[él bratho]*
- le coude **el codo** *[él kodo]*
- le poignet **la muñeca** *[la mougnéka]*
- la main **la mano** *[la mano]*
- le doigt **el dedo** *[él dédo]*
- la hanche **la cadera** *[la kadéra]*
- la fesse **la nalga** *[la nalga]*
- la jambe **la pierna** *[la piérna]*
- le genou **la rodilla** *[la rrodilla]*
- le talon **el talón** *[él talonn]*
- la cheville **el tobillo** *[él tobillo]*
- le pied **el pie** *[él pié]*

chez le médecin

l'accueil

Je cherche un médecin / un gynécologue / un dermatologue / un ophtalmologiste / un pédiatre.	**Estoy buscando un médico / un ginecólogo / un dermatólogo / un oftalmólogo / un pediatra.** *éstoï bouskanndo ounn médiko / ounn xinékologo / ounn dérmatologo / ounn oftalmologo / ounn pédiatra*
Je n'ai pas de rendez-vous, pouvez-vous me recevoir quand même ?	**No he pedido hora, ¿puede atenderme?** *no é pédido ora • pouédé aténndérmé?*
Quels sont les horaires des consultations ?	**¿Cuáles son los horarios de consulta?** *koualéss sonn loss orarioss dé konnsoulta?*

Vous entendrez

- **Dígame qué le pasa.** *[digamé ké lé passa]* Dites-moi ce qui ne va pas.
- **Quítese la ropa, por favor.** *[kitéssé la rropa • por fabor]* Déshabillez-vous, s'il vous plaît.
- **Desnúdese de cintura para arriba.** *[désnoudéssé dé thinntoura para arriba]* Mettez-vous torse nu.
- **Quítese la camisa / la camiseta.** *[kitéssé la kamissa / la kamisséta]* Merci d'enlever votre chemise / Tee-shirt.
- **¡Inspire, espire, tosa!** *[innspiré • éspiré • tossa!]* Inspirez, expirez, toussez !
- **Tome un comprimido tres veces al día durante las comidas.** *[tomé ounn kommprimido tréss béthéss al diya douranntè lass komidass]* Prenez un comprimé trois fois par jour, au moment des repas.
- **Evite salir durante cuarenta y ocho horas.** *[ébité salir douranntè kouarénnta i otcho orass]* Évitez de sortir pendant 48 heures.
- **Le voy a tomar la temperatura / tensión.** *[lé boï a tomar la témpératoura / ténnsionn]* Je vais prendre votre température / tension.
- **Voy a ponerle una inyección.** *[boï a ponérlé ouna innyékthionn]* Je vais vous faire une piqûre.
- **Hay que hacer un análisis de sangre / de orina.** *[aïké athér ounn analississ dé sanngré / dé orina]* Il faut faire une analyse de sang / d'urine.
- **Habrá que hacer una radiografía.** *[abra ké athér ouna rradiografiya]* Nous allons devoir faire une radio.
- **Va a ser necesario hospitalizarlo(a).** *[ba a sér néthéssario ospitalitharlo(a)]* Il va falloir vous hospitaliser.

avant l'examen

J'ai **mal** là.	Me duele aquí / ahí. *mé douélé aki / aï*
C'est de **pire** en pire.	Es cada vez peor. *éss kada béth péor*
J'ai / Il a / Mon fils a mal au **ventre** / à la **tête** / à la **gorge**.	Me duele / Le duele / A mi hijo le duele la barriga / la cabeza / la garganta. *mé douélé / lé douélé / a mi ixo lé douélé la barriga / la kabétha / la gargannta*
J'ai de la **fièvre** depuis deux jours.	Hace dos días que tengo fiebre. *athé doss diyass ké ténngo fiébré*
Je **tousse**. / J'ai un **rhume**.	Toso. / Estoy acatarrado. *tosso / éstoï akatarrado*
Je n'arrête pas de **vomir**.	No paro de vomitar. *no paro dé bomitar*
Je me suis / Il s'est fait **piquer** par un **insecte**.	Me / Le ha picado un insecto. *mé / lé a pikado ounn innsékto*
Je me suis brûlé la **main**.	Me he quemado la mano. *mé é kémado la mano*
Je me suis blessé(e) au **genou** / au **coude** / au **bras**.	Me he hecho daño en la rodilla / en el codo / en el brazo. *mé é étcho dagno énn la rrodilla / énn él kodo / énn él bratho*
J'ai des **démangeaisons** / de fortes démangeaisons.	Me pica (mucho). *mé pika (moutcho)*
Je suis **diabétique** et il me faudrait une **ordonnance** pour mon **insuline**.	Soy diabético(a) y necesito una receta para la insulina. *soï diabétiko(a) i néthéssito ouna rréthéta para la innsoulina*
J'ai des problèmes **cardiaques**.	Padezco del corazón. *padéthko dél korathonn*

après l'examen

Qu'est-ce que j'ai ?	¿Qué tengo? *ké ténngo?*
Il y a des risques de tétanos ?	¿Corro el riesgo de contraer el tétanos? *korro él rriésgo dé konntraér él tétanoss?*
Jusqu'à quand dois-je suivre le traitement ?	¿Hasta cuándo tengo que seguir el tratamiento? *asta kouanndo ténngo ké séguir él tratamiénnto?*
Combien de temps faudra-t-il attendre pour avoir un rendez-vous à l'hôpital ?	¿Cuánto (tiempo) habrá que esperar para que me den hora en el hospital? *kouannto (tiémmpo) abra ké éspérar para ké mé dénn ora énn él ospital?*
Vous pouvez me l'écrire ?	¿Me lo puede escribir? *mé lo pouédé éskribir?*
Quand pensez-vous que je serai en état de voyager ?	¿Cuándo cree que podré volver a viajar? *kouanndo kréé ké podré bolbér a biaxar?*
Il me faudrait un certificat médical pour mon employeur.	Necesito un certificado médico para mi jefe. *néthéssito ounn thértifikado médiko para mi xéfé*
Pourriez-vous remplir ces formulaires pour mon assurance ?	¿Me puede rellenar estos formularios para el seguro? *mé pouédé rréïllénar éstoss formoularioss para él ségouro?*
Je préférerais me faire rapatrier en France.	Preferiría que me repatriaran a Francia. *préfériri ya ké mé rrépatriarann a frannthia*
J'ai souscrit une assistance rapatriement.	He contratado un seguro de repatriación. *é konntratado ounn ségouro dé rrépatriathionn*
Combien vous dois-je, docteur ?	¿Cuánto le debo, doctor(a)? *kouannto lé débo • doktor(a)?*
Je suis allergique à la pénicilline.	Soy alérgico(a) a la penicilina. *soï alérxiko(a) a la pénithilina*

la consultation

J'ai une rage de dents.	**Tengo dolor de muelas.** *ténngo dolor dé mouélass*
J'ai certainement une carie.	**Estoy seguro(a) de que tengo una caries.** *éstoï ségouro(a) dé ké ténngo ouna kariéss*
Une de mes dents / incisives s'est cassée.	**Se me ha roto un diente / un incisivo.** *sé mé a rroto ounn diénnté / ounn innthissibo*
J'ai perdu un plombage sur une molaire.	**Se me ha caído el empaste de una muela.** *sé mé a kaïdo él émpasté dé ouna mouéla*
Mes dents de sagesse me font mal.	**Me duelen las muelas del juicio.** *mé douélénn lass mouélass dél xouïthio*
Il faudrait refaire le bridge.	**Habría que hacer un puente nuevo.** *abriya ké athér ounn pouénnté nouébo*
J'ai cassé / perdu mon appareil dentaire.	**Se me ha roto / perdido el aparato (dental).** *sé mé a rroto / pérdido él aparato (dénntal)*
Pourriez-vous me faire une anesthésie locale ?	**¿Puede usar anestesia local?** *pouédé oussar annéstéssia lokal?*
Attention, cette dent est un implant !	**¡Cuidado, este diente es un implante!** *kouïdado • ésté diénnté éss ounn immplannté!*
Il est tombé, et sa dent se déchausse.	**Se ha caído y le baila el diente.** *se a kaïdo i lé baïla él diénnté*

Vous entendrez

- **Necesita un empaste.** *[néthéssita ounn émpasté]* Vous avez besoin d'un plombage.
- **Puede que le duela un poco.** *[pouédé ké lé douéla ounn poko]* Il est possible que ça vous fasse un peu mal.
- **Abra bien la boca.** *[abra biénn la boka]* Ouvrez grand.
- **Se puede enjuagar la boca.** *[sé pouédé énnxouagar la boka]* Vous pouvez vous rincer la bouche.

chez le pédiatre

la consultation

Voici le carnet de santé de mon fils / ma fille.	**Aquí tiene la cartilla sanitaria de mi hijo(a).** *aki tiéné la kartilla santiaria dé mi ixo(a)*
Il a dit que ça lui fait mal.	**Dice que le duele.** *dithé ké lé douélé*
Mon fils a mal au ventre / à la gorge.	**A mi hijo le duele la barriga / la garganta.** *a mi ixo lé douélé la barriga / la gargannta*
Il va vous montrer où il a mal.	**Le va a enseñar dónde le duele.** *lé ba a énnségnar donndé lé douélé*
Il a mal aux oreilles.	**Le duelen los oídos.** *lé douélénn loss oïdoss*
D'habitude, il est très remuant / calme.	**Suele ser muy nervioso / tranquilo.** *souélé sér mouï nérbiosso / trannkilo*
En temps normal, il a très bon appétit.	**Suele tener buen apetito.** *souélé ténér bouénn apétito*
Pensez-vous que cela soit grave ?	**¿Cree que es grave?** *kréé ké éss grabé?*
C'est contagieux pour nous / son frère / sa sœur ?	**¿Es contagioso para nosotros / su hermano / su hermana?** *éss konntaxiosso para nossotross / sou érmano / sou érmana?*
Pourriez-vous m'envoyer chez un spécialiste ?	**¿Me puede enviar a un especialista?** *mé pouédé émmbiar a ounn éspéthialista?*

Maladies infantiles

- la coqueluche **la tos ferina** *[la toss férina]*
- les oreillons **las paperas** *[lass papérass]*
- la rougeole **el sarampión** *[él sarammpionn]*
- la rubéole **la rubeola** *[la rroubéola]*
- la scarlatine **la escarlatina** *[la éskarlatina]*
- la varicelle **la varicela** *[la barithéla]*

la consultation

J'ai cassé mes lunettes.	Se me han roto las gafas. *sé mé ann rr**o**to lass g**a**fass*
Je dois remplacer mes lunettes.	Tengo que cambiar las gafas. *ténngo ké kammbi**a**r lass g**a**fass*
J'ai / Il a les yeux (très) irrités.	Tengo / Tiene los ojos (muy) irritados. *ténngo / tiéné loss **o**xoss (m**ou**ï) irrit**a**doss*
J'ai perdu une lentille.	He perdido una lentilla. *é pérd**i**do **ou**na lénnt**i**lla*
J'ai quelque chose dans l'œil.	Tengo / Me ha entrado algo en el ojo. *ténngo / mé a énntr**a**do **a**lgo énn él **o**xo*
J'ai mal à l'œil.	Me duele el ojo. *mé dou**é**lé él **o**xo*
J'ai un coup de soleil.	Me he quemado con el sol. *mé é kém**a**do konn él sol*
J'ai des boutons / une inflammation.	Tengo granos / una inflamación. *ténngo gr**a**noss / **ou**na innflamathi**o**nn*
Je fais une allergie.	Tengo una reacción alérgica. *ténngo **ou**na rréakthi**o**nn al**é**rxika*
Je fais de l'eczéma.	Tengo un eccema. *ténngo ounn ékth**é**ma*
Ça me démange. / Ça me gratte.	Siento picor. / Me pica. *si**é**nnto pik**o**r / mé p**i**ka*
J'ai la peau très sensible.	Tengo la piel muy sensible. *ténngo la pi**é**l m**ou**ï sénns**i**blé*
Il / Elle a les oreilles bouchées.	Tiene los oídos taponados. *ti**é**né loss oïdoss tapon**a**doss*
J'ai de l'asthme.	Tengo asma. *ténngo **a**sma*

URGENCES

à la pharmacie

se renseigner

Excusez-moi, où est la pharmacie de garde ?	Perdone, ¿dónde está la farmacia de guardia? *pérd**o**né • d**o**nndé ést**a** la farm**a**thia dé gou**a**rdia?*
Je voudrais un médicament contre les crampes d'estomac / la fièvre / le rhume des foins.	Querría un medicamento para los retortijones / la fiebre / la rinitis. *kérr**i**ya ounn médikam**é**nnto p**a**ra loss rrétortix**o**néss / la fi**é**bré / la rin**i**tiss*
Il me faudrait de l'aspirine / des pansements / un désinfectant local.	Necesito aspirinas / tiritas© / un desinfectante. *néthéss**i**to aspir**i**nass / tir**i**tass / ounn déssinnfékt**a**nnté*
Je voudrais une crème solaire haute protection / crème après-soleil.	Quiero una crema solar de alta protección / crema para después del sol. *ki**é**ro **ou**na kr**é**ma sol**a**r dé **a**lta protékthi**o**nn / kr**é**ma p**a**ra déspou**é**ss dél sol*
Auriez-vous une lotion contre les piqûres d'insectes / un répulsif ?	¿Tiene una loción para las picaduras de insectos / un repelente de insectos? *ti**é**né **ou**na lothi**o**nn p**a**ra lass pikad**ou**rass dé inns**é**ktoss / ounn rrépél**é**nnté dé inns**é**ktoss?*
Je me suis fait piquer par une guêpe / une méduse.	Me ha picado una abeja / una medusa. *mé a pik**a**do **ou**na ab**é**xa / **ou**na méd**ou**ssa*
Je me suis fait piquer par des oursins.	Me he pinchado con unos erizos de mar. *mé é pinntch**a**do konn **ou**noss ér**i**thoss dé mar*
Je crois que je fais une allergie à...	Creo que tengo tengo una reacción alérgica a... *kr**é**o ké t**é**nngo ouna rréakthi**o**nn al**é**rxika a...*
Je suis allergique à l'aspirine.	Soy alérgico(a) a la aspirina®. *s**o**ï al**é**rxiko(a) a la aspir**i**na*
Avez-vous quelque chose pour les ampoules ?	¿Tiene algo para las ampollas? *ti**é**né **a**lgo p**a**ra lass ampo**ï**llass?*

se renseigner

Avez-vous des médicaments homéopathiques / une pommade aux plantes ?	¿Tienen medicamentos homeopáticos / una pomada a base de plantas? *tiénénn médikaménntoss oméopatikoss / ouna pomada a basé dé planntass?*
J'ai des gerçures aux mains / des gerçures aux lèvres / des écorchures / une bosse, avez-vous une crème ?	Tengo las manos cortadas / los labios cortados / arañazos / un chichón, ¿tiene alguna crema? *ténngo lass manoss kortadass / loss labioss kortadoss / aragnathoss / ounn tchitchonn • tiéné algouna kréma?*
Ce médicament convient-il à un enfant / une femme enceinte ?	¿Este medicamento puede administrarse a un niño / a una mujer embarazada? *ésté médikaménnto pouédé administrarsé a ounn nigno / a ouna mouxér émbarathada?*
Puis-je avoir des préservatifs ?	Deme preservativos. *démé préssérbatiboss*
J'ai une ordonnance de mon médecin français.	Tengo una receta de mi médico francés. *ténngo ouna rréthéta dé mi médiko frannthéss*

Petits bobos

En cas de problèmes de santé bénins, rendez-vous à la pharmacie (**farmacia** *[farmathia]*), signalée par une croix verte. Vous y trouverez ce dont vous avez besoin : « aspirine » (**aspirina®** *[aspirina]*), « paracétamol » (**paracetamol** *[parathétamol]*), « Ibuprofène® » (**ibuprofeno** *[ibouproféno]*), « Cocculine® »(**Biodramina®** *[biodramina]*), « Immodium » (**Fortasec®** *[fortasssék]*), « bicarbonate » (**bicarbonato** *[bikarbonato]*), « Bétadine® » (**Betadine®** *[bétadiné]*), « pansements adhésifs » (**tiritas®** *[tiritass]*), « spray anti-brûlures » (**espray para quemaduras** *[ésspraï para kémadourass]*) ou « anti-moustiques » (**repelente de mosquitos** *[répélénnté dé moskitoss]*).

En cas d'urgence

Alarme incendie

Brisez la glace en cas d'incendie

Ambulance

Pharmacie

Sortie de secours

En cas d'urgence n'utilisez pas l'ascenseur

DICTIONNAIRE

français-espagnol

A

à ❶ [lieu] en [énn]
❷ [déplacement, temps] a [a]
abats ❶ [de bétail] *las* asaduras [assadourass] ❷ [de volaille] *los* menudillos [ménoudilloss]
abbaye *la* abadía [abadiya]
abeille *la* abeja [abéxa]
abîmer estropear [éstropéar]
abonnement *el* abono [abono]
abordable [prix] asequible [assékiblé]
abord (d') [avant, premièrement] primero [priméro]
abricot *el* albaricoque [albarikoké]
absence *la* ausencia [aoussénnthia]
absent [personne] ausente [aoussénnté]
accélérateur *el* acelerador [athélérador]
accepter aceptar [athéptar]
accès *el* acceso [akthésso]
accessible accesible [akthéssiblé]
accident *el* accidente [akthidénnté]
accompagner acompañar [akommpagnar]
accord (d') de acuerdo [dé akouérdo]
accueil ❶ [bienvenue] *la* acogida [akoxida] ❷ [bureau] *la* recepción [réthépthionn]
achat *la* compra [kommpra]
acheter comprar [kommprar]
acide ácido [athido]
acompte *la* señal [ségnal]
acteur *el* actor [aktor]
activité *la* actividad [aktibidad]
actrice *la* actriz [aktrith]
acupuncture *la* acupuntura [akoupounntoura]
adaptateur *el* adaptador [adaptador]
addition [note] *la* cuenta [kouénnta]
adorer adorar [adorar]
adresse *la* dirección [dirékthionn]
adulte *el* adulto [adoulto]
aérobic *el* aeróbic [aérobik]
aéroport *el* aeropuerto [aéropouérto]
affaires ❶ [activité commerciale] *los* negocios [négothioss]
❷ [objets] *las* cosas [kossass]
affiche *el* cartel [kartél]
affreux horrible [orriblé]
africain africano [afrikano]
Afrique África [afrika]
âge *la* edad [édad]
âgé mayor [mayor]
agence ❶ [établissement] *la* agencia [axénnthia] ❷ [bancaire] *la* sucursal [soukoursal]
agent *el* agente [axénnté]
agité agitado [agitado]
agneau *el* cordero [kordéro]
agréable agradable [agradablé]
agresser agredir [agrédir]
aide *la* ayuda [ayouda]
aider ayudar [ayoudar]
aiguille *la* aguja [agouxa]
ail *el* ajo [axo]
aile *el* ala [ala]
ailleurs ❶ [aller dans un autre endroit] a otro lugar [a otro lougar]
❷ [être dans un autre endroit] en otro lugar [énn otro lougar]
aimer ❶ [d'amour] amar [amar] ; querer [kérér] ❷ [apprécier] gustar [goustar]
aîné mayor [mayor]

air ❶ [vent] *el* aire [aïré] ❷ [apparence] *el* aspecto [aspékto]
aire d'autoroute *el* área de descanso [aréa dé déskannso]
aire de jeux *el* área de juegos [aréa dé xouégoss]
aise (à l') a gusto [a gousto]
alarme *la* alarma [alarma]
alcool *el* alcohol [alkool]
algues *las* algas [algass]
alimentation *la* alimentación [aliménntathionn]
allée [chemin] *el* paseo [passéo]
Allemagne Alemania [alémania]
allemand ◆ *adj* alemán [alémann] ◆ *nm* [langue] *el* alemán [alémann]
Allemand *el* alemán [alémann]
aller ❶ [se déplacer, convenir] ir [ir] ❷ [état de santé] estar [éstar]
allergique alérgico [alérxiko]
allô [lorsqu'on décroche] ¿diga? [diga?]
allumer encender [énnthénndér]
allumettes *las* cerillas [thérillass]
alphabet *el* alfabeto [alfabéto]
altitude *la* altura [altoura]
amandes *las* almendras [alménndrass]
ambassade *la* embajada [émmbaxada]
ambiance *el* ambiente [ammbiénnté]
ambulance la ambulancia [ammboulannthia]
améliorer mejorar [méxorar]
amende *la* multa [moulta]
amener ❶ [emmener] llevar [llébar] ❷ [faire venir avec soi] traerse [traérsé]
amer amargo [amargo]
américain americano [amérikano]
Américain *el* americano [amérikano]
Amérique América [amérika]
Amérique latine América latina [amérika latina]
ami ❶ [copain] *el* amigo [amigo] ❷ [petit ami] *el* novio [nobio]
amitié *la* amistad [amistad]
amour *el* amor [amor]
ampoule ❶ [de lampe] *la* bombilla [bommbilla] ❷ [cloque] *la* ampolla [ammpoïlla]
amusant divertido [dibértido]
amuser (s') divertirse [dibértirsé]
an *el* año [agno]
ananas *la* piña [pigna]
ancien antiguo [anntigouo]
âne *el* asno [asno]
anesthésie *la* anestesia [anéstéssia]
angine *la* angina [annxina]
anglais ◆ *adj* inglés [inngléss] ◆ *nm* [langue] *el* inglés [inngléss]
Anglais *el* inglés [inngléss]
Angleterre Inglaterra [innglatérra]
anguille *la* anguila [annguila]
animal *el* animal [animal]
animé animado [animado]
année *el* año [agno]
anniversaire ❶ [de la naissance] *el* cumpleaños [koummpléagnoss] ❷ [d'un événement, de mariage] *el* aniversario [anibérsario]
annonce *el* anuncio [anounnthio]
annuaire *la* guía [guiya]
annuler anular [anoular]
antalgique *el* analgésico [analxéssiko]
antenne *la* antena [annténa]
antibiotique *el* antibiótico [anntibiotiko]

antihistaminique *el* antihistamínico [anntiistaminiko]
antiquité [objet] *la* antigüedad [anntigouédad]
antiseptique *el* antiséptico [anntisséptiko]
août agosto [agosto]
apéritif *el* aperitivo [apéritibo]
appareil ❶ [photo] *la* cámara (fotográfica) [kamara (fotografika)] ❷ [auditif] *el* aparato (auditivo) [aparato (aouditibo)] ❸ [dentaire] *el* aparato (dental) [aparato (dénntal)]
appartement ❶ [habitation] *el* piso [pisso] ❷ [au bord de la mer] *el* apartamento [apartaménnto]
appeler [interpeller, téléphoner] llamar [llamar]
appeler (s') [avoir pour nom, se téléphoner] llamarse [llamarsé]
appendicite *la* apendicitis [apénndithitis]
appétit *el* apetito [apétito]
apporter llevar [llébar]
apprendre ❶ [étudier] aprender [aprénndér] ❷ [enseigner] enseñar [énnségnar]
apprentissage *el* aprendizaje [aprénndithaxé]
appuyer apretar [aprétar]
après ◆ *prép* [temps, lieu] después de [déspouéss dé] ◆ *adv* [temps, lieu] después [déspouéss]
après-demain pasado mañana [passado magnana]
après-midi *la* tarde [tardé]
après-rasage *la* lociónpara después del afeitado [lothionn para déspouéss dél aféïtado]
aquagym *el* acuagim [akouaximm]
arabe ◆ *adj* árabe [arabé] ◆ *nm* [langue] *el* árabe [arabé]
Arabe *el* árabe [arabé]
araignée *la* araña [aragna]
arbitre *el* árbitro [arbitro]
arbre *el* árbol [arbol]
arc-en-ciel *el* arco iris [arko iriss]
architecte *el* arquitecto [arkitékto]
architecture *la* arquitectura [arkitéktoura]
argent ❶ [monnaie] *el* dinero [dinéro] ❷ [métal] *la* plata [plata]
armoire *el* armario [armario]
arnaque *el* timo [timo]
arranger [convenir] convenir [kommbénir]
arrêt [station] *la* parada [parada]
arrêter (s') parar [parar]
arrière ◆ trasero [trasséro] ◆ *la* partetrasera [parté trasséra]
arrivée *la* llegada [llégada]
arriver ❶ [à destination] llegar [llégar] ❷ [réussir] conseguir [konnséguir] ❸ [se produire] pasar [passar] ; suceder [southédér]
art *el* arte [arté]
artichaut *la* alcachofa [alkatchofa]
article *el* artículo [artikoulo]
artisanat *la* artesanía [artéssaniya]
artiste *el* artista [artista]
arts martiaux *las* artes marciales [artéss marthialéss]
as *el* as [ass]
ascenseur *el* ascensor [asthénnsor]
asiatique asiático [assiatiko]
Asie Asia [assia]
asperge *el* espárrago [ésparrago]
aspirine *la* aspirina® [aspirina]

asseoir (s') sentarse [sénntarsé]
assez ❶ [suffisamment] suficiente [soufithiénnté] ❷ [plutôt] bastante [bastannté]
assiette *el* plato [plato]
assurance [contrat] *el* seguro [ségouro]
assurer ❶ [maison, voiture] asegurar [asségourar] ❷ [garantir] garantizar [garanntithar]
asthme *el* asma [asma]
athée ateo [atéo]
athlétisme *el* atletismo [atlétismo]
Atlantique (l') *el* Atlántico [atlanntiko]
atmosphère *la* atmósfera [atmosféra]
attendre esperar [éspérar]
attentat *el* atentado [aténntado]
attention cuidado! [kouïdado!]
atterrir aterrizar [atérrithar]
attraper coger [koxér]
auberge de jeunesse *el* albergue juvenil [albérgué xoubénil]
aubergine *la* berenjena [bérénnxéna]
au-dessous debajo [débaxo]
au-dessus encima [énnthima]
aujourd'hui hoy [oï]
aussi ❶ [également, en plus] también [tammbiénn] ❷ [à ce point] tan [tann]
Australie Australia [aoustralia]
autant [comparaison, quantité] tanto [tannto]
auteur *el* autor [aoutor]
authentique auténtico [aouténntiko]
automatique [système] automático [aoutomatiko]
automne *el* otoño [otogno]
automobiliste *el* automovilista [aoutomobilista]
autorisation *la* autorización [aoutorithathionn]
autoriser autorizar [aoutorithar]
autoroute *la* autopista [aoutopista]
auto-stop *el* auto(e)stop [aouto(é)stop]
autre otro [otro]
Autriche Austria [aoustria]
autrichien austríaco [aoustriako]
Autrichien *el* austríaco [aoustriako]
avaler [déglutir] tragar [tragar]
avance *el* adelanto [adélannto]
avant ◆ *adv* [temps, lieu] antes [anntéss] ◆ *prép* [temps, lieu] antes de [anntéss dé]
avant-hier anteayer [anntéayér]
avec con [konn]
avenue *la* avenida [abénida]
averse *el* chaparrón [tchaparronn]
aveugle ciego [thiégo]
avion *el* avión [abionn]
aviron SPORT *el* remo [rrémo]
avis [opinion] *la* opinión [opinionn]
avocat ❶ [homme de loi] *el* abogado [abogado] ❷ [fruit] *el* aguacate [agouakaté]
avoir ❶ [posséder] tener [ténér] ❷ [auxiliaire] haber [abér]
avril abril [abril]

B

baby-sitter *el* canguro [kangouro]
bac ❶ [d'un évier] *la* pila [pila] ❷ [récipient] *el* recipiente [rréthipiénnté] ❸ [bateau] *el* transbordador [trannsbordador]
bagage *el* equipaje [ékipaxé] ; las maletas [malétass]

bagarre *la* pelea [péléa]
bague *el* anillo [anillo]
baigner (se) bañarse [bagnarse]
baignoire *la* bañera [bagnéra]
bain *el* baño [bagno]
baisser bajar [baxar]
balade *el* paseo [passéo]
balai ❶ [pour nettoyer] *la* escoba [éskoba] ❷ [d'essuie-glace] *la* escobilla [éskobilla]
balcon *el* balcón [balkonn]
baleine *la* ballena [baïlléna]
balle *la* pelota [pélota]
ballon ❶ [de jeu, de sport] *la* pelota [pélota] ; *el* balón [balonn] ❷ [pour fête, montgolfière] *el* globo [globo]
banane ❶ [fruit] *el* plátano [platano] ❷ [sac] *la* riñonera [rrignonéra]
bandage *el* vendaje [bénndaxé]
bande dessinée *el* cómic [komik]
banlieue *las* afueras [afouérass]
banque [établissement] *el* banco [bannko]
bar *el* bar [bar]
barbe *la* barba [barba]
barbecue *la* barbacoa [barbakoa]
Barcelone Barcelona [barthélona]
barman *el* camarero [kamaréro]
baroque barroco [barroko]
barque *la* barca [barka]
barrage [sur un cours d'eau] *el* embalse [émmbalsé]
barre [de bateau] *el* timón [timonn]
bas ◆ *adj* bajo [baxo] ◆ *nmpl* [vêtement] *las* medias [médiass]
base-ball *el* béisbol [béïsbol]
bases [notions] *las* bases [basséss]
basilic *la* albahaca [albaaka]
basilique *la* basílica [bassilika]
basket(-ball) *el* baloncesto [balonnthésto]
baskets [chaussures] *las* deportivas [déportibass]
bassin [plan d'eau] *el* estanque [éstannké]
bateau ❶ [petit] *la* barca [barka] ❷ [grand] *el* barco [barko]
bâtons de skis *los* palos de esquí [paloss dé éski]
batterie TECH & MUS *la* batería [batériya]
baume pour les lèvres *la* crema de labios [kréma dé labioss]
beach-volley *el* voley playa [boléï playa]
beau ❶ [joli] bonito [bonito] ❷ [personne] guapo [gouapo]
beaucoup mucho [moutcho]
beau-frère *el* cuñado [kougnado]
beau-père ❶ [par alliance] *el* suegro [souégro] ❷ [après remariage maternel] *el* padrastro [padrastro]
bébé *el* bebé [bébé]
béchamel *la* bésamel [béssamél]
Belge *el* belga [bélga]
Belgique Bélgica [bélxika]
belle-mère ❶ [par alliance] *la* suegra [souégra] ❷ [par remariage paternel] *la* madrastra [madrastra]
belle-sœur *la* nuera [nouéra]
besoin *la* necesidad [néthéssidad]
béton *el* hormigón [ormigonn]
betterave *la* remolacha [rémolatcha]
beurre *la* mantequilla [manntékilla]
biberon *el* biberón [bibéronn]
bibliothèque *la* biblioteca [bibliotéka]
bidon *el* bidón [bidonn]

bien ❶ [de manière satisfaisante] **bien** [biénn] ❷ [beaucoup, très] **muy** [mouï] ; **mucho** [moutcho] ❸ [en bonne santé] **bien** [biénn] ❹ [vraiment] **muy** [mouï] ; **mucho** [moutcho] ❺ [à l'aise] **bien** [biénn] ; **a gusto** [a gousto]

bientôt **pronto** [pronnto]

bienvenu **bienvenido** [biémmbénido]

bière *la* **cerveza** [thérbétha]

bijouterie *la* **joyería** [xoyériya]

bijoux *las* **joyas** [xoyass]

billard *el* **billar** [billar]

billet ❶ [transport] *el* **billete** [billété] ❷ [spectacle] *la* **entrada** [énntrada] ❸ [de banque] *el* **billete** [billété]

billetterie *la* **taquilla** [takilla]

bio **biológico** [bioloxiko]

biscuit *la* **galleta** [gaïlléta]

bise [baiser] *el* **beso** [bésso]

bizarre **raro** [rraro]

blanc [couleur, vin] **blanco** [blannko]

blé *el* **trigo** [trigo]

blesser (se) **hacerse daño** [athérse dagno] ; **herirse** [érirsé]

bleu ◆ *adj* [couleur] **azul** [athoul] ◆ *nm* [hématome] *el* **cardenal** [kardénal]

blond **rubio** [rroubio]

bloquer [personne, porte] **bloquear** [blokéar]

blouson *la* **cazadora** [kathadora]

bœuf [viande] *la* **(carne de) vaca** [(karné dé) baka]

boire **beber** [bébér]

bois ❶ [matière] *la* **madera** [madéra] ❷ [forêt] *el* **bosque** [boské]

boisson *la* **bebida** [bébida]

boîte [récipient] *la* **caja** [kaxa]

bol ❶ [récipient] *el* **tazón** [tathonn] ❷ *fam* [chance] *la* **suerte** [souérté]

bon **bueno** [bouéno]

bonbon *el* **caramelo** [karamélo]

bonheur *la* **felicidad** [félithidad]

bonjour ! ❶ [le matin] **buenos días!** [bouénoss diyass!] ❷ [l'après-midi] **buenas tardes!** [bouénass tardéss!] ❸ [salut] **hola!** [ola!]

bon marché **barato** [barato]

bonnet *el* **gorro** [gorro]

bonsoir ! ❶ [en arrivant en fin d'après-midi] **buenas tardes!** [bouénass tardéss!] ❷ [en arrivant ou en partant la nuit] **buenas noches!** [bouénass notchéss!] ❸ [en partant] **adiós!** [adioss!]

bord *el* **borde** [bordé]

bordeaux **burdeos** [bourdéoss]

bosse *el* **chichón** [tchitchonn]

bottes *las* **botas** [botass]

bouche *la* **boca** [boka]

bouché **atascado** [ataskado]

boucherie *la* **carnicería** [karnithériya]

bouchon ❶ [de bouteille] *el* **tapón** [taponn] ; [en liège] *el* **corcho** [kortcho] ❷ [embouteillage] *el* **atasco** [atasko]

boucles d'oreilles *los* **pendientes** [pénndiénntéss]

bouddhiste **budista** [boudista]

boudin CULIN *la* **morcilla** [morthilla]

bouée ❶ [pour nager] *el* **flotador** [flotador] ❷ [balise] *la* **boya** [boya]

bouger **mover** [mobér]

bougie ❶ [chandelle] *la* **vela** [béla] ❷ AUTO *la* **bujía** [bouxiya]

bouillir **hervir** [érbir]

bouillon *el* **caldo** [kaldo]

boulangerie *la* **panadería** [panadériya]

boule *la* **bola** [bola]

bourré *fam* [saoul] **borracho** [borratcho]

boussole *la* **brújula** [brouxoula]
bouteille [de boisson, de plongée] *la* **botella** [botéilla]
boutique *la* **tienda** [tiénnda]
bouton ❶ [de vêtement, d'un appareil] *el* **botón** [botonn] ❷ [sur la peau] *el* **grano** [grano]
boxe *el* **boxeo** [bokséo]
bracelet *la* **pulsera** [poulséra]
braguette *la* **bragueta** [braguéta]
branche ❶ [d'arbre] *la* **rama** [rrama] ❷ [de lunettes] *la* **patilla** [patilla]
branché [à la mode] **de moda** [de moda]
brancher ❶ [appareil] **enchufar** [énntchoufar] ❷ *fam* [drague] **enrollar** [ennroïllar] ❸ *fam* [plaire] **molar** [molar]
bras *el* **brazo** [bratho]
bravo ! **bravo!** [brabo!]
brioche *el* **bollo** [boïllo]
briquet *el* **mechero** [métchéro]
brochette *la* **brocheta** [brotchéta]
brochure *el* **folleto** [foïlléto]
brocoli **brécol** [brékol]
bronchite *la* **bronquitis** [bronnkitiss]
bronzé **moreno** [moréno]
brosse *el* **cepillo** [thépillo]
brouillard *la* **niebla** [niébla]
bruit *el* **ruido** [rrouïdo]
brûler **quemar** [kémar]
brûlure *la* **quemadura** [kémadoura]
brume *la* **bruma** [brouma]
brumeux **brumoso** [broumosso]
brun **moreno** [moréno]
Bruxelles **Bruselas** [broussélass]
bruyant **ruidoso** [rrouïdosso]
buffet *el* **bufé** [boufé]
bureau ❶ [lieu de travail] *la* **oficina** [ofithina] ❷ [meuble] *la* **mesa (de despacho)** [méssa dé déspatcho]
bus *el* **autobús** [aoutobouss]
but ❶ [intention] *el* **objetivo** [obxétibo] ❷ [destination] *la* **meta** [méta]
but ! [au foot] **gol!** [gol!]

C

ça ❶ [pour désigner un objet] **eso** [ésso] ❷ [proche de celui qui parle] **esto** [ésto]
cabine ❶ [téléphonique] *la* **cabina (telefónica)** [kabina (téléfonika)] ❷ [de bateau] *el* **camarote** [kamaroté] ❸ [sur la plage] *la* **caseta** [kasséta] ❹ [dans une boutique] *el* **probador** [probador]
câble TV *la* **televisión por cable** [télébissionn por kable]
cacahouètes *los* **cacahuetes** [kakaouétéss]
cachet [comprimé] *la* **pastilla** [pastilla]
Caddie® *el* **carrito (de la compra)** [karrito (dé la kommpra)]
cadeau *el* **regalo** [régalo]
cadenas *el* **candado** [kanndado]
cafard *la* **cucaracha** [koukaratcha]
café [boisson, établissement] *el* **café** [kafé]
cahier *el* **cuaderno** [kouadérno]
caisse *la* **caja** [kaxa]
calamar *el* **calamar** [kalamar]
calamars *los* **calamares** [kalamaréss]
calculatrice *la* **calculadora** [kalkouladora]
caleçon ❶ [sous-vêtement] *los* **calzoncillos** [kalthonnthilloss] ❷ [pantalon] *los* **pantalones** [panntalonéss]
calendrier *el* **calendario** [kalénndario]

français-espagnol

caler [voiture, moteur] calarse [kalarsé]
calme tranquilo [trannkilo]
cambrioler robar [rrobar]
caméra *la* cámara [kamara]
Caméscope® *la* cámara de vídeo [kamara de vidéo]
camion *el* camión [kamionn]
camionnette *la* camioneta [kamionéta]
campagne *el* campo [kammpo]
camping [mode de séjour, lieu] *el* camping [kammpinn]
camping-car *la* (auto) caravana [(aouto)karabana]
Camping-Gaz® *el* camping gas [kammpinn gass]
Canada (el) Canadá [kanada]
Canadien *el* canadiense [kanadiénnsé]
canard *el* pato [pato]
cancer *el* cáncer [kannthér]
canette [de boisson] *la* lata [lata]
canif *la* navaja [nabaxa]
canne [bâton] *el* bastón [bastonn]
canoë-kayak *el* kayak [kayak]
canyoning SPORT *el* barranquismo [barrannkismo]
capitale ❶ [ville] *la* capital [kapital] ❷ [lettre] *la* mayúscula [mayouskoula]
capot AUTO *el* capó [kapo]
car [véhicule] *el* autocar [aoutokar]
carafe *la* jarra [xarra]
carafe d'eau *la* jarra de agua [xarra dé agoua]
caramel ❶ [sucre brûlé] *el* caramelo [karamélo] ❷ [bonbon] *el* tofe [tofé]
cardiaque [crise] cardíaco [kardiako]
cardio SPORT *el* entrenamiento cardiovascular [énntrénamiénnto kardiobaskoular]
carie *la* caries [kariéss]
carnaval *el* carnaval [karnabal]
carnet [bloc] *la* libreta [libréta]
carotte *la* zanahoria [thanaoria]
carpe *la* carpa [karpa]
carrefour *el* cruce [krouthé]
carte ❶ [bancaire, téléphone, document] *la* tarjeta [tarxéta] ❷ [plan] *el* mapa [mapa] ❸ [de jeu, de restaurant] *la* carta [karta]
cartouche [de cigarettes] *el* cartón [kartonn]
cascade *la* cascada [kaskada]
casier [à la piscine] *la* taquilla [takilla]
casino *el* casino [kassino]
casque [de moto] *el* casco [kasko]
casquette *la* gorra [gorra]
casser romper [rrommpér]
casserole *la* cacerola [kathérola]
cassis ❶ [fruit] *la* grosella negra [grosséilla négra] ❷ [liqueur] *el* casis [kassiss]
catalogue *el* catálogo [katalogo]
cathédrale *la* catedral [katédral]
catholique católico [katoliko]
caution [pour une location] *la* fianza [fianntha]
caviar *el* caviar [kabiar]
CD *el* CD [thédé]
CD-ROM *el* cederrón [thédérronn]
ceinture *el* cinturón [thinntouronn]
célèbre famoso [famosso]
céleri *el* apio [apio]
célibataire *el* soltero [soltéro]
celui-ci este [ésté]

celui-là ese [éssé]
cendrier *el* cenicero [thénithéro]
centimètre *el* centímetro [thénntimétro]
centre *el* centro [thénntro]
centre-ville *el* centro (urbano) [thénntro (ourbano)]
céramique *la* cerámica [théramika]
cercle *el* círculo [thirkoulo]
céréales *los* cereales [théréaléss]
cerf-volant *la* cometa [kométa]
cerise *la* cereza [théréta]
certain [sûr] seguro [ségouro]
certificat médical *el* certificado médico [thértifikado médiko]
c'est es [èss]
chacun cada uno [kada ouno]
chaîne ❶ [de télévision] *el* canal [kanal] ❷ [stéréo] *la* cadena (de música) [kadéna (dé moussika)] ❸ [de vélo] *la* cadena [kadéna] ❹ [de montagnes] *la* cordillera [kordilléra]
chaise *la* silla [silla]
chaleur *el* calor [kalor]
chaleureux [personne] acogedor [akoxédor]
chambre *la* habitación [abitathionn] ; *el* cuarto [kouarto]
champ *el* campo [kammpo]
champagne *el* champán [tchammpann]
champignons *las* setas [sétass]
chance [sort] *la* suerte [souérté]
change [taux] *el* cambio [kammbio]
changement *el* cambio [kammbio]
changer ❶ [transformer] cambiar [kammbiar] ❷ [en train, métro] hacer transbordo [athér trannsbordo]
changer (se) cambiarse [kambiarsé]
chanson *la* canción [kannthionn]
chanter cantar [kanntar]
chanteur *el* cantante [kanntannté]
chapeau *el* sombrero [sommbréro]
chapelle *la* capilla [kapilla]
charcuterie [viande] *los* embutidos [émmboutidoss]
charge *la* carga [karga]
chargeur *el* cargador [kargador]
chariot *el* carrito [karrito]
charme *el* encanto [énnkannto]
chasse [d'animaux] *la* caza [katha]
chasse d'eau *la* cisterna [thistérna]
chat *el* gato [gato]
châtaigne *la* castaña [kastagna]
château *el* castillo [kastillo]
chaud ❶ [objet, vêtement] caliente [kaliénnté] ❷ [temps] cálido [kalido]
chaudière *la* caldera [kaldéra]
chauffage *la* calefacción [kaléfakthionn]
chauffe-eau *el* calentador de agua [kalénntador dé agoua]
chauffer calentar [kalénntar]
chauffeur *el* conductor [konndouktor]
chaussettes *los* calcetines [kalthétinéss]
chaussons *las* zapatillas [thapatillass]
chaussures *los* zapatos [thapatoss]
chauve calvo [kalbo]
chef ❶ *el* jefe [xéfé] ❷ [cuisinier] *el* chef [tchéf]
chef-d'œuvre *la* obra maestra [obra maéstra]
chemin *el* camino [kamino]
cheminée *la* chimenea [tchiménéa]
chemise *la* camisa [kamisa]

chêne *el* roble [rroblé]
chèque *el* cheque [tchéké]
cher [prix] caro [karo]
chercher buscar [bouskar]
cheval *el* caballo [kabaïllo]
cheveux *el* pelo [pélo]
cheville *el* tobillo [tobillo]
chèvre *la* cabra [kabra]
chewing-gum *el* chicle [tchiklé]
chez [sans mouvement] en casa de [énn kassa dé] ; [avec mouvement] a casa de [a kassa dé]
chic [élégant] elegante [éléganntė]
chien *el* perro [pérro]
chiffon *el* trapo [trapo]
chiffre *la* cifra [thifra]
Chine China [tchina]
chinois ◆ *adj* chino [tchino] ◆ *nm* [langue] *el* chino [tchino]
Chinois *el* chino [tchino]
chips *las* patatas fritas [patatass fritass]
choc *el* choque [tchoké]
chocolat *el* chocolate [tchokolaté]
choisir elegir [éléxir] ; escoger [éskoxér]
choix *la* elección [élékthionn]
chômage *el* paro [paro]
chose *la* cosa [kossa]
chou *la* col [kol]
chouette guay [gouaï]
chou-fleur *la* coliflor [koliflor]
chrétien cristiano [kristiano]
chute *la* caída [kaïda]
cicatrice *la* cicatriz [thikatrith]
cidre *la* sidra [sidra]
ciel *el* cielo [thiélo]
cigare *el* puro [pouro]
cigarette *el* cigarrillo [thigarrillo]
cils *las* pestañas [péstagnass]
cimetière *el* cementerio [théménntério]
cinéma *el* cine [thiné]
cintre *la* percha [pértcha]
circuit ❶ [automobile] *el* circuito [thirkouïto] ❷ [parcours] *la* ruta [rrouta]
circulation [routière] *el* tráfico [trafiko]
cirque *el* circo [thirko]
ciseaux *las* tijeras [tixérass]
citron *el* limón [limonn]
citronnade *la* limonada [limonada]
citrouille *la* calabaza [kalabatha]
clair claro [klaro]
classe ◆ *nf* TRANSP *la* clase [klassé] ◆ *adj* [distingué] con mucha clase [konn moutcha klasse]
clavier *el* teclado [téklado]
clé *la* llave [llabé]
clémentine *la* clementina [kléménntina]
client *el* cliente [kliénnté]
clim *el* aire acondicionado [aïré akondithionado]
climat *el* clima [klima]
climatisation *la* climatización [klimatithathionn]
clou *el* clavo [klabo]
club ❶ [centre] *el* club [kloub] ❷ [canne de golf] *el* palo [palo]
Coca® *la* Coca-Cola® [kokakola]
cochon *el* cerdo [thérdo]
cocktail *el* cóctel [koktél]
code *el* código [kodigo]
cœur *el* corazón [korathonn]

coffre ❶ [de voiture] *el* maletero [malétéro] ❷ [coffre-fort] *la* caja fuerte [kaxa fouérté]

coiffeur *el* peluquero [péloukéro]

coin ❶ [angle rentrant] *el* rincón [rinnkonn] ❷ [angle saillant] *la* esquina [éskina] ❸ [endroit] *el* lugar [lougar]

coincé [objet] atascado [ataskado]

col ❶ [de vêtement] *el* cuello [kouéïllo] ❷ [en montagne] *el* puerto [pouérto]

colère *la* rabia [rrabia]

colis *el* paquete (postal) [pakété (postal)]

collants *las* medias [médiass]

colle *el* pegamento [pégaménnto]

collège *primer ciclo de enseñanza secundaria en Francia*

collègue *el* compaero de trabajo [kompagnéro dé trabaxo]

collier *el* collar [koïllar]

colline *la* colina [kolina]

collyre *el* colirio [kolirio]

colonne *la* columna [koloumna]

combien cuánto [kouannto]

combinaison [de plongée] *el* traje (de buceo) [traxé (dé bouthéo)]

comédie *la* comedia [komédia]

commander ❶ [dans un restaurant] pedir [pédir] ❷ [objet, meuble] encargar [énnkargar]

comme ❶ [comparaison] como [komo] ❷ [en tant que] de [dé] ❸ [exclamation] qué [ké]

commencer empezar [émmpéthar] ; comenzar [koménnthar]

comment cómo [komo]

commerce ❶ [activité, études] *el* comercio [komérthio] ❷ [magasin] *la* tienda [tiénnda]

commissariat de police *la* comisaría [komissariya]

commission [taxe] *la* comisión [komissionn]

compagnie *la* compañía [kommpagniya]

compartiment *el* compartimento [kommpartiménnto]

compétition *la* competición [kommpétithionn]

complet completo [kommpléto]

compote *la* compota [kommpota]

comprendre entender [énnténndér] ; comprender [kommprénndér]

compresse *la* compresa [kommpréssa]

comprimé [cachet] *el* comprimido [kommprimido]

compris [inclus] incluido [innklouïdo]

compte (bancaire) *la* cuenta (bancaria) [kouénnta (bannkaria)]

compter contar [konntar]

compteur *el* contador [konntador]

comptoir [bar] *la* barra [barra]

concert *el* concierto [konnthiérto]

concombre *el* pepino [pépino]

conducteur *el* conductor [konndouktor]

conduire ❶ [voiture] conducir [konndouthir] ❷ [accompagner] llevar (en coche) [llébar (énn kotché)]

conférence *la* conferencia [konnférénnthia]

confiance *la* confianza [konnfianntha]

confirmer confirmar [konnfirmar]

confiture *la* mermelada [mérmélada]

confortable cómodo [komodo]

congé *las* vacaciones [bakathionéss]

congélateur *el* congelador [konnxélador]

conjonctivite *la* conjuntivitis [konnxounntibitiss]
connaissance [relation] *el* conocido [konothido]
connaître conocer [konothér]
connecter (se) conectarse [konéktarsé]
conseil [avis] *el* consejo [konnséxo]
conseiller [endroit] recomendar [rékoménndar]
consigne *la* consigna [konnsiggna]
consommation [boisson] *la* consumición [konnsoumithionn]
constipation *el* estreñimiento [éstrégnimiénnto]
constipé estreñido [éstrégnido]
construire construir [konnstrouïr]
consulat *el* consulado [konnsoulado]
contact [relation] *el* contacto [konntakto]
contacter contactar con [konntaktar konn]
contagieux contagioso [konntaxiosso]
contemporain contemporáneo [konntémmporanéo]
content contento [konnténnto]
continuation *la* continuación [konntinouathionn]
continuer continuar [konntinouar]
contraception *la* anticoncepción [anntikonnthépthionn]
contraire *el* contrario [konntrario]
contrat *el* contrato [konntrato]
contre ❶ [opposition] contra [konntra] ❷ [échange] por [por]
contretemps *el* contratiempo [konntratiémmpo]
contrôleur *el* controlador [konntrolador]
convenir [satisfaire] convenir [kommbénir]
cool *fam* ❶ [bien, beau] guay [gouaï] ❷ [détendu] tranqui [trannki]
coordonnées *las* señas [ségnass]
copain ❶ [ami] *el* amigo [amigo] ❷ [petit ami] *el* novio [nobio]
coq *el* gallo [gaïllo]
coquillage [de mollusque] *la* concha [konntcha]
coquille Saint-Jacques *la* vieira [biéïra]
cordonnerie *la* zapatería [thapatériya]
coriandre *el* cilantro [thilanntro]
corps *el* cuerpo [kouérpo]
correct [juste, poli] correcto [korrékto]
correspondance ❶ [train, bus, avion] *el* enlace [énnlathé] ❷ [métro] *la* correspondencia [korrésponndénnthia]
costume [d'homme] *el* traje [traxé]
côte ❶ [partie du corps] *la* costilla [kostilla] ❷ [littoral] *la* costa [kosta]
côté *el* lado [lado]
côtelette *la* chuleta [tchouléta]
coton *el* algodón [algodonn]
cou *el* cuello [kouéïllo]
coucher (se) ❶ [personne] acostarse [akostarsé] ❷ [soleil] ponerse [ponérsé]
coucher de soleil *la* puesta de sol [pouésta dé sol]
couches [de bébé] *los* pañales [pagnaléss]
couchette [de train, de bateau] *la* litera [litéra]
coude *el* codo [kodo]
coudre coser [kossér]
couette [de lit] *el* edredón nórdico [édrédonn nordiko]
couleur *el* color [kolor]

couloir *el* pasillo [passillo]
coup ❶ [choc] *el* golpe [golpé]
❷ *fam* [fois] *la* vez [béth]
coupable culpable [koulpablé]
coupe [de cheveux] *el* corte [korté]
coupe-ongles *el* cortaúñas [kortaougnass]
couper cortar [kortar]
couper (se) cortarse [kortarsé]
couple *la* pareja [paréxa]
courage *el* valor [balor]
courant [électricité] corriente [korriénnté]
courant (au) al corriente [al korriénnté]
courant d'air *la* corriente de aire [korriénnté dé aïré]
courbatures *las* agujetas [agouxétass]
courgette *el* calabacín [kalabathinn]
courir correr [korrér]
courrier *el* correo [korréo]
cours [leçon] *la* clase [klassé]
course SPORT *la* carrera [karréra]
courses *la* compra [kommpra]
court ◆ *adj* [pas long] corto [korto]
◆ *nm* [de tennis] *la* pista [pista]
cousin *el* primo [primo]
cousine *la* prima [prima]
coussin *el* cojín [koxinn]
couteau *el* cuchillo [koutchillo]
coûter costar [kostar]
couvent *el* convento [konnbénnto]
couverts *los* cubiertos [koubiértoss]
couverture *la* manta [mannta]
crabe *el* cangrejo [kanngréxo]
crayon *el* lápiz [lapith]
crédit *el* crédito [krédito]
crème *la* crema [kréma]
crème solaire *la* crema solar [kréma solar]
crêpe *la* crepe [krépé]
crevé *fam* reventado [rébénntado]
crever [pneu] pinchar [pinntchar]
crevette *la* gamba [gammba]
cri *el* grito [grito]
cric *el* gato [gato]
crise [maladie] *el* ataque [ataké]
critique ◆ crítico [kritiko]
◆ *la* crítica [kritika]
croire [penser] creer [kréér]
croisière *el* crucero [krouthéro]
croix *la* cruz [krouth]
croyant *el* creyente [kréyénnté]
cru crudo [kroudo]
crudités *verduras y hortalizas crudas cortadas en tiritas*
crustacés *los* crustáceos [kroustathéoss]
cuillère *la* cuchara [koutchara]
cuir *el* cuero [kouéro] ; *la* piel [piél]
cuire cocer [kothér]
cuisine *la* cocina [kothina]
cuisse [d'une personne, de poulet] *el* muslo [mouslo]
cuit ❶ [repas] cocido [kothido]
❷ [viande] hecho [étcho]
culotte *las* bragas [bragass]
culte *el* culto [koulto]
curé *el* cura [koura]
cure-dents *el* palillo [palillo]
curieux curioso [kouriosso]
curry *el* curry [kourri]
cybercafé *el* cibercafé [thibérkafé]
cycliste ciclista [thiklista]

D

dame ❶ *la* señora [ségnora]
❷ [aux cartes] reina f
– **dames** [jeu] *las* damas [damass]

Danemark Dinamarca [dinamarka]

danger *el* peligro [péligro]

dangereux peligroso [péligrosso]

dans ❶ [à l'intérieur de] en [énn] ❷ [vers] a [a] ❸ [temps] dentro de [dénntro dé]

danse *el* baile [baïlé]

danser bailar [baïlar]

date *la* fecha [fétcha]

datte *el* dátil [datil]

dauphin *el* delfín [délfinn]

daurade *la* dorada [dorada]

de ❶ [appartenance] de [dé]
❷ [provenance] de [dé]

dé *el* dado [dado]

débrouiller (se) apañárselas [apagnarsélass]

début *el* principio [prinnthipio]

débutant principiante [prinnthipiannté]

décaféiné descafeinado [déskaféïnado]

décalage horaire *el* desajuste horario [désaxousté orario]

décapsuleur *el* abridor [abridor]

décembre diciembre [dithiémmbré]

déchirer ❶ [papier] rasgar [rrasgar]
❷ [tissu] desgarrar [désgarrar]

déchirer (se) ❶ [papier] rasgarse [rrasgarse] ❷ [tissu] desgarrarse [désgarrarse]

décider decidir [déthidir]

déclaration *la* declaración [déklarathionn]

déclarer [à la douane] declarar [déklarar]

décollage *el* despegue [déspégué]

décoller despegar [déspégar]

découvert [banque] *el* descubierto [déskoubiérto]

découvrir descubrir [déskoubrir]

défaut [imperfection] *el* defecto [défékto]

dégonfler deshinchar [déssinntchar]

dehors fuera [fouéra]

déjà ya [ya]

déjeuner ◆ *nm* *la* comida [komida] ; *el* almuerzo [almouértho] ◆ *v* comer [komér] ; almorzar [almorthar]

délicieux [nourriture] rico [riko]

deltaplane *el* ala delta [ala délta]

demain mañana [magnana]

demander ❶ [chose, service] pedir [pédir] ❷ [question] preguntar [prégounntar]

démangeaisons *la* picazón [pikathonn] ; *el* picor [pikor]

démaquillant *el* desmaquillador [désmakillador]

démarrer arrancar [arrannkar]

demi medio [médio]
– **demi** [bière] *la* caña [kagna]

demi-heure *la* media hora [média ora]

demi-litre *el* medio litro [médio litro]

demi-tour [en voiture] *la* media vuelta [média bouélta]

dent *el* diente [diénnté]

dentifrice *la* pasta de dientes [pasta dé diénntéss]

dentiste *el* dentista [dénntista]

déodorant *el* desodorante [déssodorannté]
dépanneuse *la* grúa [groua]
départ ❶ [d'un train, d'un avion, d'une course] *la* salida [salida] ❷ [d'une personne] *la* partida [partida]
dépêcher (se) darse prisa [darsé prissa]
dépendre depender [dépénndér]
dépenser gastar [gastar]
dépliant *el* folleto [foïlléto]
déposer [en voiture] dejar [déxar]
dépôt d'argent *el* ingreso [inngrésso]
depuis ❶ [à partir de] desde [désdé] ❷ [exprimant la durée] desde hace [désdé athé]
déranger molestar [moléstar]
dernier último [oultimo]
derrière detrás [détrass]
désagréable desagradable [déssagradablé]
descendre [d'un bus, d'un train, d'une voiture] bajar(se) [baxar(se)]
désert *el* desierto [déssiérto]
désinfectant *el* desinfectante [déssinnféktannté]
désolé apenado [apénado]
dessert *el* postre [postré]
dessin *el* dibujo [dibouxo]
dessous debajo [débaxo]
dessus encima [énnthima]
destinataire *el* destinatario [déstinatario]
détendre (se) relajarse [rélaxarsé]
détester ❶ odiar [odiar] ❷ [plat] aborrecer [aborréthér]
devant delante de [délannté dé]
développer [photos] revelar [rrébélar]
déviation *el* desvío [désbiyo]
devoir ❶ [obligation réelle] tener que [ténér ké] ❷ [obligation morale] deber [débér]
diabétique diabético [diabétiko]
dialecte *el* dialecto [dialékto]
diapositive *la* diapositiva [diapossitiba]
diarrhée *la* diarrea [diarréa]
dictionnaire *el* diccionario [dikthionario]
diesel *el* diésel [diéssél]
dieu *el* dios [dioss]
différence *la* diferencia [diférénnthia]
différent diferente [diférénnté]
difficile difícil [difithil]
digestif digestivo [dixéstibo]
– digestif *el* licor [likor]
dimanche *el* domingo [dominnngo]
dinde [volaille] *el* pavo [pabo]
dîner ◆ *nm* *la* cena [théna]
◆ *vi* cenar [thénar]
dire ❶ [exprimer, signifier] decir [déthir] ❷ [plaire] apetecer [apététhér]
direct directo [dirékto]
directeur *el* director [diréktor]
direction [orientation] *la* dirección [dirékthionn]
diriger dirigir [dirixir]
– se diriger vers dirigirse hacia [dirixirsé athia]
disjoncteur [électrique] *el* disyuntor [disyounntor]
disparaître desaparecer [déssaparéthér]
disponible libre [libré]
disque *el* disco [disko]
distance *la* distancia [distannthia]

distributeur ❶ [d'argent] *el* cajero automático [kaxéro aoutomatiko] ❷ [de billets, de boissons] *la* máquina expendedora [makina ékspénndédora]
divorcé divorciado [diborthiado]
docteur *el* doctor [doktor]
documents [papiers] *los* documentos [dokouménntoss]
doigt *el* dedo [dédo]
dollar *el* dólar [dolar]
dommage ! lástima! [lastima!]
donner dar [dar]
dorade *la* dorada [dorada]
dormir dormir [dormir]
dos *la* espalda [éspalda]
dossier [d'un siège] *el* respaldo [rréspaldo]
douane *la* aduana [adouana]
double [copie] *la* copia [kopia]
doubler ❶ [dépasser] adelantar [adélanntar] ❷ [film] doblar [doblar]
doucement [lentement] despacio [déspathio]
douche *la* ducha [doutcha]
douleur *el* dolor [dolor]
doux ❶ suave [souabé] ❷ [gentil] dulce [doulthé]
drap *la* sábana [sabana]
drapeau *la* bandera [banndéra]
droit ◆ *adv* [direction] recto [rékto] ◆ *nm* [études] *el* derecho [dérétcho]
droite derecha [dérétcha]
dune *la* duna [douna]
dur duro [douro]
durer durar [dourar]
duvet [sac de couchage] *el* saco de dormir [sako dé dormir]
DVD *el* DVD [débédé]

E

eau *el* agua [agoua]
échalote *el* chalote [tchaloté]
échanger ❶ [des marchandises] cambiar [kammbiar] ❷ [des adresses] intercambiar [inntérkammbiar]
écharpe *la* bufanda [boufannda]
échecs *el* ajedrez [axédréth]
échelle ❶ *la* escalera [éskaléra] ❷ [sur une carte] *la* escala [éskala]
éclair *el* relámpago [rrélammpago]
éclairage *la* iluminación [ilouminathionn]
éclipse *el* eclipse [éklipsé]
école *la* escuela [éskouéla] ; *el* colegio [koléxio]
écouter escuchar [éskoutchar]
écran *la* pantalla [panntaïlla]
écrire escribir [éskribir]
écrivain *el* escritor [éskritor]
écureuil *la* ardilla [ardilla]
égal igual [igoual]
église *la* iglesia [iglésia]
élections *las* elecciones [éléktioness]
électricité *la* electricidad [éléktrithidad]
elle ella [éïlla]
elles ellas [éïllass]
e-mail *el* correo electrónico [korréo éléktroniko]
emballer [envelopper] envolver [émmbolbér]
embarquement *el* embarque [émmbarké]
embêter [gêner] molestar [moléstar]
embouteillage *el* atasco [atasko]
embrasser besar [béssar]

embrayage *el* embrague [émmbragué]

émission *el* programa [programa]

emmener llevar [llébar]

emplacement ❶ [sur un camping] *la* parcela [parthéla] ❷ [dans un parking] *la* plaza [platha]

employé *el* empleado [émmpléado]

emporter llevarse [llébarsé]

emprunter ❶ [demander] pedir prestado [pédir préstado] ❷ [prendre] tomar prestado [tomar préstado]

enceinte embarazada [émmbarathada]

enchanté encantado [énnkanntado]

encore ❶ todavía [todabiya] ❷ [de nouveau] otra vez [otra béth]

endormir (s') dormirse [dormirsé]

endroit *el* sitio [sitio]

enfant ❶ [personne jeune] *el* niño [nigno] ❷ [fils] *el* hijo [ixo]

enfer *el* infierno [innfiérno]

enfin ! por fin! [por finn!]

enflé hinchado [inntchado]

enlever quitar [quitar]

ennuyer (s') aburrirse [abourrirsé]

enregistrement [des bagages] *la* facturación [faktourathionn]

enregistrer [bagages] facturar [faktourar]

enrhumé resfriado [résfriado]

ensemble juntos [xounntoss]

ensuite luego [louégo] ; después [déspouéss]

entendre oír [oïr]

entendre (s') entenderse [énnténndérsé]

enterrement *el* entierro [énntiérro]

entier entero [énntéro]

entorse *el* esguince [ésguinnthé]

entracte *el* entreacto [énntréakto]

entre entre [énntré]

entrecôte *el* entrecot [énntrékot]

entrée ❶ [accès] *la* entrada [énntrada] ❷ [dans un repas] *el* entrante [énntrannté] ; *el* primer plato [primér plato]

entrer entrar [énntrar]

enveloppe *el* sobre [sobré]

envie *las* ganas [ganass]

environ aproximadamente [aproksimadaménnté]

environs *los* alrededores [alrédédoréss]

envoyer enviar [émmbiar]

épaule *el* hombro [ommbro]

épeler deletrear [délétréar]

épicé picante [pikannté]

épicerie [magasin] *la* tienda de comestibles [tiénnda dé koméstibléss]

épices *las* especias [éspéthiass]

épidémie *la* epidemia [épidémia]

épileptique epiléptico [épiléptiko]

épiler depilar [dépilar]

épinards *las* espinacas [éspinakass]

éponge *la* esponja [éspоnnxa]

épouse *la* esposa [éspossa]

époux *el* esposo [ésposso]

équipe *el* equipo [ékipo]

équitation *la* equitación [ékitathionn]

érable *el* arce [arthé]

erreur *el* error [érror]

escalade *la* escalada [éskalada]

Escalator® *las* escaleras mecánicas [éskalérass mékanikass]

escale *la* escala [éskala]

escalier la escalera [éskaléra]

escalope *el* filete [filété]
escargot *el* caracol [karakol]
escrime *la* esgrima [ésgrima]
Espagne España [éspagna]
espagnol ◆ *adj* español [éspagnol] ◆ *nm* [langue] *el* español [éspagnol]
Espagnol *el* español [éspagnol]
espèces *el* (dinero en) efectivo [(dinéro en) éféktibo]
espérer esperar [éspérar]
essayer ❶ [tester] probar [probar] ❷ [vêtement, chaussures] probarse [probarsé] ❸ [tenter] intentar [innténntar]
essence [carburant] *la* gasolina [gassolina]
essuie-glace *el* limpiaparabrisas [limmpiaparabrissass]
essuyer secar [sékar]
est *el* este [ésté]
estomac *el* estómago [éstomago]
estragon *el* estragón [éstragonn]
et y [i]
étage *el* piso [pisso]
étagère ❶ [planche] *el* estante [éstannté] ❷ [meuble] *la* estantería [éstanntériya]
étang *el* estanque [éstannké]
état *el* estado [éstado]
États-Unis (los) Estados Unidos [éstadoss ounidoss]
été *el* verano [bérano]
éteindre apagar [apagar]
éternuer estornudar [éstornoudar]
étoile *la* estrella [éstréilla]
étonner sorprender [sorprénndér]
étranger ◆ *nm* *el* extranjero [ékstrannxéro] ◆ *adj* extranjero [ékstrannxéro]
être ❶ [indique la matière, l'origine] ser [sér] ❷ [indique l'état, la situation] estar [éstar]
étroit estrecho [éstrétcho]
études *los* estudios [éstoudioss]
étudiant *el* estudiante [éstoudiannté]
euro *el* euro [éouro]
Europe Europa [éouropa]
européen europeo [éouropéo]
Européen *el* europeo [éouropéo]
eux ellos [éilloss]
évanouir (s') desmayarse [désmayarsé]
éventail *el* abanico [abaniko]
évier *el* fregadero [frégadéro]
examen ❶ *el* examen [éksaménn] ❷ [médical] *el* reconocimiento [rrékonothimiénnto]
excédent [surplus] *el* exceso [éksthésso]
excellent excelente [éksthélénnté]
excursion *la* excursión [ékskoursionn]
excuser excusar [ékskoussar]
exemple *el* ejemplo [éxémmplo]
expéditeur *el* remitente [rémiténnté]
expliquer explicar [éksplikar]
exposition *la* exposición [ékspossithionn]
exprès aposta [aposta]
expresso *el* exprés [éksprés]
extérieur *el* exterior [ékstérior]
extincteur *el* extintor [ékstinntor]
extraordinaire extraordinario [ékstraordinario]

F

fac *la* facu [fakou]

face – en face de enfrente de [énnfrénnte dé]
– face à frente a [frénnte a]

fâché enfadado [énnfadado]

facile fácil [fathil]

facteur *el* cartero [kartéro]

facture *la* factura [faktoura]

fade soso [sosso]

faible débil [débil]

faim *el* hambre [ammbré]

faire hacer [athér]

falaise *el* acantilado [akanntilado]

falloir hacer falta [athér falta] ; necesitar [néthéssitar]

famille *la* familia [familia]

farce ❶ [plaisanterie] *la* broma [broma] ❷ CULIN *el* relleno [rréïlléno]

farine *la* harina [arina]

fatigant cansado [kannsado]

fatigué cansado [kannsado]

faute ❶ [responsabilité] *la* culpa [koulpa] ❷ [erreur] *la* falta [falta]

fauteuil ❶ *el* sillón [sillonn] ❷ [de cinéma, de théâtre] *la* butaca [boutaka]

fauteuil roulant *la* silla de ruedas [silla de rouédass]

faux falso [falso]

fax *el* fax [faks]

félicitations *la* enhorabuena [énorabouéna]

féminin femenino [féménino]

femme [personne de sexe féminin, épouse] *la* mujer [mouxér]

fenêtre *la* ventana [bénntana]

fer *el* hierro [yérro]

fer à repasser *la* plancha [planntcha]

férié festivo [féstibo]

ferme ◆ *adj* [fruits, légumes] duro [douro] ◆ *nf* [exploitation agricole] *la* granja [grannxa]

fermé cerrado [thérrado]

fermer ❶ [porte, magasin] cerrar [thérrar] ❷ [électricité, radio] apagar [apagar]

fermeture Éclair® *la* cremallera [krémaïlléra]

ferry *el* transbordador [trannsbordador]

fesses *el* culo [koulo]

festival *el* festival [féstibal]

fête *la* fiesta [fiésta]

feu ❶ [flamme, incendie] *el* fuego [fouégo] ❷ [de signalisation] *el* semáforo [sémaforo]

feuille [d'arbre, de papier] *la* hoja [oxa]

fève [haricot] *la* haba [aba]

février febrero [fébréro]

fièvre *la* fiebre [fiébré]

figue *el* higo [igo]

fil *el* hilo [ilo]

filet ❶ [de pêche, au tennis] *la* red [rréd] ❷ [de poisson] *el* filete [filété] ❸ [de bœuf] *el* solomillo [solomillo]

fille ❶ [enfant] *la* niña [nigna] ❷ [jeune fille] *la* chica [tchika] ❸ [descendante] *la* hija [ixa]

film *la* película [pélikoula]

filmer filmar [filmar]

fils *el* hijo [ixo]

fin ❶ [terme] *el* fin [finn] ; *el* final [final] ❷ [but] *el* fin [finn]

finir acabar [akabar] ; terminar [términar]

fitness *el* fitness [fitnéss]
flamme *la* llama [llama]
flan *el* flan [flann]
flash *el* flash [flass]
fleur *la* flor [flor]
fleuriste *el* florista [florista]
fleuve *el* río [riyo]
flûte *la* flauta [flaouta]
foie *el* hígado [igado]
fois *la* vez [béth]
foncé oscuro [oskouro]
fond *el* fondo [fonndo]
football *el* fútbol [foutbol]
footing *el* footing [foutinn]
forêt *el* bosque [boské]
forfait ❶ [abonnement] *el* abono [abono] ❷ [au ski] *el* forfait [forfaït]
forme *la* forma [forma]
formidable estupendo [éstoupénndo]
formulaire *el* formulario [formoulario]
fort fuerte [fouérté]
fou loco [loko]
foudre *el* rayo [rrayo]
foulard *el* pañuelo [pagnouélo]
fouler (se) torcerse [torthérsé]
four *el* horno [orno]
fourchette *el* tenedor [ténédor]
fourmi *la* hormiga [ormiga]
fourrière ❶ [camion] *la* grúa [groua] ❷ [endroit] *el* depósito [dépossito]
fracture *la* fractura [fraktoura]
fragile frágil [fraxil]
frais [froid] fresco [frésko]
fraise *la* fresa [fréssa]
framboise *la* frambuesa [frammbouéssa]
français ◆ *adj* francés [frannthéss] ◆ *nm* [langue] *el* francés [frannthéss]
Français *el* francés [frannthéss]
France Francia [frannthia]
frein *el* freno [fréno]
freiner frenar [frénar]
fréquence *la* frecuencia [frékouénnthia]
frère *el* hermano [érmano]
frigo *la* nevera [nébéra]
frit frito [frito]
frites *las* patatas fritas [patatass fritass]
froid *el* frío [friyo]
fromage *el* queso [késso]
front [partie du corps] *la* frente [frénnté]
frontière *la* frontera [fronntéra]
fruit *la* fruta [frouta]
fruits de mer *el* marisco [marisko]
fuite [d'eau, de gaz] *el* escape [éskapé]
fumée *el* humo [oumo]
fumer [personne] fumar [foumar]
fumeur *el* fumador [foumador]
futur futuro [foutouro]

G

gagner [concours, course, argent] ganar [ganar]
galère [mésaventure] *el* berenjenal [bérénnxénal]
galerie ❶ [passage, salle] *la* galería [galériya] ❷ [de voiture] *la* baca [baka]
gant ❶ [de laine, de boxe, de cuisine] *el* guante [gouannté] ❷ [de toilette] *la* manopla [manopla]
garage [de réparation] *el* taller [taïllér]
garagiste *el* mecánico [mékaniko]
garantie *la* garantía [garanntiya]

garçon ❶ [enfant] *el* niño [nigno] ❷ [jeune homme] *el* chico [tchiko] ❸ [serveur] *el* camarero [kamaréro]

garde (de) [permanence] de guardia [dé gouardia]

garder ❶ [surveiller] vigilar [bixilar] ❷ [conserver] guardar [gouardar]

gardien ❶ [concierge] *el* portero [portéro] ❷ [de musée, de parking] *el* vigilante [bixilannté]

gare *la* estación [éstathionn]

garer aparcar [aparkar]

gastro-entérite *la* gastroenteritis [gastroénntéritiss]

gâteau *el* pastel [pastél]

gauche izquierda [ithkiérda]

gaucher zurdo [thourdo]

gaufre *el* gofre [gofré]

gaz *el* gas [gass]

gazole *el* gasoil [gassoïl]

gel [pour les cheveux] *la* gomina [gomina]

gel douche *el* gel de ducha [xél dé doutcha]

gelée ❶ [glace] *la* helada [élada] ❷ [de fruits] *la* jalea [xaléa]

gendre *el* yerno [yérno]

gêner [déranger] molestar [moléstar]

Genève Ginebra [xinébra]

génial genial [xénial]

genou *la* rodilla [rrodilla]

gens *la* gente [xénnté]

gentil amable [amablé]

gilet de sauvetage *el* chaleco salvavidas [tchaléko salbabidass]

gingembre *el* jengibre [xénnxibré]

gîte [hébergement] *el* alojamiento [aloxamiénnto]

glace *el* helado [élado]

glaçon *el* cubito de hielo [koubito dé yélo]

golf *el* golf [golf]

golfe *el* golfo [golfo]

gommage *el* peeling [pilinn]

gorge *la* garganta [gargannta]

gothique gótico [gotiko]

gourde *la* cantimplora [kanntimmplora]

gourmandise [envie] *la* gula [goula]

goût ❶ [sens] *el* gusto [gousto] ❷ [des aliments] *el* sabor [sabor] ; *el* gusto [gousto]

goûter probar [probar]

gouttes [médicament] *la* gotas [gotass]

gouvernail [navigation] *el* timón [timonn]

grammes *los* gramos [gramoss]

grand ❶ [en taille, en volume] grande [granndé] ❷ [en hauteur] alto [alto]

grand magasin *los* grandes almacenes [granndéss almathénéss]

grand-mère *la* abuela [abouéla]

grand-père *el* abuelo [abouélo]

gras graso [grasso]

gratin *el* gratén [graténn]

gratte-ciel *el* rascacielos [rraskathiéloss]

gratuit gratuito [gratouïto]

grave [maladie, incident] grave [grabé]

Grèce Grecia [gréthia]

grêle *el* granizo [granitho]

grenouille *la* rana [rrana]

grillé a la parrilla [a la parrilla]

grille-pain *el* tostador [tostador]

grippe *la* gripe [gripé]

gris gris [gris]

gros ❶ [objet] grande [granndé] ❷ [personne] gordo [gordo]
groseille *la* grosella [grosséïlla]
grotte *la* cueva [kouéba]
groupe *el* grupo [groupo]
guêpe *la* avispa [abispa]
guérir ◆ curar [kourar] ◆ [personne, blessure] curarse [kourarsé]
guichet *la* ventanilla [bénntanilla]
guide ❶ [livre] *la* guía [guiya] ❷ [personne] *el* guía [guiya]
guitare *la* guitarra [guitarra]
gymnase *el* gimnasio [ximmnassio]
gymnastique *la* gimnasia [gimmnasia]
gynécologue *el* ginecólogo [xinékologo]

H

habiller (s') vestirse [béstirsé]
habiter vivir [bibir]
habitude *la* costumbre [kostoummbré]
haie *el* seto [séto]
halal halal [alal]
hamburger *la* hamburguesa [ammbourguéssa]
hammam *el* baño turco [bagno tourko]
hanche *la* cadera [kadéra]
hand-ball *el* balonmano [balonnmano]
handicapé *la* persona con discapacidad [pérsona konn diskapathidad]
hareng *el* arenque [arénnké]
haricots *las* judías [xoudiyass]
harmonica *la* armónica [armonika]
hasard ❶ [cause imprévisible] *el* azar [athar] ❷ [événement imprévu] *la* casualidad [kassoualidad]
haut alto [alto]
hauteur *la* altura [altoura]
héberger albergar [albérgar]
hélicoptère *el* helicóptero [élikoptéro]
hémorroïdes *las* hemorroides [émorroïdéss]
hépatite *la* hepatitis [épatitiss]
herbe *la* hierba [yérba]
hêtre *la* haya [aya]
heure *la* hora [ora]
heureusement afortunadamente [afortounadaménnté]
heureux feliz [félith]
hibou *el* búho [bouo]
hier ayer [ayér]
hirondelle *la* golondrina [golonndrina]
histoire [anecdote, domaine d'études] *la* historia [istoria]
hiver *el* invierno [immbiérno]
hockey *el* hockey ['okéï]
homard *el* bogavante [bogabannté]
homéopathique homeopático [oméopatiko]
homme *el* hombre [ommbré]
homo homosexual [omosséksoual]
hôpital *el* hospital [ospital]
horaires *el* horario [orario]
hors-d'œuvre *los* entremeses [énntrémésséss]
hors service fuera de servicio [fouéra dé sérbithio]
hôtel *el* hotel [otél]
hôtesse [d'accueil] *la* azafata [athafata]

huile *el* aceite [athéïté]
huître *la* ostra [ostra]
humide húmedo [oumédo]
humour *el* humor [oumor]

I

ici aquí [aki]
icône *el* icono [ikono]
idée *la* idea [idéa]
il él [él]
île *la* isla [isla]
ils ellos [éïlloss]
il y a ❶ [+ quelque chose, + quelqu'un] hay [aï] ❷ [+ temps] hace [athé]
immatriculation [numéro] *la* matrícula [matrikoula]
immeuble *el* edificio [édifithio]
imperméable *el* impermeable [immpérméablé]
important importante [immportannté]
impossible imposible [immpossiblé]
imprimer imprimir [imprimir]
incendie *el* incendio [innthénndio]
inclus [compris] incluido [innklouïdo]
incroyable increíble [innkréïblé]
indicatif [téléphonique] *el* prefijo [préfixo]
indigestion *la* indigestión [inndixéstionn]
indiquer indicar [indikar]
infarctus *el* infarto [innfarto]
infection *la* infección [innfékthionn]
infirmière *la* enfermera [énnférméra]
informations ❶ [renseignements] *la* información [innformathionn] ❷ [à la radio, télévision] *las* noticias [notithiass]
informatique *la* informática [innformatika]
infusion *la* infusión [innfoussionn]
ingénieur *el* ingeniero [innxéniéro]
inquiéter preocupar [préokoupar]
inscrire (s') ❶ [sur une liste, dans un club] inscribirse [innskribirsé] ❷ [à un cours] matricularse [matrikoularsé] ❸ [à une excursion] apuntarse [apounntarsé]
insecte *el* insecto [innsékto]
insecticide *el* insecticida [innséktithida]
insolation *la* insolación [innsolathionn]
installer instalar [innstalar]
instrument de musique *el* instrumento (musical) [innstrouménnto (moussikal)]
insuline *la* insulina [innsoulina]
intention *la* intención [innténnthionn]
interdit prohibido [proïbido]
intéressant interesante [inntéréssannté]
intérieur *el* interior [inntérior]
international internacional [inntérnathional]
Internet internet [inntérnét]
interrupteur *el* interruptor [inntérrouptor]
intestin *el* intestino [inntéstino]
intestinal intestinal [inntéstinal]
intoxication alimentaire *la* intoxicación alimentaria [inntoksikathionn aliménntaria]
inutile inútil [inoutil]
inviter invitar [immbitar]
Irlande Irlanda [irlannda]
islam el islam [islamm]
Italie Italia [italia]

italien ◆ *adj* **italiano** [italiano]
◆ *nm* [langue] *el* **italiano** [italiano]
Italien *el* **italiano** [italiano]
itinéraire *el* **itinerario** [itinérario]

J

jaloux ❶ [en amour] **celoso** [thélosso]
❷ [envieux] **envidioso** [émmbidiosso]
jamais **nunca** [nounnka]
jambe *la* **pierna** [piérna]
jambon *el* **jamón** [xamonn]
janvier **enero** [énéro]
Japon (el) Japón [xaponn]
japonais ◆ *adj* **japonés** [xaponéss]
◆ *nm* [langue] *el* **japonés** [xaponéss]
Japonais *el* **japonés** [xaponéss]
jardin *el* **jardín** [xardinn]
jaune ◆ *adj* **amarillo** [amarillo]
◆ *nm* [d'œuf] *la* **yema** [yéma]
jazz *el* **jazz** [yass]
je **yo** [yo]
jean *los* **vaqueros** [bakéross]
jetable **desechable** [dessétchablé]
jeter **tirar** [tirar]
jeu *el* **juego** [xouégo]
jeudi **jueves** [xouébéss]
jeune *el* **joven** [xobénn]
jogging ❶ [sport] *el* **footing** [foutinn]
❷ [vêtement] *el* **chándal** [tchanndal]
joindre (se) **unirse** [ounirsé]
joli **bonito** [bonito]
joue *la* **mejilla** [méxilla]
jouer ❶ [s'amuser] SPORT **jugar** [xougar] ❷ MUS **tocar** [tokar]
jouet *el* **juguete** [xouguété]
joueur ❶ [au casino] *el* **jugador** [xougador] ❷ SPORT *el* ou *la* **deportista** [déportista]
jour *el* **día** [diya]
journal *el* **periódico** [périodiko]
journée *el* **día** [diya]
judo *el* **judo** [youdo]
juge ❶ [magistrat] *el* **juez** [xouéth]
❷ SPORT *el* **árbitro** [arbitro]
juif **judío** [xoudiyo]
juillet **julio** [xoulio]
juin **junio** [xounio]
jumeau *el* **gemelo** [xémélo]
jumelles [longue vue] *los* **gemelos** [xéméloss]
jupe *la* **falda** [falda]
jus *el* **zumo** [thoumo]
jusqu'à **hasta** [asta]
jusqu'ici ❶ [dans l'espace] **hasta aquí** [asta aki] ❷ [dans le temps] **hasta ahora** [asta aora]
juste ❶ [vrai] **exacto** [éksakto]
❷ [vêtement] **justo** [xousto]

K

kaki **caqui** [kaki]
karaoké *el* **karaoke** [karaoké]
karaté *el* **kárate** [karaté]
kasher **kosher** [koshér]
kayak *el* **kayac** [kayak]
kilo *el* **kilo** [kilo]
kilométrage [distance] *el* **kilometraje** [kilométraxé]
kilomètre *el* **kilómetro** [kilométro]
kiné **el fisioterapeuta** [fissiotérapéouta]
kiosque à journaux *el* **quiosco (de prensa)** [kiosko (de prénnsa)]

kiwi *el* kiwi [kioui]
Kleenex® *el* clínex [klinéks]
K-way® *el* chubasquero [tchoubaskéro]

L

là [lieu] aquí [aki] ; ahí [aï]
là-bas allí [aïlli]
lac *el* lago [lago]
lacets *los* cordones [kordonéss]
là-haut allí arriba [aïlli arriba]
laine *la* lana [lana]
laisser dejar [déxar]
lait *la* leche [létché]
laitue *la* lechuga [létchouga]
lampe *la* lámpara [lammpara]
lancer lanzar [lannthar]
langer – table à langer cambiador [kammbiador]
langouste *la* langosta [lanngosta]
langoustine *la* cigala [thigala]
langue ❶ ANAT *la* lengua [lénngoua] ❷ [langage] *la* lengua [lénngoua] ; *el* idioma [idioma]
lapin [animal, viande] *el* conejo [konéxo]
lard *el* tocino [tothino]
lardon *el* tacode tocino [tako dé tothino]
large [vêtement] ancho [anntcho]
largeur *la* anchura [anntchoura]
laurier *el* laurel [laourél]
lavable lavable [lababIé]
lavabo *el* lavabo [lababo]
lave-linge *la* lavadora [labadora]
laver lavar [labar]
laver (se) lavarse [labarsé]
laverie *la* lavandería [labanndériya]
lave-vaisselle *el* lavavajillas [lababaxillass]
laxatif *el* laxante [laksannté]
lecteur MP3 *el* lector MP3 [léktor émépétréss]
léger ligero [lixéro]
légume *la* verdura [bérdoura]
lendemain *el* día siguiente [diya siguiénnté]
lentement lentamente [lénntaménnté] ; despacio [déspathio]
lentille ❶ [légume] *la* lenteja [lénntéxa] ❷ [de contact] *la* lentilla [lénntilla]
lessive ❶ [lavage] *la* colada [kolada] ❷ [produit] *el* detergente [détérxénnté]
lettre ❶ [courrier] *la* carta [karta] ❷ [de l'alphabet] *la* letra [létra] ❸ [études] *las* letras [létrass]
lever (se) ❶ [personne] levantarse [lébanntarsé] ❷ [soleil] salir [salir] ❸ [jour] amanecer [amanéthér]
lèvres *los* labios [labioss]
lézard *el* lagarto [lagarto]
librairie *la* librería [libréríya]
libre libre [libré]
lieu *el* lugar [lougar]
lièvre *la* liebre [liébré]
ligne [téléphone] TRANSP *la* línea [linéa]
limonade *la* gaseosa [gasséossa]
linge *la* ropa [ropa]
lingettes *las* toallitas [toaïllitass]
lion *el* león [léonn]
liqueur *el* licor [likor]
liquide ❶ [substance] *el* líquido [likido] ❷ [espèces] *el* (dinero en) efectivo [(dinéro énn) éféktibo]

liquide-vaisselle *el* lavavajillas [lababaxillass]
lire leer [léér]
Lisbonne Lisboa [lisboa]
lisse liso [lisso]
lit *la* cama [kama]
litre *el* litro [litro]
livre *el* libro [libro]
local local [lokal]
- local *el* local [lokal]
locataire *el* inquilino [innkilino]
location ❶ *el* alquiler [alkilér] ❷ [appartement] *el* piso de alquiler [pisso dé alkilér] ❸ [maison] *la* casa de alquiler [kassa dé alkilér]
locomotive *la* locomotora [lokomotora]
loin léjos [léxoss]
long largo [largo]
longtemps mucho (tiempo) [moutcho (tiémmpo)]
lotion *la* loción [lothionn]
lotte *el* rape [rrapé]
louche ◆ sospechoso [sospétchosso] ◆ *el* cucharón [koutcharonn]
louer [maison, appartement, voiture] alquilar [alkilar]
loup *el* lobo [lobo]
lourd ❶ [objet, personne] pesado [péssado] ❷ [temps] bochornoso [botchornosso]
loyer *el* alquiler [alkilér]
luge *el* trineo [trinéo]
lui él [él]
lumière *la* luz [louth]
lundi *el* lunes [lounéss]
lune *la* luna [louna]
lunettes *las* gafas [gafass]
lutte *la* lucha [loutcha]
Luxembourg Luxemburgo [louksémmbourgo]
Luxembourgeois *el* luxemburgués [louksémmbourguéss]
lycée *el* instituto [innstitouto]

M

machine [à laver] *la* lavadora [labadora]
mâchoire *la* mandíbula [manndiboula]
madame señora [ségnora]
madeleine *la* magdalena [magdaléna]
mademoiselle señorita [ségnorita]
Madrid Madrid [madrid]
magasin ❶ [boutique] *la* tienda [tiénnda] ❷ [entrepôt] *el* almacén [almathénn]
magazine *la* revista [rébista]
magnifique magnífico [maggnifiko]
mai mayo [mayo]
maigre flaco [flako]
maigrir adelgazar [adélgathar]
maillot de bain *el* bañador [bagnador]
main *la* mano [mano]
maintenant ahora [aora]
mairie [bâtiment] *el* ayuntamiento [ayounntamiénnto]
mais pero [péro]
maïs *el* maíz [maïth]
maison *la* casa [kassa]
mal ◆ *adv* mal [mal] ◆ *nm el* mal [mal]
malade enfermo [énnférmo]
maladie *la* enfermedad [énnférmédad]
malentendu *el* malentendido [malénnténndido]

malheureusement desgraciadamente [désgrathiadaménnté]
mandarine *la* mandarina [manndarina]
manger comer [komér]
mangue *el* mango [manngo]
manifestation [culturelle, sportive] *el* evento [ébénnto]
manquer faltar [faltar]
manteau *el* abrigo [abrigo]
manucure *la* manicura [manikoura]
maquereau *la* caballa [kabaïlla]
marchander regatear [régatéar]
marche ❶ [action de marcher] *la* marcha [martcha] ❷ [d'escalier] *el* peldaño [példagno]
marché *el* mercado [mérkado]
marcher ❶ [aller à pied] andar [anndar] ❷ [fonctionner] funcionar [founnthionar]
mardi *el* martes [martéss]
mare *la* charca [tcharka]
marée *la* marea [maréa]
mari *el* marido [marido]
mariage ❶ [cérémonie] *la* boda [boda] ❷ [institution, état] *el* matrimonio [matrimonio]
marié ◆ *adj* casado [kassado] ◆ *nm, f el* novio [nobio]
mariée *la* novia [nobia]
marin *el* marino [marino] ; *el* marinero [marinéro]
marque ❶ *la* marca [marka] ❷ [nombre de points] *el* resultado [rréssoultado]
marron [couleur] marrón [marronn]
mars marzo [martho]
Marseille Marsella [marséïlla]
marteau *el* martillo [martillo]
martial marcial [marthial]
masculin masculino [maskoulino]
masque [de plongée] *las* gafas (de bucear) [gafass (dé bouthéar)]
massage *el* masaje [massaxé]
match *el* partido [partido]
matelas *el* colchón [koltchonn]
matériel [pour une activité, un sport] *el* equipo [ékipo] ; *el* material [matérial]
mathématiques *las* matemáticas [matématikass]
matière *la* materia [matéria]
matin *la* mañana [magnana]
mauvais malo [malo]
maximum (au) como máximo [komo maksimo]
mayonnaise *la* mayonesa [mayonéssa]
mec *fam el* tío [tiyo]
médecin *el* médico [médiko]
médecine [études] *la* medicina [médithina]
médicament *el* medicamento [médikaménnto]
méduse *la* medusa [médoussa]
meilleur mejor [méxor]
melon *el* melón [mélonn]
membre [adhérent] *el* socio [sothio]
même [identique] mismo [mismo]
même si aunque [aounnké]
ménage *la* limpieza [limmpiétha]
mener llevar [llébar]
menthe *la* menta [ménnta]
mentir mentir [ménntir]
menton *la* barbilla [barbilla]
menu *el* menú [ménou]
mer *el* ou *la* mar [mar]
merci ! gracias! [grathiass!]

mercredi *el* miércoles [miérkoléss]
mère *la* madre [madré]
meringue *el* merengue [mérénngué]
merveilleux maravilloso [marabillosso]
message ❶ [information] *el* mensaje [ménnsaxé] ❷ [commission] *el* recado [rrékado]
messe *la* misa [missa]
métal *el* metal [métal]
météo *el* tiempo [tiémmpo]
métier *el* oficio [ofithio] ; *la* profesión [proféssionn]
mètre *el* metro [métro]
métro [réseau, train] *el* metro [métro]
mettre ❶ [placer, poser] poner [ponér] ❷ [vêtement] ponerse [ponérsé] ❸ [temps] emplear [émmpléar]
micro-ondes *el* microondas [mikroonndass]
midi *el* mediodía [médiodiya]
miel *la* miel [miél]
mieux mejor [méxor]
mignon mono [mono]
milieu (au) en (el) medio [énn (él) médio]
militaire militar [militar]
mince [personne] delgado [délgado]
minimum (au) como mínimo [komo minimo]
minuit *la* medianoche [médianotché]
minute *el* minuto [minouto]
mirabelle *la* ciruelamirabel [thirouéla mirabél]
miroir *el* espejo [éspéxo]
mi-temps SPORT [période] *el* tiempo [tiémmpo] ; [pause] *el* descanso [déskannso]
mode *la* moda [moda]
moderne moderno [modérno]
moi ❶ [sujet] yo [yo] ❷ [complément] mí [mi]
moins menos [ménoss]
mois *el* mes [méss]
moitié *la* mitad [mitad]
moka [gâteau] *el* pastelde moca [pastél dé moka]
mollet *la* pantorrilla [panntorrilla]
moment *el* momento [moménnto]
monastère *el* monasterio [monastério]
monde ❶ [planète] *el* mundo [mounndo] ❷ [foule] *la* gente [xénnté]
moniteur *el* monitor [monitor]
monnaie ❶ [argent, devise] *el* dinero [dinéro] ❷ [pièces] *el* cambio [kammbio] ❸ [argent qu'on rend] *la* vuelta [bouélta]
monsieur señor [ségnor]
montagne *la* montaña [monntagna]
monter ❶ [dans un véhicule, à cheval] montar [monntar] ❷ [une tente] montar [monntar] ❸ [la route] subir [soubir] ❹ [la clim] subir [soubir] ❺ [marée] subir [soubir]
montre *el* reloj [rrélox]
montrer [désigner] indicar [inndikar] ; señalar [ségnalar]
monument *el* monumento [monouménnto]
morceau [part] *el* trozo [trotho]
mordre morder [mordér]
mort muerto [mouérto]

morue *el* bacalao [bakalao]
mosquée *la* mezquita [méthkita]
mot *la* palabra [palabra]
moteur *el* motor [motor]
moto *la* moto [moto]
mou ❶ [sans consistance] blando [blanndo] ❷ [sans énergie] flojo [floxo]
mouche *la* mosca [moska]
mouchoir *el* pañuelo [pagnouélo]
mouette *la* gaviota [gabiota]
mouillé mojado [moxado]
moules *los* mejillones [méxillonéss]
mousse à raser *la* espuma de afeitar [éspouma dé aféïtar]
moustache *el* bigote [bigoté]
moustiquaire *la* mosquitera [moskitéra]
moustique *el* mosquito [moskito]
moutarde *la* mostaza [mostatha]
mouton [animal, viande] *el* cordero [kordéro]
moyen ◆ *adj* [acceptable, passable] mediano [médiano] ◆ *nm el* medio [médio]
muet mudo [moudo]
muguet *el* muguete [mouguété]
multiprise *el* ladrón [ladronn]
mur *la* pared [paréd]
mûr [fruit] maduro [madouro]
mûre *la* mora [mora]
muscle *el* músculo [mouskoulo]
musculation *la* musculación [mouskoulathionn]
musée *el* museo [mousséo]
musique *la* música [moussika]
musulman musulmán [moussoulmann]
myope miope [miopé]
myrtille *el* arándano [aranndano]

N

nager nadar [nadar]
naître nacer [nathér]
natation *la* natación [natathionn]
nature ◆ *nf la* naturaleza [natouralétha] ◆ *adj* [boisson] solo [solo]
naturisme *el* nudismo [noudismo]
nausée *la* náusea [naousséa]
navet *el* nabo [nabo]
navette *el* autobús [aoutobouss]
nécessaire necesario [néthéssario]
nectarine *la* nectarina [néktarina]
négatifs [photo] *los* negativos [négatiboss]
neige *la* nieve [niébé]
neiger nevar [nébar]
nettoyer limpiar [limmpiar]
neuf [ouveau] nuevo [nouébo]
nez *la* nariz [narith]
ni... ni ni... ni [ni... ni]
niveau *el* nivel [nibél]
Noël *la* Navidad [nabidad]
noir negro [négro]
noisette *la* avellana [abéïllana]
noix *la* nuez [nouéth]
nom *el* nombre [nommbré]
nombre *el* número [nouméro]
nombril *el* ombligo [ommbligo]
non no [no]
non-fumeur *el* no fumador [no foumador]

nord *el* norte [norté]
Norvège Noruega [norouéga]
note [facture] *la* cuenta [kouénnta]
noter apuntar [apounntar]
nougat *el* turrón [tourronn]
nouilles ❶ *los* tallarines [taïllarinéss] ❷ [pâtes en général] *la* pasta [pasta]
nous nosotros [nossotross]
nouveau nuevo [nouébo]
nouvelle [information] *la* noticia [notithia]
novembre noviembre [nobiémmbré]
noyer ahogar [aogar]
– se noyer ahogarse [aogarsé]
noyer (se) ahogarse [aogarsé]
nu desnudo [désnoudo]
nuage *la* nube [noubé]
nuit *la* noche [notché]
nul *fam* [mauvais] pésimo [péssimo]
numéro *el* número [nouméro]
nuque *la* nuca [nouka]

O

objectif [photo] *el* objetivo [obxétibo]
objet *el* objeto [obxéto]
obligatoire [imposé] obligatorio [obligatorio]
obligé obligado [obligado]
occasion *la* ocasión [okassionn]
Occident *el* Occidente [okthidénnté]
occidental occidental [okthidénntal]
occupé [place] ocupado [okoupado]
occuper de (s') [se charger de] encargarse de [énnkargarsé dé]
océan *el* océano [othéano]
Océanie Oceanía [othéaniya]
octobre octubre [oktoubré]
œil *el* ojo [oxo]
œuf *el* huevo [ouébo]
œuvre *la* obra [obra]
office de tourisme *la* oficina de turismo [ofithina dé tourismo]
offrir ❶ [un cadeau] regalar [régalar] ❷ [proposer] proponer [proponér]
oie *la* oca [oka]
oignon [légume] *la* cebolla [théboïlla]
oignons *las* cebollas [théboïllass]
oiseau *el* pájaro [paxaro]
ok ! vale! [balé!]
olives *las* aceitunas [athéïtounass]
olivier *el* olivo [olibo]
ombre *la* sombra [sommbra]
ombrelle *la* sombrilla [sommbrilla]
omelette *la* tortilla [tortilla]
on ❶ [indéterminé] se [sé] ❷ [nous] nosotros [nossotross]
oncle *el* tío [tiyo]
ongles *las* uñas [ougnass]
opéra *la* ópera [opéra]
opérer operar [opérar]
opinion *la* opinión [opinionn]
opticien *el* óptico [optiko]
or *el* oro [oro]
orage *la* tormenta [torménnta]
orange ◆ *adj* [couleur] naranja [narannxa] ◆ *nf* [fruit] *la* naranja [narannxa]
orangeade *la* naranjada [narannxada]
orchestre *la* orquesta [orkésta]
orchidée *la* orquídea [orkidéa]
ordinateur *el* ordenador [ordénador]
ordonnance [médicale] *la* receta [rréthéta]

ordures *la* basura [bassoura]
oreille [organe] *la* oreja [oréxa] ; [ouïe] *el* oído [oïdo]
oreiller *la* almohada [almoada]
oreillons *las* paperas [papérass]
organiser organizar [organithar]
orgue *el* órgano [organo]
Orient *el* Oriente [oriénnté]
oriental oriental [oriénntal]
origine *el* origen [orixénn]
ormeau [mollusque] *la* oreja de mar [oréxa dé mar]
orteil *el* dedo del pie [dédo dél pié]
os *el* hueso [ouésso]
oseille *la* acedera [athédéra]
ostéopathie *la* osteopatía [ostéopatiya]
otite *la* otitis [otitiss]
ou o [o]
où donde ; dónde [donndé]
oublier olvidar [olbidar]
ouest *el* oeste [oésté]
oui sí [si]
ouragan *el* huracán [ourakann]
ours *el* oso [osso]
oursin *el* erizo (de mar) [éritho (dé mar)]
ouvert abierto [abiérto]
ouvre-boîtes *el* abrelatas [abrélatass]
ouvrir abrir [abrir]

P

Pacifique (le) *el* Pacífico [pathifiko]
paella *la* paella [paéïlla]
page *la* página [paxina]
paille *la* paja [paxa]
pain *el* pan [pann]
paix *la* paz [path]
palais *el* palacio [palathio]
pâle pálido [palido]
palmes *las* aletas [alétass]
palmier *la* palmera [palméra]
palourde *la* almeja [alméxa]
pamplemousse *el* pomelo [pomélo]
panaché *la* clara [klara]
panier *la* cesta [théssta]
panne *la* avería [abériya]
panneau *el* letrero [létréro]
pansement *la* venda [bénnda]
pantalon *los* pantalones [panntalonéss]
papeterie *la* papelería [papélériya]
papier ❶ [feuille] *el* papel [papél] ❷ [document] documentación [dokouménntathionn]
papillon *la* mariposa [maripossa]
Pâques *la* Pascua [paskoua]
paquet *el* paquete [pakété]
paracétamol *el* paracetamol [parathétamol]
parachutisme *el* paracaidismo [paracaïdismo]
paraître parecer [paréthér]
parapente *el* parapente [parapénnté]
parapluie *el* paraguas [paragouass]
parasol *la* sombrilla [sommbrilla]
parc *el* parque [parké]
parce que porque [porké]
parcours [de golf] *el* recorrido [rékorrido]
pardon ❶ [pour s'excuser, pour passer] perdón [pérdonn] ❷ [pour faire répéter] ¿cómo dice(s)? [komo dithé(ss)?]
pare-brise *el* parabrisas [parabrissass]

pare-chocs *el* parachoques [paratchokéss]

parents *los* padres [padréss]

parfois a veces [a béthéss]

parfum ❶ [odeur] *el* perfume [pérfoumé] ❷ [goût] *el* sabor [sabor]

pari *la* apuesta [apouésta]

Paris París [pariss]

parking *el* parking [parkinn]

parler hablar [ablar]

parquet [plancher] *el* parqué [parké]

part ❶ *la* parte [parté] ❷ [de gâteau] *la* porción [porthionn]

partager compartir [kommpartir]

partie ❶ [en sport] *el* partido [partido] ❷ [au jeu] *la* partida [partida]

parti politique *el* partido político [partido politiko]

partir ❶ [personne] irse [irsé] ❷ [train, avion] salir [salir]

partout por todas partes [por todass partéss]

pas no [no]

passage [chemin] *el* paso [passo]

passager *el* pasajero [passaxéro]

passeport *el* pasaporte [passaporté]

passer pasar [passar]

passer (se) [arriver] pasar [passar] ; ocurrir [okourrir]

passe-temps *el* pasatiempo [passatiémmpo]

pastèque *la* sandía [sanndiya]

pasteur *el* pastor [pastor]

pâte *la* masa [massa]

pâté [charcuterie] *el* paté [paté]

pâtes *la* pasta [pasta]

patinage *el* patinaje [patinaxé]

patinoire *la* pistade patinaje [pista dé patinaxé]

patins *los* patines [patinéss]

pâtisserie ❶ [magasin] *la* pastelería [pastélériya] ❷ [gâteau] *el* pastel [pastél]

paupière *el* párpado [parpado]

pause *la* pausa [paoussa]

pauvre pobre [pobré]

payant [hôte, spectacle] de pago [dé pago]

payer pagar [pagar]

pays *el* país [païss]

paysage *el* paisaje [païssaxé]

Pays-Bas *los* Países Bajos [païsséss baxoss]

PCV *la* llamada a cobro revertido [llamada a kobro rrébértido]

péage *el* peaje [péaxé]

peau *la* piel [piél]

pêche ❶ [fruit] *el* melocotón [mélokotonn] ❷ [activité] *la* pesca [péska]

pêcher pescar [péskar]

pédale *el* pedal [pédal]

peigne *el* peine [péïné]

peine ❶ [tristesse] *la* pena [péna] ❷ [effort] *el* esfuerzo [ésfouértho]

peintre *el* pintor [pinntor]

peinture *la* pintura [pinntoura]

pellicule *el* carrete [karrété]

pellicules *la* caspa [kaspa]

pelouse *el* césped [théspéd]

pendant durante [dourannté]

pénicilline *la* penicilina [pénithilina]

penser pensar [pénnsar]

pension [hôtel] *la* pensión [pénnsionn]

perdre perder [pérdér]

perdre (se) perderse [pérdérsé]

père *el* padre [padré]

périmé caducado [kadoukado]
permis de conduire *el* carné de conducir [karné dé konndouthir]
persil *el* perejil [péréxil]
personne ◆ *nf la* persona [pérsona] ◆ *pron* [aucune personne] nadie [nadié]
perte *la* pérdida [pérdida]
peser pesar [péssar]
petit pequeño [pékégno]
petit déjeuner *el* desayuno [désssayouno]
petite-fille *la* nieta [niéta]
petit-fils *el* nieto [niéto]
petits-enfants *los* nietos [niétoss]
petits pois *los* guisantes [guissanntéss]
peu poco [poko]
peuplier *el* álamo [alamo]
peur *el* miedo [miédo]
peut-être quizá(s) [kitha(ss)]
phare [sur la côte] *el* faro [faro]
phares [de voiture] *las* luces [louthés]
pharmacie [magasin] *la* farmacia [farmathia]
photo *la* foto [foto]
photocopie *la* fotocopia [fotokopia]
piano *el* piano [piano]
pichet *la* jarra [xarra]
pièce ❶ [de monnaie] *la* moneda [monéda] ❷ [en mécanique] *la* pieza [piétha] ❸ [spectacle] *la* obra [obra]
pied *el* pie [pié]
pierre *la* piedra [piédra]
piéton ◆ *el* peatón [péatonn] ◆ peatonal [péatonal]
pigeon *la* paloma [paloma]
pignons *los* piñones [pignonéss]
pile [électrique] *la* pila [pila]
pilule *la* píldora [pildora]
piment *la* guindilla [guinndilla]
pin *el* pino [pino]
pince à épiler *las* pinzas de depilar [pinnthass dé dépilar]
ping-pong *el* ping-pong [pimmponn]
pipe *la* pipa [pipa]
pique-nique *el* picnic [piknik]
piquer ❶ [insecte, ortie] picar [pikar] ❷ *fam* [voler] birlar [birlar]
piquet de tente *la* piqueta [pikéta]
piqûre [d'insecte] *la* picadura [pikadoura]
piscine *la* piscina [pisthina]
pistache *el* pistacho [pistatcho]
piste *la* pista [pista]
pizza *la* pizza [pitsa]
place ❶ [d'une ville] *la* plaza [platha] ❷ [siège] *el* asiento [assiénnto] ❸ [billet] *la* entrada [énntrada] ❹ [espace] *la* plaza [platha] ❺ [de parking] *el* sitio [sitio]
plage *la* playa [playa]
plaie *la* herida [érida]
plaine *la* llanura [llanoura]
plainte *la* denuncia [dénounnthia]
plaire gustar [goustar]
plaisanter bromear [bromégr]
plaisir *el* placer [plathér]
plan [dessin] *el* plano [plano]
planche à voile *la* tabla de windsurf [tabla dé ouïnnsourf]
planche de snowboard *la* tabla de snowboard [tabla dé ésnooubord]
planche de surf *la* tabla de surf [tabla dé sourf]
plancher *el* suelo [souélo]
plante *la* planta [plannta]

plaque électrique *la* **placa eléctrica** [plaka éléktrika]
plastique *el* **plástico** [plastiko]
plat [dans un menu] *el* **plato** [plato]
plat (à) ❶ [pneu] **desinflado** [déssinnflado] ❷ [batterie] **descargado** [déskargado]
platane *el* **plátano** ***(árbol)*** [platano]
plâtre MÉD *la* **escayola** [éskayola]
plein ◆ *adj* [rempli] **lleno** [lléno] ◆ *nm* [d'essence] *el* **depósito lleno** [dépossito lléno]
pleuvoir **llover** [llobér]
plomb AUTO [fusible] *el* **plomo** [plomo]
plombage [d'une dent] *el* **empaste** [émmpasté]
plombier *el* **fontanero** [fonntanéro]
plongée [sous-marine] *el* **buceo** [bouthéo]
plonger [sport] **bucear** [bouthéar]
pluie *la* **lluvia** [lloubia]
plus **más** [mass]
plusieurs **varios** [barioss]
plutôt **más bien** [mass biénn] ; **mejor** [méxor]
pneu *la* **rueda** [rrouéda]
poêle [à frire] *la* **sartén** [sarténn]
poids *el* **peso** [pésso]
poignet *la* **muñeca** [mougnéka]
point *el* **punto** [pounnto]
poire *la* **pera** [péra]
poireau *el* **puerro** [pouérro]
poisson ❶ [animal] *el* **pez** [péth] ❷ [mets] *el* **pescado** [péskado]
poissonnerie *la* **pescadería** [péskaderiya]
poitrine *el* **pecho** [pétcho]
poivre *la* **pimienta** [pimiénnta]
poivron *el* **pimiento** [pimiénnto]
police *la* **policía** [polithiya]
policier *el* **policía** [polithiya]
politesse [comportement] *la* **educación** [édoukathionn]
pollution *la* **contaminación** [konntaminathionn]
pommade *la* **pomada** [pomada]
pomme [fruit] *la* **manzana** [mannthana]
pomme de terre *la* **patata** [patata]
pompe à vélo *la* **bomba de bicicleta** [bommba dé bithikléta]
pompier *el* **bombero** [bommbéro]
pompiers *los* **bomberos** [bommbéross]
pont *el* **puente** [pouénnté]
porc [viande] *el* **cerdo** [thérdo]
port *el* **puerto** [pouérto]
portable ❶ [ordinateur] *el* **portátil** [portatil] ❷ [téléphone] *el* **móvil** [mobil]
portail ❶ *la* **portada** [portada] ❷ [internet] *el* **portal** [portal]
porte *la* **puerta** [pouérta]
portefeuille *la* **cartera** [kartéra]
porte-monnaie *el* **monedero** [monédéro]
porter **llevar** [llébar]
porto *el* **(vino de) oporto** [(bino dé) oporto]
portugais ◆ *adj* **portugués** [portouguéss] ◆ *nm* [langue] *el* **portugués** [portouguéss]
Portugais *el* **portugués** [portouguéss]
Portugal **Portugal** [portougal]
poser ❶ [question] **hacer** [athér] ❷ [problème] **plantear** [planntéar]
possible **posible** [possiblé]

poste *la* oficina de correos [ofithina dé korréoss]

poster[1] *vt* echar al correo [étchar al korréo]

poster[2] *nm* *el* póster [postér]

pot ❶ [récipient] *el* tarro [tarro] ❷ [verre] *la* copa [kopa]

potable potable [potablé]

potage *el* potaje [potaxé]

potiron *la* calabaza [kalabatha]

poubelle *la* basura [bassoura]

poudre ❶ [substance] *el* polvo [polbo] ❷ [maquillage] *los* polvos [polboss]

poule *la* gallina [gaïllina]

poulet *el* pollo [poïllo]

poulpe *el* pulpo [poulpo]

poumon *el* pulmón [poulmonn]

pour ❶ [exprime le but, la destination, la durée] para [para] ❷ [exprime l'approbation] a favor de [a fabor dé]

pourboire *la* propina [propina]

pourquoi por qué [por ké]

pousser [déplacer] empujar [émmpouxar]

poussette *el* cochecito [kotchéthito]

pouvoir [être capable de, avoir la possibilité de] poder [podér]

pratiquant practicante [pracktikannté]

pratique ◆ práctico [praktiko] ◆ *la* práctica [praktika]

pré *el* prado [prado]

préfecture *la* prefectura [préféktoura]

préféré favorito [faborito] ; preferido [préférido]

préférer preferir [préférir]

premier primero [priméro]

prendre ❶ TRANSP [route] coger [coxér] ; tomar [tomar] ❷ [repas, boisson] tomar [tomar]

prénom *el* nombre (de pila) [nommbré (dé pila)]

préparer CULIN preparar [préparar]

préparer (se) prepararse [prépararsé]

près cerca [thérka]

présenter presentar [présénntar]

préservatif *el* preservativo [préssérbatibo]

presque casi [kassi]

pressé ❶ [urgent] urgente [ourxénnté] ❷ [fruit] exprimido [éksprimido]

pressing *la* tintorería [tinntorériya]

pression ❶ [bière] *la* cerveza de barril [thérbétha dé barril] ❷ AUTO *la* presión [préssionn]

prêt listo [listo]

prêter prestar [préstar]

prévenir [avertir] avisar [abissar]

prévoir [anticiper, organiser, envisager] prever [prébér]

prier ❶ [Dieu] rezar [réthar] ❷ [supplier] rogar [rogar]

prière [à Dieu] *la* oración [orathionn]

primeurs *las* frutas y verduras tempranas [froutass i bérdourass témmpranass]

printemps *la* primavera [primabéra]

priorité ❶ [dans le temps, dans l'ordre] *la* prioridad [prioridad] ❷ [sur la route] *la* preferencia [préférénnthia]

prise [de courant] enchufe [énntchoufé]

privé privado [pribado]

prix *el* precio [préthio]

problème *el* problema [probléma]

prochain próximo [proksimo]

proche próximo [proksimo]

produit *el* producto [prodoukto]
prof *fam el* profe [profé]
profiter de disfrutar de [disfroutar dé]
profond profundo [profounndo]
profondeur *la* profundidad [profounndidad]
programme [activités, de télévision] *el* programa [programa]
promenade *el* paseo [passéo]
promener (se) pasear [passéar]
prononcer pronunciar [pronounnthiar]
prononcer (se) pronunciarse [pronounnthiarse]
proposer proponer [proponér]
propre limpio [limmpio]
propriétaire *el* propietario [propiétario]
protection *la* protección [protékthionn]
protéger (se) protegerse [protéxérsé]
protestant protestante [protéstannté]
prune *la* ciruela [thirouéla]
pruneau *la* ciruela pasa [thirouéla passa]
public público [poubliko]
publicité *la* publicidad [poublithidad]
pull *el* jersey [xérséï] ; *el* suéter [souétér]
purée *el* puré [pouré]
pyjama *el* pijama [pixama]

Q

quai ❶ [de gare, de métro] *el* andén [anndénn] ❷ [de port] *el* muelle [mouéïllé]
qualité ❶ [d'un produit] *la* calidad [kalidad] ❷ [d'une personne] *la* cualidad [koualidad]
quand cuando ; cuándo [kouanndo]
quart d'heure *el* cuarto de hora [kouarto dé ora]
quartier [d'une ville] *el* barrio [barrio]
Québec Quebec [kébék]
québecois quebequense [kébékénnsé] ; quebequés [kébékéss]
Québecois *el* quebequense [kébékénnsé] ; *el* quebequés [kébékéss]
quel cuál [koual] ; qué [ké]
quelque chose algo [algo]
quelques [plusieurs] algunos [algounoss]
quelqu'un alguien [alguiénn]
question *la* pregunta [prégounnta]
queue *la* cola [kola]
qui ❶ [sujet] que [ké] ❷ [complément] quien [kiénn]
quitter ❶ [partir de] irse [irse] ❷ [abandonner] dejar [déxar]
quoi qué [ké]
quotidien [journal] *el* periódico [périodiko]

R

rabbin *el* rabino [rrabino]
raccommoder zurcir [thourthir]
raccompagner acompañar [akommpagnar]
raccourci *el* atajo [ataxo]
raconter contar [konntar]
radar *el* radar [radar]
radiateur AUTO [de chauffage] *el* radiador [rradiador]

radio ❶ [station] *la* emisora [émissora] ❷ MÉD *la* radiografía [rradiografiya]

radis *el* rábano [rrabano]

ragoût *el* ragú [rragou]

raie *la* raya [rraya]

raisin *la* uva [ouba]

raison *la* razón [rrathonn]

rallonge [électrique] *el* alargo [alargo]

rame *el* remo [Rrémo]

randonnée *la* excursión [ékskoursionn]

rapide rápido [rrapido]

rappeler volver a llamar [bolbér a llamar]

rappeler (se) ❶ [se souvenir] acordarse de [akordarsé dé] ❷ [se téléphoner] volverse a llamar [bolbérsé a llamar]

rapports *las* relaciones [rélathionéss]

raquette ❶ [de tennis] *la* raqueta [rrakéta] ❷ [de ping-pong] *la* pala [pala]

rarement raramente [rraraménnté]

raser (se) afeitarse [aféïtarsé]

rasoir *la* maquinilla de afeitar [makinilla dé aféïtar]

ratatouille pisto *el*

rater TRANSP perder [pérdér]

ravi encantado [énnkanntado]

rayon [de grand magasin] *la* sección [sékthionn]

réception *la* recepción [rréthépthionn]

recette [de cuisine] *la* receta [rréthéta]

recevoir recibir [rréthibir]

rechange (de) de repuesto [dé rrépouésto]

recharger [batterie, piles] recargar [rrékargar]

réclamation *la* reclamación [rréklamathionn]

recommandé ◆ *adj* [lettre, paquet] certificado [thértifikado] ◆ *nm* [lettre, paquet] el envío certificado [emmbiyo thértifikado]

recommander recomendar [rrékoménndar]

reconnaître reconocer [rrékonothér]

reçu *el* recibo [rréthibo]

récupérer ❶ [reprendre] recuperar [rrékoupérar] ❷ [se reposer] recuperarse [rrékoupérarse]

réduction *el* descuento [déskouénnto]

réduit reducido [rrédouthido]

réfléchir reflexionar [rrétléksionar]

réflexologie *la* reflexología [rréfléksoloxiya]

refuge [en montagne] *el* refugio [rréfouxio]

regarder ❶ [observer] mirar [mirar] ❷ [concerner] incumbir [innkoummbir]

régime *el* régimen [rréximénn]

région [territoire] *la* región [rréxionn]

régler ❶ [un appareil] ajustar [axoustar] ❷ [un problème] solucionar [solouthionar] ❸ [payer] pagar [pagar]

règles *la* regla [rrégla]

réglisse *el* regaliz [rrégalith]

regretter ❶ [se repentir de] arrepentirse de [arrépénntirsé dé] ❷ [déplorer] sentir [sénntir]

reine *la* reina [rréïna]

reins *los* riñones [rrignonéss]

rejoindre ❶ [une personne] reunirse con [rréounirsé konn] ❷ [un endroit] llegar a [llégar a]

religion *la* religión [rrélixionn]

remarque *la* observación [obsérbathionn]

rembourser [frais, achat] reembolsar [rréémmbolsar]

remercier dar las gracias [dar lass grathiass]

remontées mécaniques *los* remontes [rrémonntéss]

remorquer remolcar [rrémolkar]

remplaçant *el* suplente [souplénnté]

rencontrer encontrar [énnkonntrar]

rendez-vous ❶ [chez le médecin, le coiffeur] hora [ora] ❷ [professionnel, amoureux, amical] *la* cita [thita]

rendre [restituer] devolver [débolbér]

rendre (se) [aller] ir a [ir a]

renseignement *la* información [innformathionn]

renseigner informar [innformar]

rentrer [chez soi] volver [bolbér]

renverser ❶ [liquide] derramar [dérramar] ❷ [piéton] atropellar [atropéillar]

réparations AUTO *la* reparación [rréparathionn]

réparer reparar [rréparar] ; arreglar [arréglar]

repas *la* comida [komida]

repasser ❶ [passer à nouveau] volver a pasar [bolbér a passar] ❷ [linge] planchar [planntchar]

répéter repetir [rrépétir]

répondeur *el* contestador (automático) [konntéstador (aoutomatiko)]

répondre [au téléphone] contestar [konntéstar] ; responder [rrésponndér]

réponse *la* respuesta [rréspouésta]

reposer (se) descansar [déskannsar]

reprendre ❶ [se resservir] tomar más [tomar mass] ❷ [activité] retomar [rrétomar]

représentation *la* representación [rrépréssénntathionn]

requin *el* tiburón [tibouronn]

réseau *la* red [rréd]

réservation *la* reserva [rrésérba]

réserver [billet, chambre] reservar [rréssérbar]

réservoir [à essence] *el* depósito [dépossito]

respirer respirar [rréspirar]

responsable *el* responsable [rrésponnsablé]

ressembler à parecerse a [paréthérsé a]

restaurant *el* restaurante [rréstaourannté]

rester ❶ [dans un lieu] quedarse [kédarsé] ❷ [subsister] quedar [kédar]

retard *el* retraso [rrétrasso]

retirer ❶ [de l'argent] sacar [sakar] ❷ [des billets] recoger [rrékoxér]

retour *la* vuelta [bouélta] ; *el* regreso [rrégrésso]

retraite *la* jubilación [xoubilathionn]

retrouver [rejoindre] quedar [kédar]

retrouver (se) quedar [kédar]

réussir conseguir [konnséguir] ; lograr [lograr]

rêve *el* sueño [souégno]

réveil [horloge] *el* despertador [déspértador]

réveiller despertar [déspértar]

réveiller (se) despertarse [déspértarsé]

revenir [retourner, rentrer] volver [bolbér]

rêver soñar [sognar]
revoir (au) adiós! [adioss!] ; hasta luego! [asta louégo!]
revoir (se) [se retrouver] volver a verse [bolbér a bérsé]
rez-de-chaussée *la* planta baja [plannta baxa]
rhubarbe *el* ruibarbo [rrouíbarbo]
rhum *el* ron [rron]
rhumatismes *el* reúma [rreouma]
rhume *el* catarro [katarro]
riche rico [rriko]
rideau ❶ *la* cortina [kortina] ❷ [au théâtre] *el* telón [télonn]
rien nada [nada]
rire reír [rréír]
risqué arriesgado [arriésgado]
risques *los* riesgos [rriésgoss]
rive *la* orilla [orilla]
rivière *el* río [rriyo]
riz *el* arroz [arroth]
robe *el* vestido [béstido]
robinet *el* grifo [grifo]
rocher *la* roca [rroka]
roi *el* rey [rréï]
rollers *los* patines en línea [patinéss énn linéa]
roman [art] románico [romaniko]
romantique romántico [romanntiko]
rond ❶ redondo [rrédonndo] ❷ [gros] rechoncho [rrétchonntcho] **- rond** *el* círculo [thirkoulo]
rose ◆ *adj* [couleur] rosa [rrosa] ◆ *nf* [fleur] *la* rosa [rrosa]
rôti *el* asado [assado]
roue *la* rueda [rrouéda]
rouge ❶ [couleur] rojo [rroxo] ❷ [vin] tinto [tinnto]
rougeole *el* sarampión [sarammpionn]
rougir ruborizarse [rrouboritharsé]
rouler ❶ [véhicule] circular [thirkoular] ❷ *fam* [escroquer] timar [timar]
route ❶ [voie de circulation] *la* carretera [karrétéra] ❷ [itinéraire] *el* camino [kamino]
roux pelirrojo [pélirroxo]
Royaume-Uni *el* Reino Unido [rréïno ounido]
rue *la* calle [kaïllé]
rugby *el* rugby [rrougbi]
ruines *las* ruinas [rrouínass]
ruisseau *el* arroyo [arroyo]
russe ◆ *adj* ruso [rrousso] ◆ *nm* [langue] *el* ruso [rrousso]
Russe *el* ruso [rrousso]
Russie Rusia [rroussia]

S

sable *la* arena [aréna]
sac *la* bolsa [bolsa]
sachet *la* bolsita [bolsita]
safran *el* azafrán [athafrann]
saignant poco hecho [poko étcho]
saigner sangrar [sanngrar]
saint santo [sannto]
saison [époque] *la* temporada [témmporada]
salade *la* ensalada [énnsalada]
salaire *el* sueldo [souéldo]
sale ❶ [pas propre] sucio [southio] ❷ [mauvais, désagréable] feo [féo]
salé salado [salado]
salière *el* salero [saléro]
salle *la* sala [sala]
salon [dans une maison] *el* salón [salonn]

salut ! ❶ [bonjour] hola [ola] ❷ [au revoir] adiós [adioss]
samedi *el* sábado [sabado]
SAMU *el* SAMUR [samour]
sandales *las* sandalias [sanndaliass]
sandwich *el* bocadillo [bokadillo]
sang *la* sangre [sanngré]
sanglier *el* jabalí [xabali]
sanitaires *los* servicios [sérbithioss]
sans sin [sinn]
santé *la* salud [saloud]
sardine [poisson] *la* sardina [sardina]
sauce *la* salsa [salsa]
saucisse *la* salchicha [saltchitcha]
saucisson *el* salchichón [saltchitchonn]
sauf excepto [éksthépto]
saumon *el* salmón [salmonn]
sauna *la* sauna [saouna]
sauter [obstacle] saltar [saltar]
sauvage salvaje [salbaxé]
savoir saber [sabér]
savon *el* jabón [xabonn]
saxophone *el* saxofón [saksofonn]
scie *la* sierra [siérra]
scientifique científico [thiénntifiko]
scolaire escolar [éskolar]
scooter *la* escúter [éskoutér]
score *el* resultado [réssoultado]
scorpion *el* escorpión [éskorpionn]
Scotch® [adhésif] *el* celo® [thélo]
sculpture *la* escultura [éskoultoura]
séance *la* sesión [séssionn]
seau *el* cubo [koubo]
sec seco [séko]
sèche-cheveux *el* secador [sékador]
sèche-linge *la* secadora [sékadora]
sécher secar [sékar]
seconde ❶ TRANSP *la* segunda [ségounnda] ❷ [unité de temps] *el* segundo [ségounndo]
secours *la* ayuda [ayouda]
secrétaire *el* secretario [sékrétario]
sécurité *la* seguridad [ségouridad]
sein *el* pecho [pétcho]
séjour *la* estancia [éstannthia]
sel *la* sal [sal]
selle ❶ [vélo] *el* sillín [sillinn] ❷ [cheval] *la* silla (de montar) [silla (dé monntar)]
semaine *la* semana [sémana]
sensible sensible [sénnsiblé]
sentier *el* sendero [sénndéro]
sentir oler [olér]
sentir (se) sentirse [sénntirsé]
septembre septiembre [séptiémmbré]
sérieux serio [sério]
séropositif seropositivo [séropossitibo]
serpent *la* serpiente [sérpiénnté]
serpillière *la* bayeta [bayéta]
serré apretado [aprétado]
serrure *la* cerradura [thérradoura]
serrurier *el* cerrajero [thérraxéro]
serveur *el* camarero [kamaréro]
serveuse *la* camarera [kamaréra]
service ❶ [faveur] *el* favor [fabor] ❷ [au restaurant] *el* servicio [sérbithio] ❸ [au tennis] *el* servicio [sérbithio]
serviette ❶ [de toilette, de plage] *la* toalla [toailla] ❷ [de table] *la* servilleta [sérbilléta]
servir [plat, repas] servir [sérbir]
servir (se) ❶ [à table] servirse [sérbirsé] ❷ [utiliser] utilizar [outilithar]
sésame *el* sésamo [sésamo]
set *el* set [sét]
seul solo [solo]
seulement solo [solo]

sexe *el* sexo [sékso]
shampooing *el* champú [tchammpou]
shopping *las* compras [komprass]
short *los* pantalones cortos [panntalonéss kortoss]
si si [si]
siècle *el* siglo [siglo]
siège *el* asiento [assiénnto]
sieste *la* siesta [siésta]
signaler ❶ [montrer] indicar [inndikar] ; señalar [ségnalar] ❷ [à la police] denunciar [dénounnthiar]
signalisation *la* señalización [ségnalithathionn]
signer firmar [firmar]
signifier significar [signnnifikar]
silence *el* silencio [silénnthio]
simple ❶ [facile] simple [simmplé] ❷ [lit] individual [inndibidoual] ❸ [billet] sencillo [sénnthillo]
sinon si no [si no]
sinusite *la* sinusitis [sinoussitiss]
sirop MÉD & CULIN *el* jarabe [xarabé]
site ❶ [lieu] *el* emplazamiento [émmplathamiénnto] ❷ INFORM *el* sitio [sitio]
skate *el* monopatín [monopatinn]
ski *el* esquí [éski]
slip ❶ [d'homme] *el* eslip [éslip] ; *los* calzoncillos [kalthonnthilloss] ❷ [de femme] *las* bragas [bragass]
sms *el* SMS [ésséémééssé]
snowboard *el* snowboard [ésnooubord]
sœur *la* hermana [érmana]
soie *la* seda [séda]
soif *la* sed [séd]
soir ❶ [fin d'après-midi] *la* tarde [tardé] ❷ [début de la nuit] *la* noche [notché]
soirée ❶ [soir] *la* noche [notché] ❷ [fête] *la* velada [bélada]
soja *la* soja [soxa]
sol *el* suelo [souélo]
soldes *las* rebajas [rrébaxass]
sole *el* lenguado [lénngouado]
soleil *el* sol [sol]
solution *la* solución [solouthionn]
sommeil *el* sueño [souégno]
sommet *la* cima [thima]
somnifère *el* somnífero [sommniféro]
son[1] *adj* su [sou]
son[2] *nm* [bruit] *el* sonido [sonido]
sonner sonar [sonar]
sorbet *el* sorbete [sorbété]
sortie [d'autoroute] *la* salida [salida]
sortir ❶ [quitter un lieu, pour se distraire] salir [salir] ❷ [film] estrenarse [éstrénarsé]
soufflé *el* soufflé [souflé]
souhaiter desear [désséar]
soûl borracho [borratcho]
soupe *la* sopa [sopa]
source thermale *la* fuente termal [fouénnté términal]
sourcil *la* ceja [théxa]
sourd sordo [sordo]
sourire *la* sonrisa [sonnrissa]
souris *el* ratón [rratonn]
sous debajo de [débaxo dé]
sous-titré subtitulado [soubtitoulado]
sous-vêtements *la* ropa interior [rropa inntérior]
soutien-gorge *el* sostén [sosténn]
souvenir [impression, objet] *el* recuerdo [rrekouérdo]
souvenir de (se) acordarse de [akordarsé dé]
souvent a menudo [a ménoudo]
spa *el* balneario [balnéario]

français-espagnol

spaghettis *los* espaguetis [éspaguétiss]
sparadrap *el* esparadrapo [ésparadrapo]
spécialiste *el* especialista [éspéthialista]
spécialité *la* especialidad [éspéthialidad]
spectacle *el* espectáculo [éspéktakoulo]
sport *el* deporte [déporté]
sportif deportista [déportista]
stade *el* estadio [éstadio]
stage *el* cursillo [koursillo]
station ❶ TRANSP *la* estación [éstathionn] ❷ [arrêt] *la* parada [parada]
station-service *la* gasolinera [gassolinéra]
statue *la* estatua [éstatoua]
steak *el* bistec [bisték] ; *el* filete [filété]
stress *el* estrés [éstréss]
stretching *el* stretching [éstréttchinn]
studio [logement] MUS *el* estudio [éstoudio]
style *el* estilo [éstilo]
stylo *el* boli [boli]
sucre *el* azúcar [athoukar]
sucré dulce [doulthé]
sud *el* sur [sour]
Suède Suecia [souéthia]
suffire bastar [bastar]
suisse suizo [souïtho]
Suisse ◆ *nf* Suiza [souïtha] ◆ *nmf el* suizo [souïtho]
super ◆ *adj inv* [formidable] genial [xénial] ; guay [gouaï] ◆ *nf* [carburant] *la* súper [soupér]
supérette *el* súper [soupér]
supermarché *el* supermercado [soupérmérkado]
supplément *el* suplemento [soupléménnto]
supplémentaire suplementario [soupléménntario]
supporter soportar [soportar]
suppositoire *el* supositorio [soupossitorio]
sur sobre [sobré]
sûr seguro [ségouro]
surf *el* surf [sourf]
surgelés *los* congelados [konnxéladoss]
surprise *la* sorpresa [sorpréssa]
surveiller vigilar [bixilar]
survêtement *el* chándal [tchanndal]
sympa majo [maxo]
synagogue *la* sinagoga [sinagoga]
syndicat d'initiative *la* oficina de turismo [ofithina dé tourismo]

T

tabac *el* tabaco [tabako]
table *la* mesa [méssa]
tableau ❶ *el* cuadro [kouadro] ❷ [panneau] *el* tablón [tablonn]
tabouret *el* taburete [tabourété]
tache *la* mancha [manntcha]
taie d'oreiller *la* funda de almohada [founnda dé almoada]
taille ❶ [partie du corps] *la* cintura [thinntoura] ❷ [d'un vêtement] *la* talla [taïlla]
talon ❶ [de chaussure] *el* tacón [takonn] ❷ [du pied] *el* talón [talonn]
tampon [hygiénique] *el* tampón [tammponn]

tante *la* tía [tiya]
taper ❶ [code] marcar [markar] ❷ *fam* [soleil] pegar [pégar]
tapis *la* alfombra [alfommbra]
tard tarde [tardé]
tarif *la* tarifa [tarifa]
tarte *la* tarta [tarta]
tasse *la* taza [tatha]
taureau *el* toro [toro]
taux de change *el* tipo de cambio [tipo dé kammbio]
taxe *el* impuesto [immpouésto]
taxi ❶ [voiture] *el* taxi [taksi] ❷ [chauffeur] *el* taxista [taksista]
tee-shirt *la* camiseta [kamisséta]
télécharger descargar [déskargar]
télécommande *el* mando a distancia [manndo a distannthia]
téléphone *el* teléfono [téléfono]
téléphoner llamar (por teléfono) [llamar (por téléfono)]
télésiège *el* telesilla [télésilla]
télévision *la* televisión [télébissionn]
tellement ❶ [tant] tanto [tannto] ❷ [si] tan [tann]
température *la* temperatura [témmpératoura]
tempête *la* tormenta [torménnta]
temple [protestant] *el* templo [témmplo]
temps [durée, météo] *el* tiempo [tiémmpo]
tendance [à la mode] fashion [fassionn]
tenir [porter] sujetar [souxétar]
tennis ◆ *nm* [sport] *el* tenis [téniss] ◆ *nfpl* [chaussures] *las* deportivas [déportibass]
tension MÉD *la* tensión [ténnsionn]
tente *la* tienda [tiénnda]
tenter ❶ [essayer] intentar [innténntar] ❷ [attirer] tentar [ténntar]
terminal *la* terminal [términal]
terminus *el* final [final]
terrain ❶ [de camping] *el* camping [kammpinn] ❷ [de foot, de golf] *el* campo [kammpo] ❸ [de tennis] *la* pista [pista]
terrasse *la* terraza [térratha]
terrible [fantastique] bestial [béstial]
tétanos *el* tétanos [tétanoss]
tête *la* cabeza [kabétha]
tétine ❶ [d'un biberon] *la* tetina [tétina] ❷ [sucette] *el* chupete [tchoupété]
TGV *el* tren de alta velocidad [trénn dé alta bélothidad]
thalassothérapie *la* talasoterapia [talasotérapia]
thé *el* té [té]
théâtre *el* teatro [téatro]
théière *la* tetera [tétéra]
thermomètre *el* termómetro [térmométro]
Thermos® *el* termo® [térmo]
thon *el* atún [atoun]
thym *el* tomillo [tomillo]
ticket ❶ TRANSP *el* billete [billété] ❷ [de cine, de théâtre] *la* entrada [éntrada]
tiède tibio [tibio]
tilleul [tisane] *la* tila [tila]
timbre *el* sello [séillo]
timide tímido [timido]
tire-bouchon *el* sacacorchos [sakakortchoss]
tirer ◆ ❶ sacar [sakar] ❷ [remorquer] tirar de [tirar dé] ◆ SPORT tirar [tirar]
tiroir *el* cajón [kaxonn]
tisane *la* tisana [tissana]
tissu *el* tejido [téxido]

toi ❶ [sujet] tú [tou] ❷ [complément] ti [ti]
toilettes *los* servicios [sérbithioss]
toit *el* tejado [téxado]
tomate *el* tomate [tomaté]
tomber caer(se) [kaér(sé)]
tonnerre *el* trueno [trouéno]
torchon [de cuisine] *el* trapo [trapo]
tordre (se) [partie du corps] torcerse [torthérsé]
tort *la* culpa [koulpa]
tortue *la* tortuga [tortouga]
tôt temprano [témmprano]
toucher tocar [tokar]
toujours ❶ [tout le temps] siempre [siémmpré] ❷ [encore] todavía [todabiya]
tour[1] *nm* ❶ [promenade] *el* paseo [passéo] ❷ [succession, rang] *el* turno [tourno]
tour[2] *nf* [bâtiment] *la* torre [torré]
touriste *el* turista [tourista]
touristique turístico [touristiko]
tournée [au bar] *la* ronda [ronnda]
tourner ❶ [changer de direction] girar [xirar] ❷ [tête] dar vueltas [dar bouéltass]
tournesol *el* girasol [xirassol]
tournevis *el* destornillador [déstornillador]
tous todos [todoss]
tousser toser [tossér]
tout todo [todo]
tout de suite enseguida [énnséguida]
toux *la* tos [toss]
traditionnel tradicional [tradithional]
traduire traducir [tradouthir]
train *el* tren [trénn]
traiteur CULIN *el* especialista en comidas preparadas [éspéthialista énn komidass préparadass]
trajet [voyage] *el* trayecto [trayékto]
tramway *el* tranvía [trammbiya]
tranche ❶ [de pain] *la* rebanada [rrébanada] ❷ [de jambon, de fromage] *la* loncha [lonntcha]
tranquille tranquilo [trannkilo]
transat *la* tumbona [toummbona]
travail *el* trabajo [trabaxo]
travailler trabajar [trabaxar]
traveller's cheques *los* cheques de viaje [tchékéss dé biaxé]
traversée *la* travesía [trabéssiya]
traverser cruzar [krouthar]
trèfle *el* trébol [trébol]
tremblement de terre *el* terremoto [térrémoto]
très muy [mouï]
triangle *el* triángulo [trianngoulo]
tripes CULIN *los* callos [kaïlloss]
triste triste [tristé]
trombone [agrafe] *el* clip [klip]
tromper (se) equivocarse [ékibokarsé]
trompette *la* trompeta [trommpéta]
trop demasiado [démassiado]
trottoir *la* acera [athéra]
trou [ouverture] *el* agujero [agouxéro]
trousse [d'écolier] *el* estuche [éstoutché]
trouver [découvrir] encontrar [énnkonntrar]
trouver (se) estar [éstar]
truc [chose] *el* chisme [tchismé]
truffe *la* trufa [troufa]
truite *la* trucha [troutcha]
tu tú [tou]
tuba *el* tubo [toubo]
tulipe *el* tulipán [toulipann]
tunnel *el* túnel [tounél]
turista *la* diarrea del viajero [diarréa dél biaxéro]

tuyau *el* tubo [toubo]
TVA *el* IVA [iba]
tympan *el* tímpano [timmpano]
typique típico [tipiko]

U

un ◆ *art* un [ounn] ◆ *pron* uno [ouno] ◆ *num* uno [ouno]
une una [ouna]
uniforme [vêtement] *el* uniforme [ouniformé]
université *la* universidad [ounibérsidad]
urgences *las* urgencias [ourxénnthiass]
urgent urgente [ourxénnté]
utile útil [outil]
utiliser utilizar [outilithar]

V

vacances *las* vacaciones [bakathionéss]
vaccin *la* vacuna [bakouna]
vacciner vacunar [bakounar]
vache *la* vaca [baka]
vague *la* ola [ola]
vaisselle *la* vajilla [baxilla]
valable válido [balido]
valet [aux cartes] sota
valise *la* maleta [maléta]
vallée *el* valle [baïlle]
valoir valer [balér]
vanille *la* vainilla [baïnilla]
varicelle *la* varicela [barithéla]
vase *el* jarrón [xarronn]
veau [viande] *la* ternera [ternéra]
végétarien vegetariano [béxétariano]
veine *la* vena [béna]
vélo *la* bicicleta [bithikléta]
vendeur *el* vendedor [bénndédor]
vendre vender [bénndér]
vendredi *el* viernes [biérnéss]
venir venir [bénir]
vent *el* viento [biénnto]
ventilateur *el* ventilador [bénntilador]
ventre *la* barriga [barriga]
verglas *el* hielo [yélo]
verre ❶ [matière] *el* vidrio [bidrio] ❷ [pour boire] *el* vaso [basso]
vers [temps, lieu] hacia [athia]
verser [argent] ingresar [inngréssar]
vert verde [bérdé]
vertèbre *la* vértebra [bértébra]
vertige *el* vértigo [bértigo]
vessie *la* vejiga [béxiga]
veste *la* chaqueta [tchakéta]
vestiaire [d'un musée, d'un théâtre] *el* guardarropa [gouardarropa]
vêtements *la* ropa [rropa]
vétérinaire *el* veterinario [bétérinario]
viande *la* carne [karné]
vidange *el* cambio de aceite [kammbio dé athéïté]
vide vacío [bathiyo]
vidéo *el* vídeo [bidéo]
vie *la* vida [bida]
vierge virgen [birxénn]
vieux [personne, chose] viejo [biéxo]
vigne ❶ [plante] *la* vid [bid] ❷ [vignoble] *la* viña [bigna]
village *el* pueblo [pouéblo]
ville *la* ciudad [thioudad]
vin *el* vino [bino]
vinaigre *el* vinagre [binagré]
vinaigrette *la* vinagreta [binagréta]

français-espagnol

violet violeta [bioléta]
violette *la* violeta [bioléta]
violon *el* violín [biolinn]
violoncelle *el* violonchelo [biolonntchélo]
virement [bancaire] *la* transferencia [trannsférénnthia]
vis *el* tornillo [tornillo]
visa *el* visado [bissado]
visage *la* cara [kara]
visite *la* visita [bissita]
visiter visitar [bissitar]
vite rápido [rrapido]
vitesse *la* velocidad [bélothidad]
vitre *el* cristal [kristal]
vitrine *el* escaparate [éskaparaté]
vitrines *los* escaparates [éskaparatéss]
vodka *el* vodka [bodka]
vœu [souhait] *el* deseo [désséo]
voie [de gare] *la* vía [biya]
voilà he ahí [é aï] ; esto es [ésto éss]
voile *la* vela [béla]
voir ver [bér]
voir (se) verse [bérsé]
voisin *el* vecino [béthino]
voiture [automobile, wagon] *el* coche [kotché]
voix *la* voz [both]
vol ❶ [en avion] *el* vuelo [bouélo] ❷ [délit] *el* robo [rrobo]
volaille [viande] *el* ave [abé]
volant *el* volante [bolannté]
volcan *el* volcán [bolkann]
voler [argent, objet] robar [rrobar]
volet *el* postigo [postigo]
voleur *el* ladrón [ladronn]
volley(-ball) *el* voleibol [boléïbol]
volontiers con mucho gusto [konn moutcho gousto]
volt *el* voltio [boltio]
vomir vomitar [bomitar]
vouloir querer [kérér]
vous ❶ [pluriel] vosotros [bossotross] ❷ [forme de politesse] usted [oustéd]
voyage *el* viaje [biaxé]
voyager viajar [biaxar]
vrai [indéniable] verdadero [bérdadéro]
vraiment verdaderamente [bérdadéraménnté] ; realmente [rréalménnté]
VTT *la* BTT [bétété]
vue [panorama] *la* vista [bista]

W

wagon *el* vagón [bagonn]
watt *el* vatio [batio]
W.-C. *el* váter [batér]
week-end *el* fin de semana [finn dé sémana]
whisky *el* whisky [ouïski]
WI-FI *el* wifi [ouïfi]

X

xylophone *el* xilofón [ksilofonn]

Y

yaourt *el* yogur [yogour]
yen *el* yen [yénn]
yoga *el* yoga [yoga]

Z

zone *la* zona [thona]
zoo *el* zoo [thoo]
zoom *el* zoom [thumm]

DICTIONNAIRE

espagnol-français

A

a [a] *prép* à

abajo [abaxo] *adv* ❶ [de situation] en dessous ❷ [de direction] en bas

abandonar [abanndonar] *vt* abandonner ; quitter

abierto [abiérto] *adj* ouvert

abrigo [abrigo] *nm* manteau

abril [abril] *nm* avril

abrir [abrir] *v* ouvrir

absoluto [absolouto] *adj* absolu

aburrido [abourrido] *adj* ennuyeux

acá [aka] *adv* ici

acabar [akabar] *v* finir

academia [akadémia] *nf* ❶ [école] école ❷ [des sciences, arts] académie

acampar [akammpar] *vi* camper

acantilado [akanntilado] *nm* falaise

acaso [akasso] *adv* peut-être

acceso [akthésso] *nm* accès

- acceso pasajeros [akthésso passaxéross] *nm* accès à bord

accesorio [akthéssorio] *nm* accessoire ; ustensile

accidente [akthidénnté] *nm* accident

aceite [athéïté] *nm* huile

aceituna [athéïtouna] *nf* olive

aceptar [athéptar] *vt* accepter

acera [athéra] *nf* trottoir

acerca de [athérka dé] *prép* au sujet de

acercarse [athérkarsé] *v pron* approcher ; s'approcher

acoger [akoxér] *vt* accueillir

acomodarse [akomodarsé] *v pron* [hôtel, logement] s'installer

acompañar [akommpagnar] *vt* ❶ accompagner ❷ joindre

aconsejar [akonnséxar] *vt* conseiller

acontecimiento [akonntéthimiénnto] *nm* événement

acordar [akordar] *vt* décider

acordarse [akordarsé] *v pron* se souvenir

A Coruña [a korougna] *nf* La Corogne

acostarse [akostarsé] *v pron* se coucher

acostumbrar a [akostoummbrar a] *v + prép* avoir l'habitude de

acostumbrarse a [akostoummbrarsé a] *vp + prép* s'habituer à

actividad [aktibidad] *nf* activité

actualidad [aktoualidad] *nf* actualité

actuar [aktouar] *vi* ❶ agir ❷ [cinéma, théâtre] jouer

acuerdo [akouérdo] *nm* accord

adelgazar [adélgathar] *vi* maigrir

además [adémass] *adv* en plus

adentro [adénntro] *adv* dedans ; à l'intérieur

adiós [adioss] *interj* au revoir

adjuntar [adxounntar] *vt* joindre

admitir [admitir] *vt* admettre

adónde [adonndé] *adv* où

aduana [adouana] *nf* douane

advertir [adbértir] *vt* ❶ avertir ❷ remarquer

aéreo [aéréo] *adj* aérien

aeropuerto [aéropouérto] *nm* aéroport

afeitarse [aféïtarsé] *v pron* se raser

aficionado [afithionado] *adj* amateur

aficionarse [afithionarsé] *v pron* se passionner

afortunadamente [afortounadaménnté] *adv* heureusement

afuera [afouéra] *adv* dehors

afueras [afouérass] *nfpl* **banlieue**
agencia [axénnthia] *nf* **agence**
agente [axénnté] *nm* **agent**
agosto [agosto] *nm* **août**
agotado [agotado] *adj* **épuisé**
agotarse [agotarsé] *v pron* ❶ **être épuisé** ❷ **s'épuiser**
agradecer [agradéthér] *vt* **remercier**
agridulce [agridoulthé] *adj* **aigre-doux**
agrio [agrio] *adj* [saveur] **aigre**
agua [agoua] *nf* **eau**
aguacate [agouakaté] *nm* [fruit] **avocat**
agujero [agouxéro] *nm* **trou**
ahí [aï] *adv* **là**
ahogarse [aogarsé] *v pron* ❶ **se noyer** ❷ **s'étouffer**
ahora [aora] *adv* **maintenant**
ahorrar [aorrar] *vt* ❶ [argent, énergie, efforts] **économiser** ❷ [à la banque] **épargner**
ahorro [aorro] *nm* **économie**
ahumado [aoumado] *adj* **fumé**
aire [aïré] *nm* **air**
ajillo – al ajillo [al axillo] *adv* *avec une sorte d'aïoli*
ajo [axo] *nm* **ail**
albaricoque [albarikoké] *nm* **abricot**
albergar [albérgar] *vt* **héberger**
albergue [albérgué] *nm* ❶ **auberge** ❷ [de montagne] **refuge**
albóndiga [albonndiga] *nf* [de viande] **boulette**
albufera [alboufféra] *nf* **marécage** *(du Levant espagnol)*
alcachofa [alkatchofa] *nf* **artichaut**
alcalde [alkaldé] *nm* **maire**
alcanzar [alkannthar] *vt* ❶ **atteindre** ❷ [bus, train] **attraper**
alcaparra [alkaparra] *nf* **câpre**
alcohol [alkool] *nm* **alcool**
alcohólico [alkooliko] *adj* [boisson] **alcoolisé**
aldea [aldéa] *nf* **hameau**
alegrarse de [alégrarsé dé] *vp + prép* **être content de**
alegre [alégré] *adj* **gai ; joyeux**
alegría [alégriya] *nf* **joie**
alergia [alérxia] *nf* **allergie**
alerta [alérta] *nf & interj* **alerte**
aletas [alétass] *nfpl* [pour nager] **palmes**
algo [algo] *pron* **quelque chose**
algodón [algodonn] *nm* **coton**
alguien [alguiénn] *pron* **quelqu'un**
alguno [algouno] ◆ *adj* **un** ◆ *pron* **quelqu'un**
alimento [aliménnto] *nm* **aliment**
aliviar [alibiar] *vt* [douleur, maladie] **soulager**
allá [aïlla] *adv* **là-bas**
allí [aïlli] *adv* **là**
almacén [almathénn] *nm* **magasin**
almejas [alméxass] *nfpl* **palourdes**
almendra [alménndra] *nf* **amande**
almendrado [alménndrado] *nm* *petit gâteau aux amandes*
almíbar [almibar] *nm* **sirop**
almohada [almoada] *nf* **oreiller**
almuerzo [almouértho] *nm* **petit déjeuner**
alojamiento [aloxamiénnto] *nm* **logement**
alojarse [aloxarsé] *v pron* **loger**
alquilar [alkilar] *vt* **louer**
alquiler [alkilér] *nm* ❶ **location** ❷ [prix] **loyer**
– se alquila [sé alkila] **à louer**

alrededor (de) [alrédédor (dé)] *adv* **environ**

alrededores [alrédédoréss] *nmpl* **alentours**

altitud [altitoud] *nf* **altitude**

alto [alto] ◆ *adj* ❶ **haut** ❷ [personne, arbre] **grand** ❸ [son] **fort** ❹ [valeur, prix] **élevé** ◆ *adv* ❶ [parler] **fort** ❷ [être] **haut** ◆ *interj* **halte**

altura [altoura] *nf* ❶ **hauteur** ❷ **altitude**

alubias [aloubiass] *nfpl* **haricots blancs**

alud [aloud] *nm* **avalanche**

alumno [aloumno] *nm* **élève**

amanecer – al amanecer [al amanéthér] *adv* **au lever du jour**

amar [amar] *vt* **aimer**

amarillo [amarillo] *adj & nm* **jaune**

ambientador [ammbiénntador] *nm* **désodorisant**

ambiente [ammbiénnté] *nm* ❶ [social, personnel] **milieu** ❷ [animation] **ambiance**

ambos [ammboss] ◆ *adj* **les deux** ◆ *pron* **tous les deux**

ambulancia [ammboulannthia] *nf* **ambulance**

ambulatorio [ammboulatorio] *nm* **dispensaire**

amistad [amistad] *nf* **amitié**

ampliar [ammpliar] *vt* [photo, local] **agrandir**

amueblado [amouéblado] *adj* **meublé**

ancho [anntcho] ◆ *adj* **large** ◆ *nm* **largeur**

anchoa [anntchoa] *nf* **anchois**

anciano [annthiano] *adj* **âgé**

Andalucía [anndalouthiya] *nf* **Andalousie**

andar [anndar] *vi* **marcher**

andén [anndénn] *nm* **quai *(de gare)***

anguila [annguila] *nf* **anguille**

angula [anngoula] *nf* **civelle**

animado [animado] *adj* **animé**

animar [animar] *vt* ❶ [personne] **remonter le moral à** ❷ [réunion] **animer**

ánimo [animo] *interj* **courage**

anoche [anotché] *adv* **hier soir**

anochecer – al anochecer [al anotchéthér] *adv* **a la tombée de la nuit**

anotar [anotar] *vt* **noter**

ansiedad [annsiédad] *nf* **anxiété**

ante [annté] *prép* **devant**

anteanoche [anntéanotché] *adv* **avant-hier soir**

anteayer [anntéayér] *adv* **avant-hier**

anterior [anntérior] *adj* ❶ [temps] **précédent** ❷ [espace] **de devant** ❸ [ordre] **antérieur**

antes [anntéss] *adv* **avant**

anticipar [anntithipar] *vt* [date, paiement] **avancer**

antigüedad [anntigouédad] *nf* [époque] **antiquité**

antiguo [anntigouo] *adj* **ancien ; démodé**

anular [anoular] *vt* **annuler**

añadir [agnadir] *vt* **ajouter**

año [agno] *nm* **année**

apagar [apagar] *vt* **éteindre**

aparato [aparato] *nm* **appareil ; poste**

aparcamiento [aparkamiénnto] *nm* **parking**

aparcar [aparkar] *vt* [véhicule] **garer** **– prohibido aparcar** [proïbido aparkar] **stationnement interdit**

apartamento [apartaménnto] *nm* appartement

apartar [apartar] *vt* écarter ; séparer

aparte [aparté] *adv & adj* à part

apellido [apéillido] *nm* nom de famille

apenas [apénass] *adv* à peine

aperitivo [apéritibo] *nm* ❶ [boisson] apéritif ❷ [nourriture] amuse-gueule

apetecer [apététhér] *vi* plaire à

apio [apio] *nm* céleri

aplazar [aplathar] *vt* reporter

apoyar [apoyar] *vt* ❶ appuyer ❷ [encouragement] soutenir

apreciar [apréthiar] *vt* ❶ apprécier ❷ [percevoir] distinguer

aprender [aprénndér] *vt* apprendre

apresurarse [apréssourarsé] *v pron* se dépêcher

apretar [aprétar] *vt* serrer ; presser

aprisa [aprissa] *adv* vite

aprobar [aprobar] *vt* approuver

aprovechar [aprobétchar] *vt* profiter de

aproximarse [aproksimarsé] *v pron* s'approcher

apuntar [apounntar] *vt* ❶ noter ❷ [avec le doigt] montrer

apuntarse [apounntarsé] *v pron* s'inscrire

aquel [akél] *adj* ce

aquél [akél] *pron* celui-là

aquello [akéillo] *pron* cela

aquí [aki] *adv* ici

árbol [arbol] *nm* arbre

archipiélago [artchipiélago] *nm* archipel

área [aréa] *nf* zone

– **área de descanso** [aréa dé déskannso] *nf* aire de repos

– **área de recreo** [aréa dé rékréo] *nf* aire de jeux

arena [aréna] *nf* sable

arenque [arénnké] *nm* hareng

armario [armario] *nm* armoire

arrancar [arrannkar] *vt* ❶ arracher ❷ [moteur] faire démarrer

arrastrar [arrastrar] *vt* traîner

arreglar [arréglar] *vt* arranger ; ranger

arriba [arriba] *adv* ❶ [position] au-dessus ❷ [direction] en haut

arrojar [arroxar] *vt* [lancer] jeter

arroyo [arroyo] *nm* ruisseau

arroz [arroth] *nm* riz

arte [arté] *nm* art

artesanía [artéssaniya] *nf* artisanat

artículo [artikoulo] *nm* article

asado [assado] ◆ *adj* grillé ◆ *nm* rôti

asador [assador] *nm* ❶ [ustensile] broche ❷ [restaurant] grill

asearse [asséarsé] *v pron* faire sa toilette

asegurarse de (que) [asségourarsé dé (ké)] *vp + prép* s'assurer (de | que)

aseo [asséo] *nm* ❶ salle d'eau ❷ toilettes

así [assi] ◆ *adv* ainsi ; comme ça ◆ *adj* pareil

asiento [assiénnto] *nm* ❶ [meuble] siège ❷ [dans un train] place

asma [asma] *nf* asthme

aspecto [aspékto] *nm* aspect

astuto [astouto] *adj* astucieux ; malin

asunto [assounnto] *nm* ❶ [thème] sujet ❷ [négoce] affaire

asustar [assousstar] *vt* faire peur à

asustarse [assousstarsé] *v pron* avoir peur

atajo [ataxo] *nm* [chemin] raccourci

atar [atar] *vt* attacher

atardecer – al atardecer [al atardéthér] *adv* à la tombée de la nuit

atender [aténndér] *vt* ❶ [demande] accéder à ❷ [affaires] s'occuper de ❸ [malade] soigner

aterrizar [atérrithar] *vi* atterrir

ático [atiko] *nm* *appartement situé au dernier étage d'un immeuble, sous les toits*

atractivo [atraktibo] ◆ *adj* ❶ attirant ❷ attrayant ◆ *nm* ❶ attrait ❷ charme

atrás [atrass] *adv* ❶ [espace] derrière ❷ [mouvement] en arrière ❸ [temps] plus tôt ; avant

atrasado [atrassado] *adj* en retard

atrasar [atrassar] *vt* ❶ [arrivée] retarder ❷ [rendez-vous] reporter

atraso [atrasso] *nm* retard

atravesar [atrabéssar] *vt* traverser

atropellar [atropéïllar] *vt* [en voiture] renverser

atún [atounn] *nm* thon

aun [aounn] ◆ *adv* même ◆ *conj* bien que

aún [aounn] *adv* encore

aunque [aounnké] *conj* bien que

ausencia [aousséennthia] *nf* absence

auténtico [aouténntiko] *adj* authentique ; vrai

autonomía [aoutonomiya] *nf* ❶ autonomie ❷ [région] communauté autonome

autopista [aoutopista] *nf* autoroute

autovía [aoutobiya] *nf* [route] quatre voies

auxiliar [aouksiliar] ◆ *nm* assistant ◆ *vt* [secourir] assister

auxilio [aouksilio] ◆ *nm* secours ◆ *interj* au secours **– primeros auxilios** [priméross aouksilioss] *nmpl* premiers secours

avda. *abr de* avenida avenue

ave [abé] *nf* oiseau

AVE [abé] *abr de* Alta Velocidad Española *nm* TGV

avellana [abéïllana] *nf* noisette

avenida [abénida] *nf* avenue

aventura [abénntoura] *nf* aventure

avería [abériya] *nf* panne

averiado [abériado] *adj* en panne

averiarse [abériarsé] *v pron* tomber en panne

avión [abionn] *nm* avion

avioneta [abionéta] *nf* avion de tourisme

avisar [abissar] *vt* appeler

ayer [ayér] *adv* hier

ayuda [ayouda] *nf* aide

ayudar [ayoudar] *vt* aider

ayuntamiento [ayounntamiénnto] *nm* mairie

azafata [athafata] *nf* hôtesse

azafrán [athafrann] *nm* safran

azotea [athotéa] *nf* terrasse *(d'un immeuble, d'une maison)*

azúcar [athoukar] *nm* sucre

azul [athoul] *adj* bleu

B

bacalao [bakalao] *nm* morue
bahía [baiya] *nf* baie
bailar [baïlar] *vi* danser
bajar [baxar] *vt* descendre ; baisser
bajo [baxo] ◆ *adj* ❶ bas ❷ [personne, arbre] petit ◆ *adv* [parler] bas ◆ *prép* sous
balneario [balnéario] *nm* station balnéaire
balsa [balsa] *nf* ❶ radeau ❷ [d'eau] réservoir
banco [bannko] *nm* ❶ banque ❷ banc
bandeja [banndéxa] *nf* plateau
bandera [banndéra] *nf* drapeau
bañador [bagnador] *nm* maillot de bain
bañarse [bagnarsé] *v pron* ❶ se baigner ❷ [baignoire] prendre un bain
baño [bagno] *nm* ❶ bain ❷ salle de bains
barato [barato] *adj* bon marché
barca [barka] *nf* barque
barco [barko] *nm* bateau
barra [barra] *nf* ❶ barre ❷ comptoir **– barra libre** [barra libré] *nf* open bar
barranco [barrannko] *nm* précipice
barrera [barréra] *nf* ❶ barrière ❷ [corrida] *barrière qui sépare l'arène des gradins*
barrio [barrio] *nm* quartier
basta [basta] *interj* ça suffit
bastante [bastannté] ◆ *prép* assez de ◆ *adv* assez
bastar [bastar] *vi* suffire
basura [bassoura] *nf* ordures
batido [batido] *nm* milk-shake
beber [bébér] *vt* boire
bebida [bébida] *nf* boisson
Bélgica [bélxika] *nf* Belgique
belleza [béïlléthа] *nf* beauté
bello [béïllo] *adj* beau
bellota [béïllota] *nf* gland
beneficiar [bénéfithiar] *vt* profiter à
berberechos [bérbérétchoss] *nmpl* coques
berenjena [bérénnxéna] *nf* aubergine
beso [bésso] *nm* baiser
besugo [béssougo] *nm* daurade
bien [biénn] ◆ *adv* bien ◆ *adj* bon ◆ *nm* bien
billete [billété] *nm* ❶ billet ❷ ticket **– no hay billetes** [no aï billétéss] [au théâtre] complet
biscuit [biskouït] *nm* *petit gâteau*
bistec [bisték] *nm* bifteck
bisutería [bissoutériya] *nf* bijoux fantaisie
bizcocho [bithkotcho] *nm* biscuit
blanco [blannko] *adj & nm* blanc
boca [boka] *nf* bouche
bocadillo [bokadillo] *nm* sandwich
bodega [bodéga] *nf* ❶ cave à vin ❷ bar à vin
bogavante [bogabannté] *nm* homard
bolígrafo [boligrafo] *nm* stylo-bille
bollo [boïllo] *nm* pain au lait
bolsa [bolsa] *nf* [en plastique] sac
bolsillo [bolsillo] *nm* poche
bolso [bolso] *nm* sac (à main)
bombero [bommbéro] *nm* pompier
bombón [bommbonn] *nm* chocolat

bonito [bonito] ◆ *adj* joli ◆ *nm* [poisson] thon

bono [bono] *nm* bon d'achat

bonobús [bonobouss] *nm* *coupon d'autobus valable pour dix trajets*

boquerones [bokéronéss] *nmpl* anchois *(frais)*

borracho [borratcho] ◆ *adj* soûl ◆ *nm* ivrogne

borrar [borrar] *vt* effacer ; rayer

bosque [boské] *nm* bois ; forêt

bote [boté] *nm* ❶ [récipient] pot ❷ [embarcation] canot

botella [botéïlla] *nf* bouteille

botiquín [botikinn] *nm* trousse à pharmacie

botones [botonéss] *nm* [dans un hôtel] groom

brasa [brassa] *nf* braise

bravo [brabo] ◆ *adj* [taureau] sauvage ; de combat ◆ *interj* bravo

brazo [bratho] *nm* bras

brécol [brékol] *nm* brocoli

breve [brébé] *adj* bref

broncearse [bronnthéarsé] *v pron* se faire bronzer

bucear [bouthéar] *vi* faire de la plongée

bueno [bouéno] ◆ *adj* bon ◆ *adv* bon ; d'accord

buey [bouéï] *nm* bœuf

bulto [boulto] *nm* ❶ volume ❷ paquet

buñuelo [bougnouélo] *nm* beignet

buque [bouké] *nm* navire

burro [bourro] *nm* [animal] âne

buscar [bouskar] *vt* chercher

butaca [boutaka] *nf* fauteuil

buzón [bouthonn] *nm* boîte aux lettres

C

c/ *abr de* calle rue

caballa [kabaïlla] *nf* maquereau

caballeros [kabaïlléross] *nmpl* messieurs

caballo [kabaïllo] *nm* cheval

cabello [kabéïllo] *nm* ❶ cheveu ❷ cheveux

caber [kabér] *vi* rentrer ; tenir

cabeza [kabétha] *nf* tête

cabina [kabina] *nf* cabine

cabo [kabo] *nm* [géographie] cap

cabra [kabra] *nf* chèvre

cada [kada] *adj* ❶ [distribution] chaque ❷ [fréquence] tous

cadena [kadéna] *nf* chaîne ; enchaînement

Cádiz [kadith] *nf* Cadix

caducar [kadoukar] *vi* se périmer

caducidad [kadouthidad] *nf* péremption

caer [kaér] *vi* tomber

café [kafé] *nm* café

caja [kaxa] *nf* ❶ caisse ❷ boîte

– **caja rápida** [kaxa rrapida] *nf* caisse express

– **pague en caja** [pagué énn kaxa] payez à la caisse

cajero [kaxéro] *nm* caissier

cajón [kaxonn] *nm* tiroir

cala [kala] *nf* crique

calabacín [kalabathinn] *nm* courgette

caldo [kaldo] *nm* bouillon

calefacción [kaléfakthionn] *nf* chauffage

calentar [kalénntar] *vt* [plat, eau, lait] **faire chauffer**
calidad [kalidad] *nf* **qualité**
caliente [kaliénnté] *adj* **chaud**
callar [kaïllar] *vi* **se taire**
calle [kaïllé] *nf* **rue**
callejero [kaïlléxéro] *nm* [de ville] **répertoire des rues**
callejón [kaïlléxonn] *nm* **ruelle**
callos [kaïlloss] *nmpl* **tripes**
calor [kalor] *nm* **chaleur**
calzada [kalthada] *nf* **chaussée**
calzado [kalthado] *nm* **chaussures**
cama [kama] *nf* **lit**
cámara [kamara] *nf* [pour filmer] **caméra**
camarero [kamaréro] *nm* **serveur**
camarón [kamaronn] *nm* **petite crevette**
camarote [kamaroté] *nm* **cabine**
cambiar [kammbiar] *vt* ❶ **changer** ❷ **échanger**
cambio [kammbio] *nm* ❶ **changement** ❷ **échange** ❸ **monnaie**
caminar [kaminar] *vi* **marcher**
camino [kamino] *nm* **chemin**
– camino particular [kamino partikoular] *nm* **chemin privé**
camisa [kamissa] *nf* **chemise**
camiseta [kamisséta] *nf* ❶ **tee-shirt** ❷ **maillot de corps**
campamento [kammpaménnto] *nm* **campement**
camping [kammpinn] *nm* **camping**
campo [kammpo] *nm* ❶ **champ** ❷ **campagne**
cancelar [kannthélar] *vt* **annuler**
canción [kannthionn] *nf* **chanson**
cangrejo [kanngréxo] *nm* **crabe**
cansado [kannsado] *adj* **fatigué**
cansarse [kannsarsé] *v pron* **se fatiguer**
Cantabria [kanntabria] *nf* **Cantabrique**
Cantábrico – el (mar) Cantábrico [él (mar) kanntabriko] *nm* **le golfe de Gascogne**
cantar [kanntar] *vt* **chanter**
cante jondo [kannté xonndo] *nm* **âme du flamenco**
cantidad [kanntidad] *nf* ❶ **quantité** ❷ **somme**
cantina [kanntina] *nf* **cafétéria**
caña [kagna] *nf* [de bière] **demi**
capaz de [kapath dé] *adj + prép* **capable de**
cara [kara] *nf* ❶ **visage ; figure** ❷ [apparence] **mine** ❸ [d'une pièce] **face**
caracol [karakol] *nm* [animal] **escargot**
carajillo [karaxillo] *nm* ***café avec du cognac, de l'anis ou du rhum***
caramelo [karamélo] *nm* ❶ **bonbon** ❷ **caramel**
cárcel [karthél] *nf* **prison**
cargar [kargar] *vt* **charger**
carga y descarga [karga i déskarga] *nf* **livraisons**
carne [karné] *nf* ❶ **viande** ❷ [d'un fruit, d'une personne] **chair**
carné [karné] *nm* **carte**
caro [karo] *adj & adv* **cher**
carpa [karpa] *nf* ❶ [pour des fêtes] **tente** ❷ [poisson] **carpe**
carrera [karréra] *nf* [compétition] **course**
carrete [karrété] *nm* [photo] **pellicule**
carretera [karrétéra] *nf* **route**
carril [karril] *nm* ❶ **voie** ❷ **rail**

carta [karta] *nf* ❶ [d'un restaurant] **carte** ❷ [courrier] **lettre**

cartera [kartéra] *nf* **portefeuille**

casa [kassa] *nf* **maison**

casarse [kassarsé] *v pron* **se marier**

cascada [kaskada] *nf* **cascade**

casco antiguo [kasko anntigouo] *nm* **vieille ville**

caserío [kassériyo] *nm* **maison de campagne**

casi [kassi] *adv* **presque**

castaña [kastagna] *nf* [fruit] **châtaigne**

castigar [kastigar] *vt* **punir**

Castilla [kastilla] *nf* **Castille**

castillo [kastillo] *nm* **château**

casualidad – por casualidad [por kassoualidad] *adv* **par hasard**

Cataluña [katalougna] *nf* **Catalogne**

catar [katar] *vt* **goûter**

cataratas [kataratass] *nfpl* **chutes**

catarro [katarro] *nm* **rhume**

cava [kaba] *nm* ***vin catalan fabriqué selon la méthode champenoise***

caza [katha] *nf* ❶ **chasse** ❷ **gibier**

cazuela [kathouéla] *nf* **casserole**

cebolla [théboilla] *nf* **oignon**

cebolleta [théboilléta] *nf* **ciboulette**

ceda el paso [théda él passo] *nm* **cédez le passage**

celebrar [thélébrar] *vt* **fêter**

cementerio [théménntério] *nm* **cimetière**

cena [théna] *nf* **dîner**

céntimo [thénntimo] *nm* **centime**

centollo [thénntoillo] *nm* **araignée de mer**

centro [thénntro] *nm* **centre**

centro ciudad [thénntro thioudad] *nm* **centre-ville**

cepillo [thépillo] *nm* **brosse**

– cepillo de dientes [thépillo dé diénntéss] *nm* **brosse à dents**

cepo [thépo] *nm* [voiture] **sabot**

cerca [thérka] *adv* **près**

cercanías [thérkaniyass] ◆ *nm* [train] **de banlieue** ◆ *nfpl* [de ville] **environs**

cerdo [thérdo] *nm* **porc**

cereza [thérétha] *nf* **cerise**

cero [théro] *num* **zéro**

cerrado [thérrado] *adj* [espace, local] **fermé**

– cerrado por vacaciones [thérrado por bakathionéss] *adj* **fermé pour congés ; fermeture annuelle**

cerrar [thérrar] *vt* ❶ **fermer** ❷ [passage] **barrer**

cerro [thérro] *nm* **colline**

certificado [thértifikado] *adj* [lettre, paquet] **recommandé**

cerveza [thérbétha] *nf* **bière**

césped [théspéd] *nm* **gazon**

chalé [tchalé] *nm* **pavillon**

champú [tchammpou] *nm* **shampooing**

chaqueta [tchakéta] *nf* **veste**

charla [tcharla] *nf* [conversation] **discussion**

charlar [tcharlar] *vi* **bavarder**

chicle [tchiklé] *nm* **chewing-gum**

chico [tchiko] *nm* **garçon**

chipirones en su tinta [tchipironéss énn sou tinnta] *nmpl* ***petits calamars dans une sauce faite avec leur encre***

chistorra [tchistorra] *nf* ***saucisson typique d'Aragon et de Navarre***

chocar [tchokar] *vi* ❶ [collision] **se heurter** ❷ [surprendre] **choquer**

chopitos fritos [tchopitoss fritoss] *nmpl petits calamars frits*

chuleta [tchouléta] *nf* **côtelette**

chuletón [tchoulétonn] *nm* **côte de bœuf**

chupito [tchoupito] *nm petit verre d'alcool fort*

churrasco [tchourrasko] *nm* **grillade**

churro [tchourro] *nm long beignet cylindrique*

ciego [thiégo] *adj* **aveugle**

ciento – por ciento [por thiénnto] *adv* **pour cent**

cierre [thiérré] *nm* ❶ **fermeture** ❷ **clôture**

cierto [thiérto] *adj* **certain**

cigala [thigala] *nf* **langoustine**

cigarrillo [thigarrillo] *nm* **cigarette**

cigarro [thigarro] *nm* ❶ **cigarette** ❷ **cigare**

cinco [thinnko] *num* **cinq**

circuito [thirkouïto] *nm* **circuit**

circulación [thirkoulathionn] *nf* **circulation**

ciruela [thirouéla] *nf* **prune**

cita [thita] *nf* **rendez-vous**

ciudad [thioudad] *nf* **ville**

claro [klaro] ◆ *adj* **clair** ◆ *interj* **bien sûr**

clase [klassé] *nf* ❶ **classe** ❷ [variété] **sorte**

cláusula [klaoussoula] *nf* **clause**

cliente [kliénnté] *nm* **client**

clima [klima] *nm* **climat**

cobrador [kobrador] *nm* [de bus] **receveur**

cobrar [kobrar] *vt* [argent] **toucher**

cocer [kothér] *vt* **(faire) cuire**

coche [kotché] *nm* **voiture**

cochinillo [kotchinillo] *nm* **cochon de lait**

cocido [kothido] *nm sorte de pot-au-feu*

cocina [kothina] *nf* ❶ **cuisine** ❷ [appareil ménager] **cuisinière**

código [kodigo] *nm* **code**

coger [koxér] *vt* [train, objet] **prendre ; attraper**

col [kol] *nf* **chou**

cola [kola] *nf* **queue**

colchón [koltchonn] *nm* **matelas**

colchoneta [koltchonéta] *nf* [de plage] **matelas pneumatique**

colegio [koléxio] *nm* **école**

colgar [kolgar] *vt* ❶ [veste, manteau] **accrocher** ❷ [téléphone] **raccrocher**

coliflor [koliflor] *nf* **chou-fleur**

colocar [kolokar] *vt* **placer**

comarca [komarka] *nf* **région**

combatir [kommbatir] *vi* **combattre**

combinado [kommbinado] *nm* **cocktail**

comedor [komédor] *nm* **salle à manger**

comenzar [koménnthar] *vt* **commencer**

comer [komér] *v* **manger**

comida [komida] *nf* ❶ **nourriture** ❷ **repas**

– comida rápida [komida rrapida] *nf* **restauration rapide**

– comidas caseras [komidass kassérass] *nfpl* **cuisine familiale**

– comidas para llevar [komidass para llébar] *nfpl* **plats à emporter**

comisaría [komissariya] *nf* commissariat

como [komo] *adv & conj* comme

cómo [komo] *adv* comment

compañero [kommpagnéro] *nm* camarade ;ami

compartimiento [kommpartimiénnto] *nm* compartiment

compartir [kommpartir] *vt* partager

completo [kommpléto] *adj* complet

complicado [kommplikado] *adj* compliqué

comportarse [kommportarsé] *v pron* se conduire

compra [kommpra] *nf* achat

comprar [kommprar] *vt* acheter

comprobar [kommprobar] *vt* vérifier

comunicar [komounikar] *vt* communiquer

comunidad autónoma [komounidad aoutonoma] *nf* communauté autonomme *(nom donné à chacune des 17 régions d'Espagne, dotées d'un gouvernement autonome)*

con [konn] *prép* ❶ avec ❷ [condition] si

conceder [konnthédér] *vt* [donner] accorder

concluir [konnklouïr] *vt* terminer

concreto [konnkréto] *adj* concret

condimento [konndiménnto] *nm* condiment

condón [konndonn] *nm* capote

conducir [konndouthir] *vt* conduire

conejo [konéxo] *nm* lapin

confecciones [konnfékthionéss] *nfpl* prêt-à-porter

confirmar [konnfirmar] *vt* confirmer

confundir [konnfounndir] *vt* confondre

confundirse [konnfounndirsé] *v pron* se tromper

congelados [konnxéladoss] *nmpl* surgelés

conjunto [konnxounnto] *nm* ❶ ensemble ❷ [de musique] groupe

conmigo [konmmigo] *pron* avec moi

conocer [konothér] *vt* connaître

conocido [konothido] ◆ *adj* connu ◆ *nm* [personne] connaisssance

consecuencia [konnsékouénnthia] *nf* conséquence

conseguir [konnséguir] *vt* obtenir

consejo [konnséxo] *nm* conseil

consentir [konnsénntir] *vt* permettre

conserje [konnsérxé] *nm* concierge

consigna [konnsignna] *nf* consigne

consistorio [konnsistorio] *nm* hôtel de ville

constar [konnstar] *v* être constitué de

constipado [konnstipado] *nm* rhume

consulta [konnsoulta] *nf* consultation – **consulta (médica)** [konnsoulta (médika)] *nf* cabinet (médical)

consultorio [konnsoultorio] *nm* cabinet (médical)

consumición [konnsoumithionn] *nf* consommation

consumición obligatoria [konnsoumithionn obligatoria] *nf* consommation obligatoire

consumir [konnsoumir] *v* consommer

consumo [konnsoumo] *nm* consommation

contar [konntar] *vt* ❶ compter ❷ raconter

contento [konnténnto] *adj* content

contestación [konntéstathionn] *nf* réponse

contestador automático [konntéstador aoutomatiko] *nm* répondeur (téléphonique)
contestar [konntéstar] *v* répondre
contigo [konntigo] *pron* avec toi
contra [konntra] *prép* contre
contraindicado [konntraïnndikado] *adj* contre-indiqué
contrario [konntrario] *adj* contraire ; opposé
contraseña [konntrasségna] *nf* mot de passe
contratiempo [konntratiémmpo] *nm* contretemps
control [konntrol] *nm* contrôle
convencer [kommbénnthér] *vt* convaincre
conveniente [kommbéniénnté] *adj* convenable
cónyuge [konniouxé] *nm* conjoint
copa [kopa] *nf* verre (à pied)
corazón [korathonn] *nm* cœur
cordero [kordéro] *nm* agneau
cordillera [kordilléra] *nf* cordillère
Córdoba [kordoba] *nf* Cordoue
corredor [korrédor] *nm* corridor ; couloir
correo [korréo] *nm* courrier
Correos (y Telégrafos) *nm* La Poste
correr [korrér] *vi* courir
correspondencia [korrésponndénnthia] *nf* correspondance
corriente [korriénnté] *adj* courant ; ordinaire
cortado [kortado] *adj* coupé
– cortado por obras [kortado por obrass] ◆ *adj* route barrée pour travaux ◆ *nm* [café] noisette
cortante [kortannté] *adj* tranchant
cortar [kortar] *vt* ❶ couper ❷ [rue] barrer
corte [korté] *nm* ❶ [avec objet coupant] coupure ❷ [de cheveux] coupe
cortesía [kortéssiya] *nf* politesse
cortijo [kortixo] *nm* ferme andalouse
cosa [kossa] *nf* chose
cosecha [kossétcha] *nf* récolte
costa [kosta] *nf* [littoral] côte
costar [kostar] *vi* coûter
costilla [kostilla] *nf* [os] côte
costumbre [kostoummbré] *nf* habitude
coto (privado) de caza [koto (pribado) dé katha] *nm* chasse gardée
crecer [kréthér] *vi* croître ; grandir
credencial [krédénnthial] *nf* laissez-passer
creer [kréér] *vt* croire
– creer en *v + prép* croire en ou à
cremallera [krémailléra] *nf* fermeture Éclair®
criatura [kriatoura] *nf* ❶ créature ❷ enfant
cristal [kristal] *nm* [matière] verre
cruce [krouthé] *nm* ❶ [de rues, chemins] croisement ❷ [au téléphone] interférence
crucero [krouthéro] *nm* [en bateau] croisière
crudo [kroudo] *adj* cru
crujiente [krouxiénnté] *adj* croustillant
crustáceo [kroustathéo] *nm* crustacé
cruzar [krouthar] *vt* [rue] traverser
cuaderno [kouadérno] *nm* cahier
cuadrado [kouadrado] *adj* carré

cuadro [kouadro] *nm* ❶ **carré** ❷ [peinture] **tableau**

cuajada [kouaxada] *nf* **lait caillé**

cual [koual] **– el cual** *pron* **lequel** **– el cual** *pron* **laquelle** **– lo cual** *pron* **ce qui ; ce que**

cuál [koual] *pron* ❶ **quel** ❷ **lequel**

cualidad [koualidad] *nf* **qualité**

cualquier [koualkiér] ◆ *adj* **n'importe quel** ◆ *pron* **n'importe qui**

cuando [kouanndo] *conj* **quand**

cuándo [kouanndo] *adv* [interrogatif] **quand**

cuanto [kouannto] *pron* ❶ **tous ceux qui** ❷ **tout ce que**

cuánto [kouannto] ◆ *adj* ❶ [interrogatif] **combien de** ❷ [exclamatif] **que de** ◆ *pron* [interrogatif] **combien**

cuarto [kouarto] ◆ *num* **quatrième** ◆ *nm* **chambre**

cuatro [kouatro] *num* **quatre**

cubierta [koubiérta] *nf* ❶ [de bateau] **pont** ❷ [de livre] **couverture**

cubierto [koubiérto] *adj* **couvert**

cubito [koubito] *nm* **glaçon**

cuchara [koutchara] *nf* **cuillère**

cuchillo [koutchillo] *nm* **couteau**

cucurucho [koukouroutcho] *nm* [de glace] **cornet**

cuenta [kouénnta] *nf* [bar, restaurant] **note ; addition**

cuento [kouénnto] *nm* **conte**

cuero [kouéro] *nm* **cuir**

cuerpo [kouérpo] *nm* **corps**

cueva [kouéba] *nf* **grotte**

cuidado [kouidado] ◆ *nm* ❶ **soin** ❷ **attention** ◆ *interj* **attention**

cuidar [kouïdar] *vt* **prendre soin de**

cuidarse [kouïdarsé] *v pron* **se ménager**

culpa [koulpa] *nf* **faute**

cumbre [koummbré] *nf* **sommet**

cumpleaños [koummpléagnoss] *nm* **anniversaire**

cumplir [koummplir] *vt* ❶ [loi] **respecter** ❷ [ordre] **exécuter** ❸ [années] **avoir** ❹ [délai] **expirer**

cuneta [kounéta] *nf* ❶ [rue] **caniveau** ❷ [route] **fossé**

cura de reposo [koura dé réposso] *nf* **cure de repos**

curado [kourado] *adj* [poisson, viande] **séché**

curar [kourar] *vt* ❶ [maladie, blessure] **soigner** ❷ [poisson, viande] **faire sécher**

curarse [kourarsé] *v pron* **guérir**

curioso [kouriosso] *adj* **curieux**

curva [kourba] *nf* ❶ **courbe** ❷ **virage** **– curva peligrosa** [kourba péligrossa] *nf* **virage dangereux**

cuyo [kouyo] *adj* **dont**

D

D. *abr de* don **monsieur**

dañar [dagnar] *vt* **endommager**

daño [dagno] *nm* ❶ [douleur] **mal** ❷ [préjudice] **dégât**

dar [dar] *vt* ❶ **donner** ❷ [au cinéma, à la télé] **passer**

dátil [datil] *nm* **datte**

dato [dato] *nm* **donnée**

dcha. *abr de* derecha **droite**

de [dé] *prép* ❶ **de** ❷ [matière] **en**

debajo [débaxo] *adv* **dessous**

deber [débér] *vt* **devoir**

deberse a [débérsé a] *vp + prép* être dû à

débil [débil] *adj* faible

décimo [déthimo] *num* dixième

decir [déthir] *vt* dire

dedicar [dédikar] *vt* consacrer

dedo [dédo] *nm* doigt

deducir [dédouthir] *vt* déduire

defecto [défékto] *nm* défaut

dejar [déxar] *vt* ❶ laisser ❷ prêter ❸ quitter

– dejar de [déxar dé] *v + prép* arrêter de

dejarse [déxarsé] *v pron* laisser ; oublier

delante [délannté] *adv* devant

– delante de [délannté dé] *prép* devant

delgado [délgado] *adj* ❶ mince ❷ maigre

demás – los demás [loss démass] *pron* les autres

demasiado [démassiado] ◆ *conj* trop de ◆ *adv* trop

demora [démora] *nf* retard

demostrar [démostrar] *vt* montrer ; démontrer

denominación de origen [dénominathionn dé orixénn] *nf* appellation d'origine

dentro [dénntro] *adv* dedans ; à l'intérieur

denunciar [dénounnthiar] *vt* dénoncer

dependiente [dépénndiénnté] *nm* vendeur

deporte [déporté] *nm* sport

deportivo [déportibo] *adj* sportif ; de sport

depósito [dépossito] *nm* ❶ dépôt ❷ réservoir

deprisa [déprissa] *adv* vite

derecha [dérétcha] *nf* droite

derecho [dérétcho] *adj & adv* droit

derrota [dérrota] *nf* défaite

derrumbar [dérroummbar] *vt* démolir

derrumbarse [dérroummbarsé] *v pron* s'effondrer

desarrollarse [déssarroïllarsé] *v pron* ❶ se développer ❷ se dérouler

desarrollo [déssarroïllo] *nm* développement

desayuno [déssayouno] *nm* petit déjeuner

descafeinado [déskaféïnado] *nm* décaféiné

descansar [déskannsar] *vi* se reposer

descanso [déskannso] *nm* ❶ repos ❷ pause ❸ [théâtre] entracte

descender [désthénndér] *vi* descendre ; baisser

desconocer [déskonothér] *vt* ignorer ; ne pas connaître

descubierto [déskoubiérto] *adj* ❶ découvert ❷ [ciel] dégagé

descuento [déskouénnto] *nm* [prix] remise

descuidar [déskouïdar] *vt* négliger

descuidarse [déskouïdarsé] *v pron* ne pas faire attention

desde [désdé] *prép* ❶ [temps] depuis ❷ [espace] de

desear [désséar] *vt* désirer

desechable [déssétchablé] *adj* jetable

desecho [déssétcho] *nm* déchet

desembarcar [déssémmbarkar] *vi* débarquer

desembocadura [déssémmbokadoura] *nf* [fleuve] embouchure

desenchufar [désséntchoufar] *vt* **débrancher**

desfiladero [désfiladéro] *nm* [en montagne] **défilé**

desgracia [désgrathia] *nf* **malheur**
– por desgracia [por désgrathia] *adv* **malheureusement**

deshacer [déssathér] *vt* **défaire**

desierto [déssiérto] *adj & nm* **désert**

desnatado [désnatado] *adj* **écrémé**

desnudarse [désnoudarsé] *v pron* **se déshabiller**

desorientarse [déssoriénntarsé] *v pron* **se perdre ; être désorienté**

despacho [déspatcho] *nm* **bureau**

despacio [déspathio] ◆ *adv* **lentement** ◆ *interj* **doucement**

despedida [déspédida] *nf* **adieux**

despedir [déspédir] *vt* **dire au revoir à**

despegar [déspégar] *vt* [avion] **décoller**

despejado [déspéxado] *adj* **dégagé**

despeñadero [déspégnadéro] *nm* **précipice**

desperdicios [déspérdithioss] *nmpl* **déchets**

desperfecto [déspérfékto] *nm* **dégât**

despertador [déspértador] *nm* **réveil**

despertarse [déspértarsé] *v pron* **se réveiller ; s'éveiller**

despierto [déspiérto] *adj* **réveillé ; éveillé**

desplazarse [désplatharsé] *v pron* **se déplacer**

después [déspouéss] *adv* ❶ [temps] **après** ❷ [espace, liste] **ensuite**

destacar [déstakar] *vt* **souligner ; faire ressortir**

desventaja [désbénntaxa] *nf* **désavantage**

desviar [désbiar] *vt* **détourner**

desviarse de [désbiarsé dé] *vp + prép* ❶ [chemin] **dévier de** ❷ [thème] **s'éloigner de**

detalle [détaïllé] *nm* **détail**

detener [déténér] *vt* **arrêter**

detrás [détrass] *adv* ❶ [espace] **derrière** ❷ [temps] **après**

deuda [déouda] *nf* **dette**

devolución [débolouthionn] *nf* ❶ **remboursement** ❷ **retour à l'expéditeur**
– no se admiten devoluciones [no sé admiténn débolouthionéss] **les articles ne sont ni repris ni échangés**

devolver [débolbér] *vt* **rendre**

día [diya] *nm* **jour ; journée**

diario [diario] ◆ *adj* **quotidien** ◆ *nm* **journal**

dibujo [diboujo] *nm* **dessin**

diciembre [dithiémmbré] *nm* **décembre**

diente [diénnté] *nm* **dent**

diestro [diéstro] ◆ *adj* ❶ **droit** ❷ **adroit** ◆ *nm* **torero**

dieta [diéta] *nf* **régime**

diez [diéth] *num* **dix**

diferencia [diférénnthia] *nf* **différence**

digital [dixital] *adj* **numérique**

dinero [dinéro] *nm* **argent**

dirección [dirékthionn] *nf* ❶ **direction** ❷ **adresse**
– dirección prohibida [dirékthionn proïbida] *nf* **sens interdit**

dirigirse a [dirixirsé a] *vp + prép* ❶ [aller] **se diriger vers** ❷ [parler] **s'adresser à**

discapacitado [diskapathitado] *nm* handicapé
disculparse [diskoulparsé] *v pron* s'excuser
discutir [diskoutir] *vi* se disputer
diseño [disségno] *nm* design
disfrutar [disfroutar] *vi* s'amuser
disminuir [disminouir] *vt* diminuer
disponerse a [disponérsé a] *vp + prép* s'apprêter à
distancia [distannthia] *nf* distance
distinto [distinnto] *adj* différent
distraer [distraér] *vt* distraire
distraerse [distraérsé] *v pron* ❶ se distraire ❷ être distrait
distrito [distrito] *nm* arrondissement
diversión [dibérsionn] *nf* distraction
divertido [dibértido] *adj* amusant
divertirse [dibértirsé] *v pron* s'amuser
dividir [dibidir] *vt* ❶ diviser ❷ partager
divisas [dibissass] *nfpl* devises
doble [doblé] *adj & nm* double
documentación [dokouménntathionn] *nf* [identité] papiers
doler [dolér] *vi* faire mal
dolor [dolor] *nm* douleur
domicilio [domithilio] *nm* domicile
domingo [dominngo] *nm* dimanche
donde [donndé] *adv* où
dónde [donndé] *adv* [interrogatif] où
dormirse [dormirsé] *v pron* ❶ s'endormir ❷ s'engourdir
dormitorio [dormitorio] *nm* chambre (à coucher)
dos [doss] *num* deux
dosis [dossiss] *nf* dose
Dr. *abr de* doctor docteur
Dra. *abr de* doctora [femme] docteur
ducha [doutcha] *nf* douche
dudar [doudar] *vi* douter
dueño [douégno] *nm* propriétaire
Duero [douéro] *nm* Douro
dulce [doulthé] ◆ *adj* doux ; sucré ◆ *nm* ❶ gâteau ❷ bonbon
durante [dourannté] *adv* pendant
duro [douro] *adj & adv* dur

E

Ebro [ébro] *nm* Èbre
echar [étchar] *vt* ❶ lancer ; jeter ❷ [ajouter] mettre ❸ [d'un lieu, d'une discothèque] renvoyer
edad [édad] *nf* âge
edificio [édifithio] *nm* bâtiment
educado [édoukado] *adj* poli
efectivo – en efectivo [énn éféktibo] *adv* en espèces
efecto [éfékto] *nm* effet
ej. *abr de* ejemplo exemple
el [él] *article* le
él [él] *pron* ❶ [sujet] il ❷ [complément] lui
elección [élékthionn] *nf* choix
electrodoméstico [éléktrodoméstiko] *nm* appareil électroménager
elegir [éléxir] *vt* choisir
ello [éillo] *pron* cela
ellos [éilloss] *pron* ❶ [sujet] ils ❷ [complément] eux
embajada [émmbaxada] *nf* ambassade
embarazada [émmbarathada] *adj* enceinte
embarazo [émmbaratho] *nm* grossesse

embarcadero [émmbarkadéro] *nm* **embarcadère**

embarcarse [émmbarkarsé] *v pron* [passager] **s'embarquer ; embarquer**

embargo – sin embargo [sinn émmbargo] *conj* **cependant**

embarque [émmbarké] *nm* **embarquement**

embotellado [émmbotéïllado] *adj* ❶ [vin] **en bouteille** ❷ [rue] **embouteillé**

embutidos [émmboutidoss] *nmpl* **charcuterie**

emergencia [émérxénnthia] *nf* **urgence**

emocionante [émothionannté] *adj* **émouvant**

empanada [émmpanada] *nf tourte à la viande ou au poisson*

empanadilla [émmpanadilla] *nf chausson fourré à la viande ou au thon*

empeorar [émmpéorar] *vi* **empirer**

empezar [émmpéthar] *vt* **commencer**

emplear [émmpléar] *vt* **employer**

emprender [émmprénndér] *vt* **entreprendre**

empresa [émmpréssa] *nf* **entreprise**

empujar [émmpouxar] *vt* **pousser**

en [énn] *prép* ❶ **dans** ❷ **sur** ❸ **à** ❹ **en ; à** ❺ [moyen de transport] **en**

enamorarse de [énamorarsé dé] *vp + prép* **tomber amoureux de**

encantado [énnkanntado] *interj* **enchanté**

encantar [énnkanntar] *vt* **plaire**

encargado [énnkargado] *nm* **gérant**

encargar [énnkargar] *vt* **commander**

encender [énnthénndér] *vt* **allumer**

encerrar [énnthérrar] *vt* **enfermer**

enchufar [énntchoufar] *vt* **brancher**

encima [énnthima] *adv* ❶ **au-dessus** ❷ **en plus**

encoger [énnkoxér] *vt* **rétrécir**

encontrar [énnkonntrar] *vt* ❶ [personne] **rencontrer** ❷ [chose] **trouver**

encrucijada [énnkrouthixada] *nf* **carrefour**

encuentro [énnkouénntro] *nm* **rencontre**

enero [énéro] *nm* **janvier**

enfadarse [énnfadarsé] *v pron* **se fâcher**

enfermar [énnférmar] *vi* **tomber malade**

enfermería [énnférmériya] *nf* **infirmerie**

enfermo [énnférmo] *adj* **malade**

enfrente [énnfrénnté] *adv* **en face**

enhorabuena [énoraboućna] *interj* **félicitations**

enlace [énnlathé] *nm* ❶ [train] **correspondance** ❷ [route] **échangeur**

ensaimada [énnsaïmada] *nf gâteau brioché typique de Majorque*

ensalada [énnsalada] *nf* **salade**

ensaladilla rusa [énnsaladilla roussa] *nf* **salade russe**

enseguida [énnséguida] *adv* **tout de suite**

enseñar [énnségnar] *vt* ❶ **montrer** ❷ **enseigner ; apprendre**

entender [énntenndér] *vi* **comprendre**

entero [énntéro] *adj* **entier**

entonces [énntonnthéss] *adv* **alors**

entrada [énntrada] *nf* ❶ [lieu] **entrée** ❷ [spectacle] **place**

– prohibida la entrada [proïbida la énntrada] **entrée interdite**

– prohibida la entrada a menores [proïbida la énntrada a ménoréss] **entrée interdite aux moins de 18 ans**

entrantes [énntranntéss] *nmpl* [repas] **entrées**

entre [énntré] *prép* ❶ [deux] **entre** ❷ [plusieurs] **parmi**

entrega [énntréga] *nf* ❶ [clefs] **remise** ❷ [commande] **livraison**

entregar [énntrégar] *vt* **remettre**

entremeses [énntrémésséss] *nmpl* **hors-d'œuvre**

entrenarse [énntrénarsé] *v pron* **s'entraîner**

entretanto [énntrétannto] *adv* **entre-temps**

envase [émmbassé] *nm* **emballage**

enviar [émmbiar] *vt* **envoyer**

envío [émmbiyo] *nm* ❶ **envoi** ❷ **colis**

envolver [émmbolbér] *vt* **envelopper**

equipaje [ékipaxé] *nm* **bagages**

equipo [ékipo] *nm* ❶ **équipe** ❷ **matériel**

equivocarse [ékibokarsé] *v pron* **se tromper**

ermita [érmita] *nf* **ermitage**

error [érror] *nm* **erreur**

escabeche [éskabétché] *nm* **marinade**

escala [éskala] *nf* **escale**

escalar [éskalar] *vt* **escalader ; grimper**

escalera [éskaléra] *nf* **escalier**

escaparate [éskaparaté] *nm* **vitrine**

escaparse [éskaparsé] *v pron* ❶ **s'échapper** ❷ **fuir**

escaso [éskasso] *adj* ❶ **rare** ❷ [ressources, nourriture] **maigre**

escoger [éskoxér] *vt* **choisir**

esconder [éskonndér] *vt* **cacher**

escribir [éskribir] *vt* **écrire**

escrito [éskrito] *nm* **écrit**

escuchar [éskoutchar] *vi* **écouter**

escuela [éskouéla] *nf* **école**

escultura [éskoultoura] *nf* **sculpture**

ese [éssé] *adj* **ce**

ése [éssé] *pron* **celui-là**

esfuerzo [ésfouértho] *nm* **effort**

eso [ésso] *pron* **cela**

espacio [éspathio] *nm* **espace**

España [éspagna] *nf* **Espagne**

espárrago [ésparrago] *nm* **asperge**

especia [éspéthia] *nf* **épice**

espectáculo [éspéktakoulo] *nm* **spectacle**

espectador [éspéktador] *nm* **spectateur**

espejo [éspéxo] *nm* **glace ; miroir**

esperar [éspérar] *vt* **attendre**

espinacas [éspinakass] *nfpl* **épinards**

espléndido [éspléndido] *adj* **splendide**

esposo [éspozzo] *nm* **époux**

espuma [éspouma] *nf* **mousse**

esquí [éski] *nm* **ski**

esquina [éskina] *nf* **coin**

establecimiento [éstabléthimiénnto] *nm* **établissement**

estación [éstathionn] *nf* ❶ [bus, train] **gare** ❷ [de l'année] **saison**

– estación de servicio [éstathionn dé sérbithio] *nf* **station-service**

– para en todas las estaciones [para énn todass lass éstathionéss] **omnibus**

estacionamiento [éstathionamiénnto] *nm* **stationnement**

- estacionamiento prohibido [éstathionamiénnto proïbido] *nm* stationnement interdit

- estacionamiento limitado [éstathionamiénnto limitado] *nm* stationnement limité

estacionar [éstathionar] *v* ❶ garer ; se garer ❷ stationner

- no estacionar [no éstathionar] ne pas stationner

estado [éstado] *nm* état

estanco [éstannko] *nm* bureau de tabac

estanque [éstannké] *nm* étang

estar [éstar] *v* ❶ être ❷ être prêt

estarse [éstarse] *v pron* rester

este[1] [ésté] *adj* ce

este[2] [ésté] *nm* [point cardinal] est

éste [ésté] *pron* celui-ci

estilo [éstilo] *nm* style

esto [ésto] *pron* ceci ; ça

estofado [éstofado] ◆ *adj* à l'étouffée ◆ *nm* ragoût

estrecho [éstrétcho] ◆ *adj* étroit ◆ *nm* détroit

estrella [éstréïlla] *nf* étoile

estreñimiento [éstrégnimiénnto] *nm* constipation

estropear [éstropéar] *vt* abîmer

estropearse [éstropéarsé] *v pron* ❶ s'abîmer ❷ tomber en panne

estudio [éstoudio] *nm* ❶ [appartement] studio ❷ [analyse] étude

estupendo [éstoupénndo] *adj & interj* formidable

Euskadi [éouskadi] *nm* Pays basque

euskera [éouskéra] *adj* basque

exceder [éksthédér] *vt* dépasser

excepto [éksthépto] *adv* excepté

exceso [éksthésso] *nm* ❶ excédent ❷ excès

excursión [ékskoursionn] *nf* excursion

éxito [éksito] *nm* succès

expedir [ékspédir] *vt* ❶ expédier ❷ délivrer

expendedora de billetes [ékspénndédora dé billétéss] *nf* distributeur automatique de billets

expendedor automático [ékspénndédor aoutomatiko] *nm* distributeur automatique

exponer [éksponér] *vt* exposer

extender [éksténndér] *vt* ❶ étendre ❷ [certificat] établir

extensión [éksténnsionn] *nf* ❶ étendue ❷ durée

exterior [ékstérior] *adj* extérieur

extra [ékstra] ◆ *adj* [qualité, produit] supérieur ◆ *nm* [menu] supplément

extraer [ékstraér] *vt* extraire ; arracher

extranjero [ékstrannxéro] *adj* étranger

extraño [ékstragno] ◆ *adj* étrange ◆ *nm* étranger

extraviar [ékstrabiar] *vt* égarer

extremo [ékstrémo] ◆ *adj* extrême ◆ *nm* extrémité

F

fabada [fabada] *nf* *plat typique des Asturies comparable au cassoulet*

fábrica [fabrika] *nf* usine

facilidad [fathilidad] *nf* facilité

fallar [faïllar] *vi* ❶ défaillir ❷ lâcher

fallo [faïllo] *nm* ❶ erreur ❷ défaillance

falso [falso] *adj* **faux**

falta [falta] *nf* ❶ [nécessité] **manque** ❷ **faute**

faltar [faltar] *vi* ❶ **manquer** ❷ **être absent**

fama [fama] *nf* **célébrité ; réputation**

familia [familia] *nf* **famille**

famoso [famosso] *adj* **célèbre**

farmacia [farmathia] *nf* **pharmacie**
– **farmacia de guardia** [farmathia dé gouardia] *nf* **pharmacie de garde**

fatal [fatal] *adj* **très mauvais**

favor [fabor] *nm* [aide] **service**

favorecer [faboréthér] *vt* **favoriser ; avantager**

febrero [fébréro] *nm* **février**

fecha [fétcha] *nf* **date**

felicidad [félithidad] *nf* **bonheur**

felicidades [félithidadéss] *interj* **félicitations**

feliz [félith] *adj* **heureux**

feo [féo] *adj* **laid ; vilain**

feria [féria] *nf* ❶ **fête foraine** ❷ [marché] **foire** ❸ [exposition] **salon**

ferrocarril [férrokarril] *nm* **chemin de fer**

festividad [féstibidad] *nf* **fête**

festivo [féstibo] *adj* ❶ **férié** ❷ **de fête**
– **excepto festivos** [éksthépto féstiboss] *adv* **sauf les jours fériés**

fiambre [fiammbré] *nm* **charcuterie**

fiarse de [fiarsé dé] *vp + prép* **se fier à**

fideos [fidéoss] *nmpl* **vermicelles**

fideua [fidéoua] *nf* ***paella à base de pâtes au lieu de riz***

fiebre [fiébré] *nf* **fièvre**

fiesta [fiésta] *nf* ❶ **fête** ❷ **jour férié**

figurar [figourar] *vt* ❶ **représenter** ❷ **feindre**

figurarse [figourarsé] *v pron* **imaginer**

fijar [fixar] *vt* **fixer**

fijarse en [fixarsé énn] *vp + prép* **faire attention à**

fila [fila] *nf* ❶ **rang** ❷ **file**

fin [finn] *nm* **fin**

final [final] ◆ *adj* **final** ◆ *nm* **fin** ◆ *nf* **finale**

finca [finnka] *nf* [à la campagne] **propriété**

fino [fino] ◆ *adj* ❶ [mince] **fin** ❷ **raffiné** ◆ *nm* [vin] ***xérès très sec***

firmar [firmar] *vt* **signer**

flamenco [flaménnko] *nm* **flamenco**

flor [flor] *nf* **fleur**

flotador [flotador] *nm* [pour nager] **bouée**

folleto [foïlléto] *nm* **brochure**

fonda [fonnda] *nf* **auberge**

forastero [forastéro] *nm* **étranger**

formalidad [formalidad] *nf* ❶ **sérieux** ❷ **formalité**

formulario [formoulario] *nm* **formulaire**

fortaleza [fortalétha] *nf* **forteresse**

fracaso [frakasso] *nm* **échec**

francés [frannthéss] ◆ *adj* **français** ◆ *nm* **Français**

Francia [frannthia] *nf* **France**

frasco [frasko] *nm* **flacon**

frecuente [frékouénnté] *adj* **fréquent**

freír [fréïr] *vt* **faire frire**

frente [frénnté] *nf* [visage] **front**

fresco [frésko] *adj* ❶ **frais** ❷ [vêtement] **léger**

fricandó [frikanndo] *nm ragoût catalan à base de veau, d'ail, d'oignons et de tomates*
frigorífico [frigorifiko] *nm* réfrigérateur
frío [friyo] *adj & nm* froid
fritada [fritada] *nf* friture
frito [frito] *adj* frit
frontera [fronntéra] *nf* frontière
fruta [frouta] *nf* fruit
fruto [frouto] *nm* fruit
fuego [fouégo] ◆ *nm* feu ◆ *interj* au feu
fuente [fouénnté] *nf* fontaine
fuera [fouéra] *adv & interj* dehors
fuerte [fouérté] ◆ *adj* fort ; solide ◆ *adv* fort
fuerza [fouértha] *nf* force
fumador [foumador] *nm* fumeur
- **no fumador** [no foumador] *adj* non fumeur
- **fumadores** [foumadoréss] *adj* fumeur
fumar [foumar] *v* fumer
- **prohibido fumar** [proïbido foumar] défense de fumer
función [founnthionn] *nf* ❶ fonction ❷ [de cinéma] séance ❸ [de théâtre] représentation
funcionar [founnthionar] *vi* fonctionner
- **no funciona** [no founnthiona] en panne

G

gafas [gafass] *nfpl* lunettes
galerías [galériyas] *nfpl* galerie marchande
Galicia [galithia] *nf* Galice
gallego [gaïllégo] *adj* galicien
galleta [gaïlléta] *nf* biscuit
gallina [gaïllina] *nf* poule
gamba [gammba] *nf* grosse crevette
gana [gana] *nf* ❶ envie ❷ appétit
ganador [ganador] *nm* gagnant
ganar [ganar] *vi* gagner
ganas [ganas] *nfpl* ❶ envie ❷ appétit
ganga [gannga] *nf* [produit bon marché] affaire
garbanzo [garbanntho] *nm* pois chiche
garganta [gargannta] *nf* gorge
gaseosa [gasséossa] *nf* limonade
gasóleo [gassoléo] *nm* gazole
gasolina [gassolina] *nf* essence
gasolinera [gassolinéra] *nf* pompe à essence
gastar [gastar] *vt* [argent] dépenser
gastarse [gastarsé] *v pron* s'user
gasto [gasto] *nm* dépense
gastronomía [gastronomiya] *nf* gastronomie
gato [gato] *nm* chat
género [xénéro] *nm* genre
gente [xénnté] *nf* gens
genuino [xénouïno] *adj* authentique ; véritable
gimnasia [ximnassia] *nf* gymnastique
ginebra [xinébra] *nf* gin
girar [xirar] *vi* tourner ; virer
girasol [xirassol] *nm* tournesol
giro [xiro] *nm* ❶ [de véhicule] virage ❷ [mouvement] tour ❸ [d'argent] virement
glorieta [gloriéta] *nf* ❶ [place] rond-point ❷ [de jardin] tonnelle

gobierno [gobiérno] *nm* gouvernement

golosina [golossina] *nf* friandise

golpe [golpé] *nm* ❶ coup ❷ [en voiture] accrochage

golpear [golpéar] *vt* frapper

gordo [gordo] *adj* gros

gorra [gorra] *nf* casquette

gorro [gorro] *nm* bonnet

gota [gota] *nf* goutte

grabar [grabar] *vt* graver ; enregistrer

gracia [grathia] *nf* ❶ drôlerie ❷ charme

gracias [grathiass] *nfpl* merci

grada [grada] *nf* ❶ gradin ❷ marche

grado [grado] *nm* degré

grande [granndé] *adj* grand

granel – a granel [a granél] *adv* en vrac

granizado [granithado] *nm glace pilée additionnée de sirop de café, de fruits, etc.*

granja [grannxa] *nf* ferme

grano [grano] *nm* ❶ grain ❷ [sur la peau] bouton

gritar [gritar] *vi* crier

grúa [groua] *nf* dépanneuse

grueso [grouésso] *adj* gros

gruta [grouta] *nf* grotte

guante [gouannté] *nm* gant

guapo [gouapo] *adj* beau

guardar [gouardar] *vt* garder ; ranger

guardarropa [gouardarropa] *nm* ❶ vestiaire ❷ armoire

guardia [gouardia] *nm* [de police] agent

guía [guiya] ◆ *nm* [personne] guide ◆ *nf* [livre] guide

guiar [guiar] *vt* guider

guindilla [guinndilla] *nf* piment rouge

guisado [guissado] *nm* ragoût

guisante [guissannté] *nm* petit pois

gustar [goustar] *vi* plaire

gusto [gousto] *nm* ❶ goût ❷ plaisir

H

haba [aba] *nf* fève

haber [abér] *v aux* ❶ y avoir ❷ [dans les temps composés] avoir ; être

habichuela [abitchouéla] *nf* haricot

habitación [abitathionn] *nf* ❶ pièce ❷ chambre

hablar [ablar] *vi* parler
– se habla francés [sé abla frannthéss] on parle français

hacer [athér] *vt* faire

hacerse [athérsé] *v pron* devenir

hacia [athia] *prép* vers

hacienda [athiénnda] *nf* exploitation agricole

hallarse [aïllarsé] *v pron* se trouver

hambre [ammbré] *nf* faim

hamburguesa [ammbourguéssa] *nf* hamburger

harina [arina] *nf* farine

hasta [asta] ◆ *prép* jusqu'à ◆ *adv* même

hecho [étcho] ◆ *adj* [viande] cuit ◆ *nm* fait

helado [élado] ◆ *adj* glacé ◆ *nm* glace

herida [érida] *nf* blessure

herirse [érirsé] *v pron* se blesser

hermana [érmana] *nf* sœur

hermano [érmano] *nm* frère

herramienta [érramiénnta] *nf* outil

hervir [érbir] *vt* (faire) bouillir

hielo [yélo] *nm* **glace**
hígado [igado] *nm* **foie**
higo [igo] *nm* **figue**
hija [ixa] *nf* **fille**
hijo [ixo] *nm* **fils**
hijos [ixoss] *nmpl* **enfants**
hilera [iléra] *nf* **rangée**
hilo [ilo] *nm* **fil**
hispánico [ispaniko] *adj* **hispanique**
hispano [ispano] *adj* **hispanique**
Hispanoamérica [isspanoamérika] *nf* **Amérique latine**
hogar [ogar] *nm* **foyer**
hoja [oxa] *nf* **feuille**
hojaldre [oxaldré] *nm* **pâte feuilletée**
hola [ola] *interj* **bonjour ; salut**
hombre [ommbré] ◆ *nm* **homme** ◆ *interj* [surprise] **tiens**
hora [ora] *nf* **heure**
– **horas convenidas** [orass konnbénidass] *nfpl* **sur rendez-vous**
horario [orario] *nm* **horaire**
horchata [ortchata] *nf* ***boisson fraîche à base de souchet***
horno [orno] *nm* **four**
hortaliza [ortalitha] *nf* **légume**
hospedarse [ospédarsé] *v pron* **loger**
hospital [ospital] *nm* **hôpital**
hostal [ostal] *nm* **petit hôtel**
hotel [otél] *nm* **hôtel**
hoy [oï] *adv* **aujourd'hui**
huelga [ouélga] *nf* **grève**
hueso [ouésso] *nm* ❶ **os** ❷ [d'un fruit] **noyau**
huésped [ouéspéd] *nm* **hôte**
huevo [ouébo] *nm* **œuf**
humedad [oumédad] *nf* **humidité**
humo [oumo] *nm* **fumée**
humor [oumor] *nm* ❶ **humeur** ❷ **humour**

I

ibérico [ibériko] *adj* **ibérique**
ida [ida] *nf* **aller**
idea [idéa] *nf* **idée**
identidad [idénntidad] *nf* **identité**
identificarse [idénntifikarsé] *v pron* **montrer ses papiers d'identité**
idioma [idioma] *nm* **langue**
iglesia [igléssia] *nf* **église**
igual [igoual] ◆ *adj* **égal ; pareil** ◆ *adv* **de la même façon**
igualmente [igoualménnté] *adv* **également**
impedir [immpédir] *vt* **empêcher**
imponer [immponér] *vt* **imposer**
importe [immporté] *nm* **montant**
imprenta [immprénnta] *nf* **imprimerie**
imprescindible [immprésthinndiblé] *adj* **indispensable**
impreso [immprésso] *nm* **imprimé**
imprevisto [immprébisto] *nm* **imprévu**
impuesto [immpouésto] *nm* **impôt**
incluido [innklouido] *adj* **inclus**
inclusive [innkloussibé] *adv* **y compris**
incluso [innklousso] *adv* **même**
indicaciones [inndikathionéss] *nfpl* **instructions**
infancia [innfannthia] *nf* **enfance**
información [innformathionn] ❶ **information ; renseignements** ❷ [dans magasin] **accueil**
informativo [innformatibo] *nm* **informations**

informe [innformé] *nm* **rapport**

ingrediente [inngrédiénnté] *nm* **ingrédient**

ingreso [inngrésso] *nm* ❶ [argent] **dépôt** ❷ [à l'hôpital, à l'école] **admission**

inicio [inithio] *nm* **début**

inolvidable [inolbidablé] *adj* **inoubliable**

inquietarse [innkiétarsé] *v pron* **s'inquiéter**

inquilino [innkilino] *nm* **locataire**

insatisfecho [innsatisfétcho] *adj* **insatisfait**

inscribirse en [innskribirsé énn] *vp + prép* **s'inscrire à**

insecticida [innséktithida] *nm* **insecticide**

instalaciones [innstalathionnéss] *nfpl* [bâtiments] **équipements**

instante [innstannté] *nm* **instant**

instituto [innstitouto] *nm* ❶ [enseignement] **lycée** ❷ [culturel, de recherche] **institut**

instrucciones [innstroukthionnéss] *nfpl* [appareil] **mode d'emploi**

intentar [innténntar] *vt* **essayer**

intento [innténnto] *nm* ❶ **tentative** ❷ **intention**

intercambio [inntérkammbio] *nm* **échange**

interés [inntéréss] *nm* **intérêt**

interesar [inntéréssar] *vi* **intéresser**

interior [inntérior] ◆ *adj* ❶ **intérieur** ❷ [appartement] **sur cour** ◆ *nm* **intérieur**

interrumpir [inntéroummpir] *vt* **interrompre**

intervenir [inntérbénir] *vt* ❶ **intervenir** ❷ [médicalement] **opérer**

investigar [immbéstigar] *vt* ❶ [délit, crime] **enquêter sur** ❷ [sciences] **faire des recherches sur**

invierno [immbiérno] *nm* **hiver**

invitar [immbitar] *vt* **inviter**

ir [ir] *vi* ❶ [se déplacer] **aller** ❷ [fonctionner] **marcher**

irse [irsé] *v pron* **partir ; s'en aller**

isla [isla] *nf* **île**

itinerario [itinérario] *nm* **itinéraire**

IVA [iba] *abr de* impuesto sobre el valor añadido *nm* **TVA**

– **IVA (no) incluido** [iba (no) innklouïdo] *nm* **TVA (non) comprise**

izda. *abr de* izquierda **gauche**

izquierda [ithkiérda] *nf* **gauche**

izquierdo [ithkiérdo] *adj* **gauche**

J

jabón [xabonn] *nm* **savon**

jamón [xamonn] *nm* **jambon**

– **jamón de bellota** [xamonn dé béïllota] *nm* **jambon de pays** ***(de qualité supérieure)***

– **jamón de jabugo** [xamonn dé xabougo] *nm* **jambon de pays** ***(provenant de la région de Huelva)***

– **jamón ibérico** [xamonn ibériko] *nm* **jambon de pays** ***(provenant de la race porcine ibérique)***

– **jamón serrano** [xamonn sérrano] *nm* **jambon de montagne**

– **jamón de York** [xamonn dé york] *nm* **jambon blanc**

jarabe [xarabé] *nm* **sirop**

jarra [xarra] *nf* **carafe**

jarro [xarro] *nm* pichet
jefe [xéfé] *nm* chef
jerez [xéréth] *nm* xérès
joven [xobénn] *adj* jeune
joya [xoya] *nf* bijou
judía [xoudiya] *nf* haricot
juego [xouégo] *nm* jeu
jueves [xouébéss] *nm* jeudi
juez [xouéth] *nm* juge
jugar [xougar] *vi* jouer
jugo [xougo] *nm* jus
julio [xoulio] *nm* juillet
junio [xounio] *nm* juin
junto [xounnto] *adv* ensemble
juventud [xoubénntoud] *nf* jeunesse
juzgado [xouthgado] *nm* tribunal

L

la [la] *article* la
laborable [laborablé] ◆ *adj* [jour] ouvrable ◆ *nm* jour ouvrable
– **sólo laborables** [solo laborabléss] *adv* sauf les dimanches et jours fériés
laboral [laboral] *adj* de travail ; du travail
lado [lado] *nm* ❶ côté ; face ❷ endroit
ladrón [ladronn] *nm* voleur
lago [lago] *nm* lac
lamentar [laménntar] *vt* regretter
lana [lana] *nf* laine
lancha [lanntcha] *nf* chaloupe
langosta [lanngosta] *nf* langouste
langostino [lanngostino] *nm* grosse crevette
lápiz [lapith] *nm* crayon
largo [largo] ◆ *adj* long ◆ *nm* longueur
lata [lata] *nf* boîte (de conserve)
lavabo [lababo] *nm* ❶ toilettes ❷ lavabo
lavado [labado] *nm* lavage
– **lavado automático** [labado aoutomatiko] *nm* [voiture] station de lavage
– **lavado en seco** [labado énn séko] *nm* lavage à sec
lavadora [labadora] *nf* lave-linge
lavandería [labanndériya] *nf* pressing
lavar [labar] *vt* laver
laxante [laksannté] *nm* laxatif
leche [létché] *nf* lait
lechuga [létchouga] *nf* laitue
leer [léér] *vt* lire
legumbre [légoummbré] *nf* légume sec
lejos [léxoss] *adv* loin
lenguado [lénngouado] *nm* sole
lenguaje [lénngouaxé] *nm* langage
lenteja [lénntéxa] *nf* lentille
lentes [lénntéss] *nmpl* lunettes
letra [létra] *nf* ❶ lettre ❷ écriture
letrero [létréro] *nm* écriteau
levantar [lébanntar] *vt* lever ; soulever
ley [léi] *nf* loi
libreta [libréta] *nf* carnet
libro [libro] *nm* livre
licor [likor] *nm* liqueur
lidia [lidia] *nf* [de taureaux] combat
lienzo [liénntho] *nm* toile
ligar [ligar] *vt* ❶ lier ❷ [dans un bar, une discothèque] draguer
ligero [lixéro] *adj* léger

limón [limonn] *nm* **citron**
limonada [limonada] *nf* **citronnade**
limpiar [limmpiar] *vt* **nettoyer**
limpieza [limmpiétha] *nf* ❶ **nettoyage** ❷ **propreté**
limpio [limmpio] *adj* ❶ [sans saleté] **propre** ❷ **pur**
lindo [linndo] *adj* **joli**
línea [linéa] *nf* ❶ **ligne** ❷ **rangée**
líquido [likido] *nm* **liquide**
liso [lisso] *adj* ❶ [surface] **lisse** ❷ [couleur] **uni**
listo [listo] *adj* **intelligent**
llama [llama] *nf* **flamme**
llamada [llamada] *nf* **appel**
llamar [llamar] *vt* ❶ [personne] **appeler** ❷ [à la porte] **frapper ; sonner**
llamarse [llamarsé] *v pron* **s'appeler**
llano [llano] ◆ *adj* [surface, terrain] **plat** ◆ *nm* **plaine**
llanura [llanoura] *nf* **plaine**
llave [llabé] *nf* **clef**
llegada [llégada] *nf* **arrivée**
– llegadas internacionales [llégadass inntérnathionaléss] *nfpl* **arrivées internationales**
– próximas llegadas [proksimass llégadass] *nfpl* **prochaines arrivées**
llegar [llégar] *vi* **arriver**
llenar [llénar] *vt* **remplir**
lleno [lléno] *adj* **plein**
llevar [llébar] *vt* ❶ **transporter ; emmener** ❷ **porter** ❸ **avoir avec soi**
llover [llobér] *vi* **pleuvoir**
llovizna [llobithna] *nf* **bruine**
lluvia [lloubia] *nf* **pluie**
lo [lo] *pron* ❶ **le** ❷ **vous**
localidad [lokalidad] *nf* ❶ [village, ville] **localité** ❷ [place de spectacle, billet] **place**
loco [loko] *adj* **fou**
lógico [loxiko] *adj* ❶ **logique** ❷ **normal**
lograr [lograr] *vt* **obtenir**
lomo [lomo] *nm* ❶ [d'un animal] **dos** ❷ [viande] **échine**
loncha [lonntcha] *nf* **tranche**
longaniza [lonnganitha] *nf* **saucisse**
longitud [lonnxitoud] *nf* **longueur**
luego [louégo] ◆ *adv* **ensuite** ◆ *conj* **donc**
lugar [lougar] *nm* ❶ **lieu ; endroit** ❷ **place**
lujo [louxo] *nm* **luxe**
lunes [lounéss] *nm* **lundi**
luz [louth] *nf* ❶ **lumière** ❷ **électricité**

M

madera [madéra] *nf* **bois**
madre [madré] *nf* **mère**
madrileño [madrilégno] *adj* **madrilène**
madrugada [madrougada] *nf* **aube**
maduro [madouro] *adj* **mûr**
malecón [malékonn] *nm* [en mer] **jetée**
malestar [maléstar] *nm* ❶ [inquiétude] **malaise** ❷ [souffrance] **douleur**
maleta [maléta] *nf* **valise**
maletero [malétéro] *nm* [de voiture] **coffre**
Mallorca [maïllorka] *nf* **Majorque**
malo [malo] *adj* ❶ **mauvais** ❷ **méchant**
manantial [mananntial] *nm* **source**

mandar [manndar] *vt* ❶ ordonner ; commander ❷ envoyer

mando [manndo] *nm* [appareil] commande

manera [manéra] *nf* manière

mango [manngo] *nm* mangue

mano [mano] *nf* main

– **(hecho) a mano** [(étcho) a mano] *adj* fait main

manta [mannta] *nf* couverture

manteca [manntéka] *nf* [d'un animal] graisse

mantecado [manntékado] *nm* *petit gâteau fait de pâte sablée au saindoux que l'on mange à Noël*

mantener [mannténér] *vt* maintenir ; conserver

mantequilla [manntékilla] *nf* beurre

mañana [magnana] ◆ *nf* matin ◆ *adv* demain

manzana [mannthana] *nf* ❶ [fruit] pomme ❷ [en ville] pâté de maisons

manzanilla [mannthanilla] *nf* ❶ [infusion] camomille ❷ [vin] manzanilla

mapa [mapa] *nm* [plan] carte

maquinilla [makinilla] *nf* rasoir (électrique)

mar [mar] *nm* mer

maravilla [marabilla] *nf* merveille

marcha [martcha] *nf* ❶ départ ❷ [d'un véhicule] vitesse

marea [maréa] *nf* marée

mareo [maréo] *nm* ❶ mal au cœur ❷ mal de mer

marfil [marfil] *nm* ivoire

margen [marxénn] *nm* ❶ marge ❷ [d'un fleuve] rive ❸ [d'un chemin] bord

marido [marido] *nm* mari

mariscada [mariskada] *nf* plateau de fruits de mer

marisco [marisko] *nm* fruits de mer

martes [martéss] *nm* mardi

marzo [martho] *nm* mars

más [mass] *adv* plus

masaje [massaxé] *nm* massage

material [matérial] ◆ *adj* matériel ◆ *nm* matériau

matrícula [matrikoula] *nf* immatriculation

mayo [mayo] *nm* mai

mayor [mayor] *adj* ❶ plus âgé ❷ plus grand

– **el mayor** [él mayor] *nm* l'aîné ; le plus grand

– **la mayor** [la mayor] *nf* l'aînée ; la plus grande

mayoría [mayoriya] *nf* majorité

mazapán [mathapann] *nm* massepain

me [mé] *pron* ❶ me ❷ moi

mediano [médiano] *adj* moyen

medianoche [médianotché] *nf* minuit

mediante [médiannté] *prép* grâce à

medicamento [médikaménnto] *nm* médicament

médico [médiko] *nm* médecin

medida [médida] *nf* mesure

medio [médio] ◆ *adj* ❶ moyen ❷ [à moitié] demi ◆ *nm* ❶ milieu ❷ moitié

mediodía [médiodiya] *nm* midi

medir [médir] *vt* mesurer

mejillón [méxillonn] *nm* [crustacé] moule

mejor [méxor] ◆ *adj* meilleur ◆ *adv* mieux ◆ *interj* tant mieux

mejorar [méxorar] *vt* ❶ [qualité, niveau] **améliorer** ❷ [malade] **aller mieux** ❸ [temps, température] **s'améliorer**
melocotón [mélokotonn] *nm* **pêche**
membrillo [mémmbrillo] *nm* **coing**
memoria [mémoria] *nf* ❶ **mémoire** ❷ **souvenir**
menestra de verduras [ménéstra dé bérdourass] *nf* **jardinière de légumes**
menor [ménor] ◆ *adj* ❶ **plus jeune** ❷ **plus petit** ◆ *nm* [personne] **mineur**
– no apto para menores [no apto para ménoréss] *adj* **interdit aux moins de 18 ans**
Menorca [ménorka] *nf* **Minorque**
menos [ménoss] *adv* ❶ **moins** ❷ [à l'exception de] **sauf**
mentira [ménntira] *nf* **mensonge**
menudo – a menudo [a ménoudo] *adv* **souvent**
mercadillo [mérkadillo] *nm* ❶ **marché** ❷ **marché aux puces**
mercado [mérkado] *nm* **marché**
mercancía [mérkannthiya] *nf* **marchandise**
merienda [mériénnda] *nf* ❶ [l'après-midi] **goûter** ❷ [en excursion] **pique-nique**
merluza [mérloutha] *nf* **colin**
mero [méro] *nm* **mérou**
mes [méss] *nm* **mois**
mesa [méssa] *nf* **table**
meseta [mésséta] *nf* [géographie] **plateau**
mesón [méssonn] *nm* **auberge**
meter [métér] *vt* [introduire] **mettre**
mezclar [méthklar] *vt* **mélanger ; mêler**
mezquita [méthkita] *nf* **mosquée**
mi [mi] *adj* **mon**
mí [mi] *pron* **moi**
miedo [miédo] *nm* **peur**
mientras [miénntrass] *conj* ❶ **tant que** ❷ **pendant que**
miércoles [miérkoléss] *nm* **mercredi**
minoría [minoriya] *nf* **minorité**
minusválido [minousbalido] *nm* **handicapé**
mío [miyo] *adj* **à moi**
– el mío [él miyo] *pron* **le mien**
– la mía [la miya] *pron* **la mienne**
mirador [mirador] *nm* **belvédère**
mirar [mirar] *vt* **regarder**
mismo [mismo] *adj* **même**
mitad [mitad] *nf* ❶ **moitié** ❷ **milieu**
mixto [miksto] ◆ *adj* **mixte** ◆ *nm* ***sandwich de pain de mie au jambon et au fromage***
mochila [motchila] *nf* **sac à dos**
modo [modo] *nm* **façon**
molestar [moléstar] *vt* **déranger**
– no molestar [no moléstar] **ne pas déranger**
molestia [moléstia] *nf* ❶ **gêne** ❷ **douleur légère**
Moncloa [monnkloa] *nf* ***résidence du chef du gouvernement espagnol***
moneda [monéda] *nf* **pièce (de monnaie)**
– introducir monedas [inntrodouthir monédass] **insérer la monnaie**
montado [monntado] *nm* ***petit sandwich***
montaña [monntagna] *nf* **montagne**
monte [monnté] *nm* **montagne ; mont**
montón [monntonn] *nm* **tas**
morcilla [morthilla] *nf* **boudin noir**

moreno [moréno] *adj* ❶ bronzé ❷ [cheveux] brun ❸ [peau] mat

morisco [morika] ◆ *adj* mauresque ; moresque ◆ *nm* Mauresque ; Moresque

moro [moro] ◆ *adj* maure ◆ *nm* Maure

mostaza [mostatha] *nf* moutarde

mostrador [mostrador] *nm* comptoir **– mostrador de facturación** [mostrador dé faktourathionn] *nm* [dans les aéroports] enregistrement

mostrar [mostrar] *vt* montrer

motivo [motibo] *nm* motif

motora [motora] *nf* bateau à moteur

mover [mobér] *vt* ❶ déplacer ❷ faire marcher

moverse [mobérsé] *v pron* [se déplacer] bouger

móvil [mobil] *nm* [téléphone] portable

muchacha [moutchatcha] *nf* fille

muchacho [moutchatcho] *nm* garçon

mucho [moutcho] ◆ *adj* beaucoup de ◆ *adv* ❶ beaucoup ❷ souvent

mujer [mouxér] *nf* femme

multa [moulta] *nf* amende

municipio [mounithipio] *nm* ❶ [territoire] commune ❷ municipalité

museo [mousséo] *nm* musée

muslo [mouslo] *nm* cuisse

muy [moui] *adv* très

N

nabo [nabo] *nm* navet

nacer [nathér] *vi* naître

nacionalidad [nathionalidad] *nf* nationalité

nada [nada] ◆ *pron* rien ◆ *adv* pas du tout

nadar [nadar] *vi* nager

nadie [nadié] *pron* personne

naranja [narannxa] *adj* orange

nata [nata] *nf* crème

natillas [natillass] *nfpl* crème renversée

naturaleza [natouralétha] *nf* nature

Navidad [nabidad] *nf* Noël

necesidad [néthéssidad] *nf* besoin

necesitar [néthéssitar] *vt* avoir besoin de

negar [négar] *vt* ❶ nier ❷ refuser

negro [négro] *adj* noir

nervios [nérbioss] *nmpl* nerfs

nervioso [nérbiosso] *adj* nerveux

nevada [nébada] *nf* chute de neige

nevar [nébar] *v impers* neiger

nevera [nébéra] *nf* réfrigérateur

ni [ni] ◆ *conj* ni ◆ *adv* même pas

niebla [niébla] *nf* brouillard

nieve [niébé] *nf* neige

ningún [ninngounn] *adj & pron* aucun

niña [nigna] *sf* petite fille

niño [nigno] *nm* petit garçon

nivel [nibél] *nm* niveau

no [no] *adv* non ; ne pas

noche [notché] *nf* ❶ nuit ❷ [tombée du jour] soir

Nochebuena [notchébouéna] *nf* nuit de Noël

Nochevieja [notchébiéxa] *nf* nuit de la Saint-Sylvestre

nombre [nommbré] *nm* nom

norma [norma] *nf* règle ; norme

norte [norté] *nm* nord

espagnol-français

nos [noss] *pron* nous
nosotros [nossotross] *pron* nous
notar [notar] *vt* ❶ [se rendre compte] remarquer ❷ [éprouver, ressentir] sentir
noticia [notithia] *nf* nouvelle
novedad [nobédad] *nf* nouveauté
novela [nobéla] *nf* roman
noveno [nobéno] *num* neuvième
noviembre [nobiémmbré] *nm* novembre
novillada [nobillada] *nf* *course de jeunes taureaux*
nube [noubé] *nf* nuage
nuestro [nouéstro] *adj* notre
– el nuestro [él nouéstro] *pron* le nôtre
– la nuestra [la nouéstra] *pron* la nôtre
nueve [nouébé] *num* neuf
nuevo [nouébo] *adj* ❶ nouveau ❷ [peu utilisé] neuf
nuez [nouéth] *nf* noix
núm. *abr* [numéro] n°
numerado [nouméradо] *adj* numéroté
número [nouméro] *nm* ❶ [chiffre, quantité] nombre ; numéro ❷ [vêtements] taille ❸ [chaussures] pointure
numeroso [nouméross о] *adj* nombreux
nunca [nounnka] *adv* jamais

O

o [o] *conj* ou
obedecer [obédéthér] *vt* obéir à
objeto [obxéto] *nm* objet
obra [obra] *nf* ❶ œuvre ❷ [construction] chantier
– en obras [énn obrass] *adj* en travaux
obsequio [obsékio] *nm* cadeau
oca [oka] *nf* oie
ocho [otcho] *num* huit
ocio [othio] *nm* loisirs
octavo [oktabo] *num* huitième
octubre [oktoubré] *nm* octobre
ocupado [okoupado] *adj* ❶ occupé ❷ [toilettes] occupé
ocurrir [okourrir] *vi* arriver
odiar [odiar] *vt* haïr
oeste [oésté] *nm* ouest
oferta [oférta] *nf* ❶ offre ❷ [remise, ristourne] promotion
oficina [ofithina] *nf* bureau
oficio [ofithio] *nm* métier
ofrecer [ofréthér] *vt* offrir
oír [oïr] *vt* entendre ; écouter
ojo [oxo] ◆ *nm* œil ◆ *interj* attention
ola [ola] *nf* ❶ vague ❷ [maladie] épidémie
oler [olér] *vt* sentir
olor [olor] *nm* odeur
olvidar [olbidar] *vt* oublier
once [onnthé] *num* onze
opción [opthionn] *nf* choix
opinar [opinar] ◆ *vt* penser ◆ *vi* donner son opinion
oponerse [oponérsé] *v pron* s'opposer
oportunidad [oportounidad] *nf* occasion
opuesto [opouésto] *adj* opposé
orden [ordénn] *nm* ordre
ordenar [ordénar] *vt* ❶ [exiger] ordonner ❷ [chambre, armoire] ranger
ordinario [ordinario] *adj* ❶ [habituel] ordinaire ❷ [vulgaire] grossier
oreja [oréxa] *nf* oreille
origen [orixénn] *nm* origine

original [orixinal] *adj* ❶ [unique] **original** ❷ [initial] **originel**
orilla [orilla] *nf* ❶ [mer] **rivage** ❷ [fleuve, lac] **rive** ❸ [bois] **lisière**
os [oss] *pron* **vous**
oscuro [oskouro] *adj* **foncé ; sombre ; obscur**
ostra [ostra] *nf* **huître**
otoño [otogno] *nm* **automne**
otro [otro] ◆ *adj* **autre** ◆ *pron* **un autre**
oveja [obéxa] *nf* **brebis**

P

paciente [pathiénnté] *nm* **patient**
padecer de [padéthér dé] *v + prép* [maladie] **souffrir de**
padre [padré] *nm* **père**
padres [padréss] *nmpl* **parents**
pagar [pagar] *vt* **payer**
País Vasco [païss basko] *nm* **Pays basque**
pájaro [paxaro] *nm* **oiseau**
palabra [palabra] *nf* **mot**
palacio [palathio] *nm* **palais**
palco [palko] *nm* [théâtre] **loge**
Palma de Mallorca [palma dé maïllorka] *nf* **Palma (de Majorque)**
Pamplona [pammplona] *nf* **Pampelune**
pan [pann] *nm* **pain**
pantalla [panntaïlla] *nf* **écran**
pantano [panntano] *nm* ❶ [barrage] **retenue d'eau** ❷ [marécage] **marais**
papel [papél] *nm* **papier**
par [par] ◆ *adj* **pair** ◆ *nm* **paire**
para [para] *prép* **pour**
parada [parada] *nf* **arrêt**
parador (nacional) [parador (nathional)] *nm* ***hôtel de luxe géré par l'État et situé dans d'anciens palais, châteaux, etc.***
paraguas [paragouass] *nm* **parapluie**
paraíso [paraïsso] *nm* **paradis**
parar [parar] *vi* **s'arrêter**
parecer [paréthér] *v copul* **avoir l'air ; sembler**
parecerse [paréthérssé] *v pron* **se ressembler**
pared [paréd] *nf* **mur**
pareja [paréxa] *nf* ❶ **paire** ❷ [mariés, fiancés] **couple** ❸ [compagnon] **partenaire**
París [pariss] *nf* **Paris**
paro [paro] *nm* ❶ **arrêt** ❷ **chômage**
parque [parké] *nm* **parc**
parquímetro [parkimétro] *nm* **parcmètre**
parrilla – a la parrilla [a la parrilla] *adv* **au grill**
parrillada [parrillada] *nf* **grillade**
parte [parté] *nf* ❶ [d'un tout] **partie** ❷ [lieu] **part** ❸ **côté**
particular [partikoular] *adj* **particulier, privé**
partida [partida] *nf* ❶ **départ** ❷ [au jeu] **partie**
partido [partido] *nm* ❶ [en sport] **match** ❷ [en politique] **parti**
partir [partir] *vt* ❶ **couper** ❷ [diviser] **partager**
pasado [passado] ◆ *adj* [semaine, mois] **dernier** ◆ *nm* **passé**
pasaje [passaxé] *nm* ❶ [d'avion, de bateau] **billet** ❷ [rue] **passage**
pasajero [passaxéro] *nm* **passager**

espagnol-français

– pasajeros sin equipaje [passaxéross sinn ékipaxé] *nmpl* **passagers sans bagages**

pasaporte [passaporté] *nm* **passeport**

pasar [passar] *vi* **passer**

– no pasar [no passar] **entrée interdite**

Pascua [paskoua] *nf* [Noël] **Pâques**

Pascuas *nfpl* **Noël**

pasear [passéar] *vi* **se promener**

paseo [passéo] *nm* **promenade**

pasillo [passillo] *nm* **couloir**

paso [passo] *nm* **passage**

– paso subterráneo [passo soubtérranéo] *nm* **passage souterrain**

– prohibido el paso [proïbido él passo] **entrée interdite**

– se prohibe el paso [sé proïbé él passo] **accès interdit**

pasta [pasta] *nf* ❶ [macaronis, spaghettis, etc.] **pâtes** ❷ **petit gâteau sec**

pastel [pastél] *nm* **gâteau**

pastilla [pastilla] *nf* [médicament] **pilule**

patata [patata] *nf* ❶ **pomme de terre** ❷ [en sachet] **chips**

patio [patio] *nm* **cour**

pato [pato] *nm* **canard**

pavo [pabo] *nm* **dindon**

peatón [péatonn] *nm* **piéton**

– prohibido peatones [proïbido péatonéss] **interdit aux piétons**

pechuga [pétchouga] *nf* [de volaille] **blanc**

pedazo [pédatho] *nm* **morceau**

pedir [pédir] *vt* ❶ **demander** ❷ [au restaurant, dans un bar] **commander**

pegar [pégar] *vt* ❶ [adhérer, rapprocher] **coller** ❷ **frapper ; taper**

película [pélikoula] *nf* **film**

peligro [péligro] *nm* **danger**

– peligro de incendio [péligro dé innthénndio] *nm* **risque d'incendie**

– peligro de muerte [péligro dé mouérté] *nm* **danger de mort**

pelo [pélo] *nm* ❶ **poil** ❷ **cheveu**

pelota [pélota] *nf* **ballon**

pendiente [pénndiénnté] *nm* ❶ [bijou] **boucle d'oreille** ❷ [côte] **pente**

pensar [pénnsar] *v* ❶ **penser** ❷ **envisager**

peor [péor] ◆ *adj* **pire ; plus mauvais** ◆ *adv* **pire**

pepino [pépino] *nm* **concombre**

pequeño [pékégno] *adj* **petit**

pera [péra] *nf* **poire**

percebe [pérthébé] *nm* **pouce-pied**

perder [pérdér] *vt* ❶ **perdre** ❷ [train, opportunité] **rater**

perejil [péréxil] *nm* **persil**

perjudicar [pérxoudikar] *vt* **nuire à**

perjuicio [pérxouithio] *nm* ❶ [matériel] **dégât** ❷ [moral] **préjudice**

permanecer [pérmanéthér] *vi* **rester ; demeurer**

permiso [pérmisso] *nm* **permission**

pero [péro] *conj* **mais**

perro [pérro] *nm* **chien**

– cuidado con el perro [kouïdado konn él pérro] **attention chien méchant**

– no se admiten perros [no sé admiténn pérross] **les chiens ne sont pas admis**

perseguir [pérséguir] *vt* ❶ [suivre] **poursuivre** ❷ [chercher à obtenir] **rechercher**

persona [pérssona] *nf* **personne**

personal [pérsonal] *nm* **personnel**

– sólo personal autorizado [solo pérsonal aoutorithado] **réservé aux personnes autorisées**

pertenecer [pérténéthér] *vi* **appartenir**

pertenencias [pérténénnthiass] *nfpl* [objets] **affaires personnelles**

pesado [péssado] *adj* **lourd ; pénible**

pesca [péska] *nf* **pêche**

pescadilla [péskadilla] *nf* **merlan**

pescadito frito [péskadito frito] *nm* **petite friture**

pescado [péskado] *nm* **poisson**

pescar [péskar] *vt* **pêcher**

pésimo [péssimo] *adj* **très mauvais**

peso [pésso] *nm* **poids**

pez [péth] *nm* **poisson**

picar [pikar] *vt* ❶ **piquer** ❷ [billet] **poinçonner** ❸ [manger] **grignoter** ❹ [suj : reptile, poisson] **mordre** ❺ [suj : peau] **démanger** ❻ [suj : soleil] **taper**

pieza [piétha] *nf* **pièce**

pimienta [pimiénnta] *nf* **poivre**

pimiento [pimiénnto] *nm* **piment**

pinchazo [pinntchatho] *nm* ❶ [sur la peau] **piqûre** ❷ [pneu] **crevaison**

pincho (moruno) [pinntcho (morouno)] *nm* **brochette de viande**

pintar [pinntar] *vt* **peindre**

– recién pintado [réthiénn pinntado] *adj* **peinture fraîche**

pintoresco [pinntorésko] *adj* **pittoresque**

piña [pigna] *nf* **ananas**

Pirineos [pirinéoss] *nmpl* **Pyrénées**

pisar [pissar] *vt* ❶ **marcher sur** ❷ [accélérateur, frein] **appuyer sur**

– prohibido pisar el césped [proïbido pissar él théspéd] **pelouse interdite**

piso [pisso] *nm* ❶ [logement] **appartement** ❷ [dans un bâtiment] **étage**

pisto [pisto] *nm* **ratatouille**

placer [plathér] *nm* **plaisir**

plancha [planntcha] *nf* ❶ [de bois] **planche** ❷ **fer à repasser** ❸ [pour cuisiner] **gril**

planchar [planntchar] *vt* **repasser**

plano [plano] ◆ *adj* **plat** ◆ *nm* **plan**

planta [plannta] *nf* ❶ [végétal, du pied] **plante** ❷ [dans un bâtiment] **étage**

plata [plata] *nf* [métal] **argent**

plátano [platano] *nm* ❶ [fruit] **banane** ❷ [arbre] **bananier**

platea [platéa] *nf* [au théâtre] **parterre**

plato [plato] *nm* ❶ [récipient] **assiette** ❷ [repas] **plat**

playa [playa] *nf* **plage**

playeras [playérass] *nfpl* **sandales de plage**

plaza [platha] *nf* **place**

plazo [platho] *nm* ❶ **délai** ❷ [paiement] **versement**

plegable [plégablé] *adj* **pliant**

población [poblathionn] *nf* ❶ [habitants] **population** ❷ [ville] **localité**

poblado [poblado] ◆ *adj* **peuplé** ◆ *nm* **village**

pobre [pobré] *adj* **pauvre**

poco [poko] *adj & pron* **peu (de)**

poder [podér] *v & nm* **pouvoir**

policía [polithiya] ◆ *nf* **police** ◆ *nm* **policier**

polideportivo [polidéportibo] *nm* **club omnisports**

póliza [politha] *nf* [d'assurance] **police**

pollo [poïllo] *nm* **poulet**

polo [polo] *nm* [esquimau] **glace**
polvorón [polboronn] *nm* ***petit gâteau fait de pâte sablée que l'on mange à Noël***
pomelo [pomélo] *nm* **pamplemousse**
poner [ponér] *vt* ❶ **mettre** ❷ [télégramme, fax] **envoyer** ❸ [au cinéma, au théâtre] **donner**
ponerse [ponérsé] *v pron* ❶ **se mettre** ❷ **devenir**
por [por] *prép* ❶ [cause] **à cause de** ❷ [finalité] **pour** ❸ [moyen, agent] **par** ❹ [répartition] **par**
porque [porké] *conj* **parce que**
portaequipajes [portaékipaxéss] *nm* **coffre à bagages**
portátil [portatil] *adj* **portable**
portero [portéro] *nm* **concierge**
posada [possada] *nf* **auberge**
poseer [posséér] *vt* **posséder**
posibilidad [possibilidad] *nf* **possibilité**
posición [possithionn] *nf* **position ; situation**
posterior [postérior] *adj* ❶ [temps] **postérieur** ❷ [espace] **de derrière** ❸ [ordre] **suivant**
postre [postré] *nm* **dessert**
practicar [praktikar] *vt* [sport] **pratiquer**
práctico [praktiko] *adj* **pratique**
prado [prado] *nm* **pré**
precio [préthio] *nm* **prix**
precioso [préthiosso] *adj* ❶ [de valeur] **précieux** ❷ [joli] **ravissant**
preferencia [préférénnthia] *nf* ❶ **préférence** ❷ **priorité**
prefijo [préfixo] *nm* [de téléphone] **indicatif**
pregunta [prégounnta] *nf* **question**
preguntar [prégounntar] *vt* **demander**
premio [prémio] *nm* **prix**
prenda [prénnda] *nf* **vêtement**
prensa [prénnsa] *nf* **presse**
preocupado [préokoupado] *adj* **inquiet**
preocuparse [préokouparssé] *v pron* ❶ **s'inquiéter** ❷ **se préoccuper**
presenciar [présséннthiar] *vt* **assister à**
prestar [préstar] *vt* **prêter**
prever [prébér] *vt* **prévoir**
previo [prébio] *adj* **préalable**
primavera [primabéra] *nf* **printemps**
primer [primér] *num* **premier**
primero [priméro] ◆ *num* **premier** ◆ *adv* **d'abord**
principal [prinnthipal] ◆ *adj* **principal** ◆ *nm* ***étage situé entre l'entresol et le premier étage***
príncipe [prinnthipé] *nm* **prince**
principio [prinnthipio] *nm* ❶ **début** ❷ [cause] **origine**
prioridad [prioridad] *nf* **priorité**
prisa [prissa] *nf* **hâte**
privado [pribado] *adj* **privé**
probador [probador] *nm* **cabine d'essayage**
probar [probar] *vt* ❶ [démontrer] **prouver** ❷ [vêtements] **essayer** ❸ [aliment, boisson] **goûter** ❹ [tenter] **essayer**
problema [probléma] *nm* **problème**
procedencia [prothédénnthia] *nf* ❶ **origine** ❷ [d'un train, d'un bateau] **provenance**
proceder [prothédér] *vi* **agir**
producir [prodouthir] *vt* **produire**
producto [prodoukto] *nm* **produit**
prohibido [proïbido] *adj* **interdit**

prohibir [proïbir] *vt* interdire

pronto [pronnto] *adv* ❶ tôt ❷ vite

propiedad [propiédad] *nf* propriété

propina [propina] *nf* pourboire
– no se aceptan propinas [no sé athéptann propinass] pourboires interdits

proponer [proponér] *vt* proposer

proporcionar [proporthionar] *vt* fournir

propósito [propossito] *nm* intention ; but

propuesta [propouésta] *nf* proposition

provecho [probétcho] *nm* profit
– buen provecho [bouénn probétcho] bon appétit

provenir [probénir] *v* provenir

provisional [probissional] *adj* provisoire

provocar [probokar] *vt* provoquer

próximo [proksimo] *adj* ❶ [près] proche ❷ [suivant] prochain

proyecto [proyékto] *nm* projet

pueblo [pouéblo] *nm* ❶ peuple ❷ [localité] village

puente [pouénnté] *nm* pont

puerro [pouérro] *nm* poireau

puerta [pouérta] *nf* porte

puerto [pouérto] *nm* ❶ [de mer] port ❷ [de montagne] col

pues [pouéss] *conj* [cause] car

pulsar [poulsar] *vt* appuyer sur

punta [pounnta] *nf* ❶ pointe ❷ [extrémité] bout

puntual [pounntoual] *adj* ponctuel

puro [pouro] ◆ *adj* pur ◆ *nm* cigare

PVP *abr de* precio de venta al público *nm* prix public de vente

pza. *abr de* plaza place

Q

que [ké] ◆ *pron* ❶ [sujet] qui ❷ [complément direct] que ◆ *conj* que

qué [ké] ◆ *adj* [interrogatif] quel ◆ *pron* [interrogatif] que

quedar [kédar] *vi* ❶ rester ❷ se trouver

quedarse [kédarsé] *v pron* ❶ rester ❷ garder

quejarse [kéxarsé] *v pron* se plaindre

quemarse [kémarsé] *v pron* ❶ se brûler ❷ [par le soleil] prendre un coup de soleil

querer [kérér] *vt* ❶ vouloir ❷ aimer

queso [késso] *nm* fromage

quien [kiénn] ◆ *pron* ❶ [sujet] qui ❷ [complément] que ◆ *pron* ❶ [sujet] celui qui ❷ [complément] celui que

quién [kiénn] *pron* qui

quieto [kiéto] *adj* calme ; tranquille

quinto [kinnto] *num* cinquième

quirófano [kirofano] *nm* bloc opératoire

quitar [kitar] *vt* ❶ [retirer] enlever ❷ [voler] prendre

R

ración [rrathionn] *nf* [aliments] portion

rape [rrapé] *nm* lotte

rápido [rrapido] ◆ *adj & nm* rapide ◆ *adv* rapidement

raptar [rraptar] *vt* enlever

raro [rraro] *adj* ❶ bizarre ❷ [peu fréquent] rare

espagnol-français

rastro [rrastro] *nm* **marché aux puces**
rato [rrato] *nm* **moment**
razón [rrathonn] *nf* ❶ **raison** ❷ **argument**
reaccionar [rréakthionar] *vi* **réagir**
real [rréal] *adj* ❶ **réel** ❷ **royal**
realizar [rréalithar] *vt* [faire] **réaliser**
rebaja [rrébaxa] *nf* [de prix] **réduction**
rebajar [rrébaxar] *vt* [prix] **réduire**
rebanada [rrébanada] *nf* **tranche *(de pain)***
rebozado [rrébothado] *adj* [viande, poisson] ***enrobé de pâte à frire***
recado [rrékado] *nm* **message**
recambio [rrékammbio] *nm* **pièce de rechange**
recepción [rréthépthionn] *nf* ❶ **réception** ❷ **accueil**
receta [rréthéta] *nf* ❶ [de cuisine] **recette** ❷ [de médecin] **ordonnance**
recetar [rréthétar] *vt* **prescrire**
recibir [rréthibir] *vt* **recevoir ; accueillir**
recibo [rréthibo] *nm* **reçu**
reciente [rréthiénnté] *adj* **récent**
recinto [rréthinnto] *nm* **enceinte**
reclamaciones (y quejas) [rréklamathionéss (i kéxass)] *nfpl* **réclamations**
recoger [rrékoxér] *vt* **ramasser ; réunir**
reconocer [rrékonothér] *vt* ❶ **reconnaître** ❷ [en médecine] **examiner**
recordar [rrékordar] *vt* **se rappeler**
recorrido [rrékorrido] *nm* **parcours**
recta [rrékta] *nf* **droite**
recto [rrékto] ◆ *adj* **droit** ◆ *adv* **(tout) droit**
recuerdo [rrékouérdo] *nm* **souvenir**
recuperación [rrékoupérathionn] *nf* ❶ [d'un objet] **récupération** ❷ [d'une maladie] **guérison** ❸ [après un accident] **rééducation**
recursos [rrékoursoss] *nmpl* **ressources**
red [rréd] *nf* ❶ [route] **réseau** ❷ [magasins] **chaîne** ❸ [pêche, sport] **filet**
redondo [rrédonndo] *adj* **rond**
reducir [rrédouthir] *vt* **réduire**
reembolso [rréémmbolso] *nm* **remboursement**
reemplazar [rréémmplathar] *vt* **remplacer**
referirse a [rréférirsé a] *vp + prép* ❶ **parler de** ❷ **se référer à** ❸ **se rapporter à**
reflexionar [rréfléksionar] *vi* **réfléchir**
refresco [rréfrésko] *nm* **soda**
refrigerado [rréfrixérado] *adj* **climatisé**
refugio [rréfouxio] *nm* **refuge ; abri**
regalar [rrégalar] *vt* **offrir**
regalo [rrégalo] *nm* **cadeau**
registrar [rréxistrar] *vt* ❶ **fouiller** ❷ [dans une liste, un registre] **enregistrer**
regresar [rrégréssar] *vi* **revenir**
reino [rréïno] *nm* **royaume**
reír [rréïr] *vi* **rire**
relación [rrélathionn] *nf* ❶ [lien] **rapport** ❷ [fréquentation] **relation**
relacionar [rrélathionar] *vt* **relier**
relleno [rréïlléno] *adj* ❶ [plein] **rempli** ❷ [nourriture] **farci**
reloj [rrélox] *nm* ❶ **horloge** ❷ **montre**
remedio [rrémédio] *nm* ❶ **solution** ❷ [contre la maladie] **traitement**
remitente [rrémiténnté] *nm* **expéditeur**

remolacha [rrémolatcha] *nf* **betterave**

remoto [rrémoto] *adj* **lointain**

RENFE [rrénnfé] *nf* ***chemins de fer espagnols***

renta [rrénnta] *nf* ❶ **loyer** ❷ **revenu**

renunciar [rrénounnthiar] *v* ❶ **renoncer** ❷ **abandonner**

repartir [rrépartir] *vt* ❶ [diviser] **partager** ❷ [répartir] **distribuer**

repetir [rrépétir] *vt* ❶ [faire une nouvelle fois] **refaire** ❷ [dire une nouvelle fois] **répéter** ❸ [aliment, boisson] **reprendre de**

repostería [rrépostériya] *nf* **pâtisserie**

requesón [rrékéssonn] *nm* **fromage frais**

resbalar [rrésbalar] *vi* **glisser**

reserva [rrésséπba] *nf* [chambre, place] **réservation**

reservado [rréssérbado] *adj* ❶ **réservé** ❷ [au restaurant, au théâtre] **réservé** – **reservado el derecho de admisión** [rréssérbado él dérétcho dé admissionn] **droit d'entrée réservé**

resfriarse [rrésfriarsé] *v pron* **s'enrhumer**

resguardo [rrésgouardo] *nm* **reçu**

residencia [rréssidénnthia] *nf* ❶ **résidence** ❷ **lieu de résidence** ❸ [pension] **hôtel**

resolver [rréssolbér] *vt* **résoudre**

respecto – **con respecto a** [konn rréspékto a] *prép* **en ce qui concerne**

responder [rrésponndér] *vi* **répondre**

respuesta [rréspouésta] *nf* **réponse**

resuelto [rréssouélto] *adj* **résolu**

resultado [rréssoultado] *nm* **résultat**

retirado [rrétirado] *adj* **retraité**

retorno [rrétorno] *nm* **retour**

retrasar [rrétrassar] *vt* ❶ [voyage] **repousser** ❷ [rendez-vous] **retarder** – **retrasarse** [rrétrassarsé] *v pron* **être en retard**

retraso [rrétrasso] *nm* **retard**

retrato [rrétrato] *nm* **portrait**

retrete [rrétrété] *nm* **toilettes**

revelado [rrébélado] *nm* [photographie] **développement**

revelar [rrébélar] *vt* [photographie] **développer**

revisor [rrébissor] *nm* [de train, d'autobus] **contrôleur**

revista [rrébista] *nf* [magazine] **revue**

revuelto [rrébouélto] *nm* ***œufs brouillés accompagnés d'un autre ingrédient (champignons, gambas, etc.)***

rey [rréï] *nm* **roi**

riada [rriada] *nf* **inondation**

ribera [rribéra] *nf* ❶ **rive** ❷ [mer] **rivage**

rico [rriko] *adj* ❶ [argent] **riche** ❷ [aliment, vin] **délicieux**

riesgo [rriésgo] *nm* **risque**

rincón [rrinnkonn] *nm* **coin**

riñón [rrignonn] *nm* ❶ [personne] **rein** ❷ [animal] **rognon**

río [rriyo] *nm* **fleuve** ; **rivière**

rioja [rrioxa] *nm* ***vin de la région espagnole de la Rioja***

robar [rrobar] *vt* [dérober] **voler**

rodar [rrodar] *vt* ❶ [véhicule] **rouler** ❷ [film] **tourner**

rodear [rrodéar] *vt* ❶ **entourer** ; **cerner** ❷ **faire le tour de**

rogar [rrogar] *vt* [demander] **prier**

rojo [rroxo] *adj & nm* **rouge**

rollito [rroïllito] *nm* rouleau de printemps
romería [rroméríya] *nf* ❶ pèlerinage ❷ fête patronale
romper [rrommpér] *vt* casser ; déchirer ; briser ; rompre
ron [rronn] *nm* rhum
ronda [rronnda] *nf* ❶ [balade] promenade ❷ boulevard périphérique
ropa [rropa] *nf* vêtements
roto [rroto] *adj* cassé
rotonda [rrotonnda] *nf* rond-point
rótulo [rrotoulo] *nm* écriteau
rueda [rrouéda] *nf* roue
ruido [rrouïdo] *nm* bruit
rumbo [rroummbo] *nm* cap
ruta [rrouta] *nf* [itinéraire] route

S

S. *abr de* San saint
sábado [sabado] *nm* samedi
sábana [sabana] *nf* drap
saber [sabér] *vt* savoir
sabor [sabor] *nm* ❶ goût ❷ [glace] parfum
sacar [sakar] *vt* ❶ sortir ❷ obtenir ❸ [copie, photo] faire
sal [sal] *nf* sel
sala [sala] *nf* salle
sala de espera [sala dé éspéra] *nf* salle d'attente
Salamanca [salamannka] *nf* Salamanque
salchicha [saltchitcha] *nf* saucisse
salchichón [saltchitchonn] *nm* saucisson
saldo [saldo] *nm* solde
salida [salida] *nf* ❶ sortie ❷ [transport, sport] départ
– salida de socorro ou **emergencia** [salida dé sokorro ou éméṙxénnthia] *nf* sortie de secours
– salida sin compra [salida sinn kommpra] *nf* sortie sans achat
– salidas internacionales [salidass inntérnathionaléss] *nfpl* départs internationaux
salir [salir] *vi* ❶ [à l'extérieur] sortir ❷ [s'en aller] partir ❸ [publication] paraître ❹ [soleil] se lever
salmón [salmonn] *nm* saumon
salmonete [salmonété] *nm* rouget
salpicón [salpikonn] *nm* *morceaux de viande ou de poisson assaisonnés d'oignons, d'huile et de vinaigre*
salsa [salsa] *nf* ❶ sauce ❷ [danse, musique] salsa
saltar [saltar] *vt* [obstacle] sauter
saltarse [saltarsé] *v pron* [feu rouge] brûler
salteado [saltéado] *adj* [plat] sauté
salud [saloud] *nf* santé
saludar [saloudar] *vt* saluer
salvaje [salbaxé] *adj* sauvage
salvar [salbar] *vt* sauver
salvavidas [salbabidass] *nm* bouée de sauvetage
sandía [sanndiya] *nf* pastèque
sanfaina [sannfaïna] *nf* *sorte de ratatouille servie chaude*
sangre [sanngré] *nf* sang
sanidad [sanidad] *nf* ❶ hygiène ❷ [services sanitaires] secteur médical
sanitarios [sanitarioss] *nmpl* sanitaires

Santiago de Compostela [sanntiago dé kommpostéla] *nm* **Saint-Jacques-de-Compostelle**

satisfacer [satisfathér] *vt* **satisfaire**

satisfecho [satisfétcho] *adj* **satisfait**

se [sé] *pron* ❶ **vous** ❷ [réfléchi] **se** ❸ [voix passive] **on** ❹ [à lui, à elle] **lui** ❺ [à eux, à elles] **leur**

secador [sékador] *nm* **séchoir**

secar [sékar] *vt* ❶ **sécher** ❷ **essuyer**

sed [séd] *nf* **soif**

seda [séda] *nf* **soie**

sedante [sédannté] *nm* **sédatif**

sede [sédé] *nf* **siège**

seguir [séguir] *vt* ❶ **suivre** ❷ **poursuivre** ❸ **continuer**

según [ségounn] ◆ *prép* **selon** ◆ *adv* ❶ **comme** ❷ **(au fur et) à mesure que**

segundo [ségounndo] ◆ *num* **deuxième ; second** ◆ *nm* [temps] **seconde**

seguramente [ségouraménnté] *adv* **sûrement**

seguridad [ségouridad] *nf* **sécurité**

seguro [ségouro] ◆ *adj* **sûr** ◆ *nm* **assurance** ◆ *adv* **sûrement**

seis [séïss] *num* **six**

selecto [sélékto] *adj* **de choix**

sello [séillo] *nm* ❶ **timbre** ❷ [cachet] **tampon**

selva [sélba] *nf* **forêt vierge**

semáforo [sémaforo] *nm* **feu (de signalisation)**

semana [sémana] *nf* **semaine**

semejante [séméxannté] *adj* ❶ **semblable** ❷ **pareil**

semidesnatado [sémidésnatado] *adj* ❶ [lait] **demi-écrémé** ❷ [yaourt] **à 50% de matière grasse**

semilla [sémilla] *nf* **graine**

sencillo [sénnthillo] *adj* **simple**

sendero [sénndéro] *nm* **sentier**

sentarse [sénntarsé] *v pron* **s'asseoir**

sentido [sénntido] *nm* **sens**

sentir [sénntir] *vt* ❶ [joie, tristesse, douleur] **ressentir ; éprouver** ❷ **regretter**

señal [ségnal] *nf* ❶ **signe** ❷ **signal** ❸ **arrhes** ❹ [de téléphone] **tonalité**

señalar [ségnalar] *vt* ❶ **signaler** ❷ **indiquer** ❸ [avec la main, le doigt] **montrer**

señas [ségnass] *nfpl* ❶ [domicile] **adresse ; coordonnées** ❷ [caractéristiques] **signes**

señor [ségnor] *nm* **monsieur**

señora [ségnora] *nf* ❶ **dame** ❷ [traitement] **madame** ❸ [épouse] **femme**
– señoras [ségnorass] *nfpl* **dames**

señorita [ségnorita] *nf* **mademoiselle**

sepia [sépia] *nf* **seiche**

septiembre [séptiémmbré] *nm* **septembre**

séptimo [séptimo] *num* **septième**

ser [sér] *v aux* ❶ **être** ❷ [jour,heure] **être** ❸ [voix passive] **être**

serio [sério] *adj* **sérieux**

servicio [sérbithio] *nm* **service**
– servicio (no) incluido [sérbithio (no) innklouïdo] *nm* **service (non) compris**

servilleta [sérbilléta] *nf* **serviette (de table)**

servir [sérbir] *v* **servir**
– servirse [sérbirsé] *v pron* **se servir**

– sírvase usted mismo [sirbassé oustéd mismo] **servez-vous**

seta [séta] *nf* **champignon**

sevillanas [sébillanass] *nfpl* ***danse populaire andalouse***

sexto [séksto] *num* **sixième**

si [si] *conj* **si**

sí [si] *adv* [affirmation] **oui**

sidra [sidra] *nf* **cidre**

siempre [siémmpré] *adv* **toujours**

sierra [siérra] *nf* [de montagnes] **chaîne**

siete [siété] *num* **sept**

siglo [siglo] *nm* **siècle**

siguiente [siguiénnté] *adj* **suivant**

similar [similar] *adj* **semblable**

simpático [simmpatiko] *adj* **sympathique**

sin [sinn] *prép* **sans**

sino [sino] *conj* ❶ [pour opposer] **mais** ❷ [excepté] **sauf**

síntoma [sinntoma] *nm* **symptôme**

siquiera [sikiéra] *adv* **au moins**

sitio [sitio] *nm* ❶ **endroit** ❷ **place**

situar [sitouar] *vt* ❶ **placer** ❷ **situer**

s/n *abr de* sin número ***dans la formulation d'une adresse, symbole indiquant qu'il n'y a pas de numéro***

sobrar [sobrar] *vi* ❶ [nourriture] **rester** ❷ **être de trop**

sobrasada [sobrassada] *nf* ***saucisson pimenté typique de Majorque***

sobre [sobré] ◆ *nm* **enveloppe** ◆ *prép* ❶ **sur** ❷ **au-dessus de** ❸ [autour de] **vers**

sobreático [sobréatiko] *nm* **chambre de bonne**

sobrecarga [sobrékarga] *nf* **surcharge**

sobrepasar [sobrépassar] *vt* **dépasser**

sociedad [sothiédad] *nf* **société**

socio [sothio] *nm* ❶ [club, association] **membre** ❷ [affaire] **associé**

socorrer [sokorrér] *vt* **secourir**

socorro [sokorro] ◆ *nm* **secours** ◆ *interj* **au secours**

sofocante [sofokannté] *adj* [chaleur, ambiance] **étouffant**

sofrito [sofrito] *nm* ***friture d'oignons et de tomates***

sol [sol] *nm* ❶ **soleil** ❷ [aux arènes] ***place côté soleil dans l'arène***

solamente [solaménnté] *adv* **seulement**

solar [solar] ◆ *adj* **solaire** ◆ *nm* **terrain vague**

soleado [soléado] *adj* **ensoleillé**

soler [solér] *vi* **avoir l'habitude de**

solicitud [solithitoud] *nf* **demande**

solo [solo] *adj* **seul**

sólo [solo] *adv* **seulement**

solomillo [solomillo] *nm* [viande] **filet**

soltar [soltar] *vt* ❶ **lâcher** ❷ **libérer**

soltero [soltéro] *adj* **célibataire**

solucionar [solouthionar] *vt* **résoudre**

sombra [sommbra] *nf* ❶ **ombre** ❷ [aux arènes] ***place côté ombre dans l'arène***

sombrero [sommbréro] *nm* **chapeau**

sombrilla [sommbrilla] *nf* **parasol**

somnífero [somniféro] *nm* **somnifère**

sonido [sonido] *nm* **son**

sonreír [sonnréïr] *vi* **sourire**

soñar [sognar] *vi* **rêver**

– soñar con [sognar konn] *v + prép* **rêver de**

sorbete [sorbété] *nm* **sorbet**

sordo [sordo] *adj* **sourd**

sorpresa [sorpréssa] *nf* **surprise**
sótano [sotano] *nm* **sous-sol**
Sr. *abr de* señor **Monsieur**
Sra. *abr de* señora **Madame**
Sres. *abr de* señores **Messieurs**
Srta. *abr de* señorita **Mademoiselle**
Sta. *abr de* santa **sainte**
Sto. *abr de* santo **saint**
su [sou] *adj* ❶ [lui, elle] **son ; sa** ❷ [eux, elles] **leur** ❸ [vous] **votre**
suave [souabé] *adj* **doux**
subir [soubir] *vt* ❶ **monter** ❷ [prix] **augmenter** ❸ [store, fenêtre] **remonter**
submarinismo [soubmarinismo] *nm* **plongée sous-marine**
subrayar [soubrrayar] *vt* **souligner**
subterráneo [soubtérranéo] *adj* **souterrain**
subtítulo [soubtitoulo] *nm* **sous-titre**
suburbio [soubourbio] *nm* **banlieue**
suceder [southédér] *v impers* **arriver**
suceso [southésso] *nm* **événement**
sucio [southio] *adj* **sale**
sudar [soudar] *vi* **suer ; transpirer**
sueldo [souéldo] *nm* **salaire**
suelo [souélo] *nm* **sol ; terrain**
suelto [souélto] *nm* **monnaie**
sueño [souégno] *nm* ❶ **sommeil** ❷ **rêve**
suerte [souérté] ◆ *nf* ❶ **hasard** ❷ **chance** ◆ *interj* **bonne chance**
suficiente [soufithiénnté] *adj* **suffisant**
sugerencia [souxérénnthia] *nf* **suggestion**
Suiza [souïtha] *nf* **Suisse**
sujetar [souxétar] *vt* **maintenir**
sumergirse [souméxirsé] *v pron* **plonger**
suministro [souministro] *nm* **approvisionnement**
superar [soupérar] *vt* **surpasser ; dépasser ; surmonter**
suplemento [soupléménnto] *nm* **supplément**
suponer [souponér] *vt* ❶ **supposer** ❷ **imaginer**
sur [sour] *nm* [zone] **Sud**
surtido [sourtido] *nm* **choix ; assortiment**
sustituir [soustitouïr] *vt* **remplacer**
susto [sousto] *nm* **peur**
suyo [souyo] *adj* ❶ [lui, elle] **à lui** ❷ [vous] **à vous** ❸ [eux] **à eux** ❹ [elles] **à elles**
– el suyo [él souyo] *pron* ❶ **le sien** ❷ [courtoisie] **le vôtre**
– la suya [la souya] *pron* ❶ **la sienne** ❷ [courtoisie] **la vôtre**

T

taberna [tabérna] *nf* **bistrot**
tabla [tabla] *nf* ❶ **planche** ❷ [de métal] **plaque**
tablao (flamenco) [tablao (flaménnko)] *nm* ***représentation de flamenco dans un bar***
tablero [tabléro] *nm* [annonces] **panneau**
tableta [tabléta] *nf* ❶ [de chocolat] **tablette** ❷ [de médicament] **comprimé**
taco [tako] *nm* [de jambon, de fromage] **dé**
tajada [taxada] *nf* **tranche**
Tajo [taxo] *nm* **Tage**
Talgo [talgo] *nm* ***train espagnol articulé doté d'essieux à écartement variable***

taller [taillér] *nm* ❶ **atelier** ❷ **garage**
talón [talonn] *nm* ❶ [de pied, de chaussette] **talon** ❷ **chèque**
tamaño [tamagno] *nm* **taille**
también [tammbiénn] *adv* **aussi**
tampoco [tammpoko] *adv* **non plus**
tanto [tannto] ◆ *adj* **tant de** ; **tellement de** ◆ *pron* ❶ **autant** ❷ [quantité indéterminée] **tant**
tapa [tapa] *nf* ❶ [d'un récipient] **couvercle** ❷ [alimentation] ***amuse-gueules (olives, anchois, tortilla) accompagnant un apéritif***
– tapas variadas [tapass bariadass] *nfpl* **tapas variées**
tapar [tapar] *vt* ❶ **couvrir** ❷ [bouteille] **boucher** ❸ [coffre, boîte] **fermer**
tapón [taponn] *nm* **bouchon**
taquilla [takilla] *nf* **guichet**
tardar [tardar] *vi* **mettre longtemps** ; **tarder**
tarde [tardé] ◆ *nf* **après-midi** ◆ *adv* ❶ **tard** ❷ **en retard**
tarifa [tarifa] *nf* **tarif**
tarjeta [tarxéta] *nf* **carte**
– se aceptan tarjetas [sé athéptann tarxétass] **cartes de crédit acceptées**
tarta [tarta] *nf* **gâteau** ; **tarte**
tasa [tassa] *nf* **taxe**
tasca [taska] *nf* **bistrot**
tauromaquia [taouromakia] *nf* **tauromachie**
taxímetro [taksimétro] *nm* **compteur *(de taxi)***
taza [tatha] *nf* **tasse**
te [té] *pron* [complément direct] **te**
té [té] *nm* **thé**
tecla [tékla] *nf* [d'un clavier] **touche**
tejanos [téxanoss] *nmpl* [pantalon] **jean**
tejido [téxido] *nm* **tissu**
tel. *abr de* teléfono **tél.**
tela [téla] *nf* ❶ [de vêtement] **tissu** ❷ [tableau] **toile**
telearrastre [téléarrastré] *nm* **remonte-pente**
telesilla [téléssilla] *nf* **télésiège**
tema [téma] *nm* **sujet**
tempestad [témmpéstad] *nf* **tempête**
templado [témmplado] *adj* ❶ [température, climat] **tempéré** ❷ [eau, aliment] **tiède**
temporada [témmporada] *nf* ❶ [de l'année] **saison** ❷ [d'une activité] **période**
temporal [témmporal] *nm* **tempête**
temprano [témmprano] *adv* **tôt**
tenedor [ténédor] *nm* **fourchette**
tener [ténér] *vt* ❶ **avoir** ❷ **tenir**
tenso [ténnso] *adj* **tendu**
tentempié [ténntémmpié] *nm* [boisson, aliment] **en-cas**
tercero [térthéro] *num* **troisième**
tercio [térthio] *nm* **tiers**
terminal [términal] *nf* ❶ [aéroport] **terminal** ❷ [gare] **terminus**
término [término] *nm* ❶ **terme** ❷ **limite** ❸ **délai**
ternera [ternéra] *nf* [viande] **veau**
terremoto [térrémoto] *nm* **tremblement de terre**
terreno [térréno] *nm* **terrain**
terrón [térronn] *nm* [de sucre] **morceau**
ti [ti] *pron* **toi**
tibio [tibio] *adj* **tiède**
tiempo [tiémmpo] *nm* **temps**

tienda [tiénnda] *nf* ❶ **magasin** ❷ [camping] **tente**
tierno [tiérno] *adj* **tendre**
tierra [tiérra] *nf* ❶ **terre** ❷ [territoire, patrie] **pays**
tijeras [tixérass] *nfpl* **ciseaux**
tila [tila] *nf* [infusion] **tilleul**
timbre [timmbré] *nm* **sonnette**
tinta [tinnta] *nf* **encre**
tinto [tinnto] *nm* **vin rouge**
típico [tipiko] *adj* **typique**
tirar [tirar] *vt* ❶ [vers soi] **tirer** ❷ [à la poubelle] **jeter** ❸ [sur une porte] **tirez**
toalla [toaïlla] *nf* **serviette**
tocar [tokar] *vt* [être en contact] **toucher**
– no tocar [no tokar] **ne pas toucher**
tocino [tothino] *nm* **lard**
todavía [todabiya] *adv* **encore**
todo [todo] ◆ *adj* **tout** ◆ *pron* [objets] **tout**
tomar [tomar] *vt* **prendre**
tónica [tonika] *nf* **Schweppes®**
tópico [topiko] *adj* [médicament] **à usage local**
torcer [torthér] *vt* ❶ **tordre** ❷ [à un carrefour, une rue] **tourner**
tormenta [torménnta] *nf* **orage**
toro [toro] *nm* **taureau**
toros [toross] *nmpl* **corrida**
torre [torré] *nf* **tour**
torta [torta] *nf* **galette**
tortilla [tortilla] *nf* **omelette**
– tortilla a la francesa [tortilla (a la) frannthéssa] *nf* **omelette nature**
– tortilla de patatas [tortilla dé patatass] *nf* **omelette aux pommes de terre**
tos [toss] *nf* **toux**
toser [tossér] *vi* **tousser**
tostada [tostada] *nf* [pain] **toast**
trabajar [trabaxar] *vi* **travailler**
trabajo [trabaxo] *nm* ❶ **travail** ❷ **emploi**
traer [traér] *vt* ❶ **apporter ; rapporter** ❷ **amener ; ramener**
tráfico [trafiko] *nm* ❶ [véhicules] **circulation** ❷ [drogues] **trafic**
traje [traxé] *nm* **costume**
– traje de luces [traxé dé louthéss] *nm* **habit de lumière** ***(du torero)***
trampolín [trammpolinn] *nm* ❶ [piscine] **plongeoir** ❷ [ski] **tremplin**
tranquilo [trannkilo] *adj* ❶ **tranquille** ❷ [mer, temps] **calme**
transbordador [trannsbordador] *nm* **ferry**
transbordo [trannsbordo] *nm* [train] **changement**
transferencia [trannsférénnthia] *nf* **virement**
tránsito [trannsito] *nm* [véhicules] **circulation**
transporte [trannsporté] *nm* **transport**
tranvía [trammbiya] *nm* **tramway**
tras [trass] *prép* ❶ [dans le temps] **après** ❷ [dans l'espace] **derrière**
trasero [trasséro] *adj* **arrière**
trasladarse [trasladarsé] *v pron* ❶ **se déplacer** ❷ **déménager**
travesía [trabéssiya] *nf* ❶ [voyage] **traversée** ❷ [rue] **passage**
trayecto [trayékto] *nm* **trajet**
tren [trénn] *nm* **train**
– trenes de largo recorrido [trénéss de largo rékorrido] *nmpl* **grandes lignes**
tres [tréss] *num* **trois**
trigo [trigo] *nm* **blé**

espagnol-français

tripulación [tripoulathionn] *nf* **équipage**

triunfar [triounnfar] *vi* ❶ [gagner] **triompher** ❷ [avoir du succès] **réussir**

tropezar [tropéthar] *vi* **trébucher**

trozo [trotho] *nm* **morceau**

trucha [troutcha] *nf* **truite**

tu [tou] *adj* [adjectif possessif] **ton**

tú [tou] *pron* ❶ [sujet] **tu** ❷ **toi**

tumbarse [toummbarsé] *v pron* **s'allonger**

tumbona [toummbona] *nf* **chaise longue**

turismo [tourismo] *nm* ❶ [activité] **tourisme** ❷ [véhicule] **voiture de tourisme**

tuyo [touyo] *adj* **à toi**

– el tuyo [él touyo] *pron* **le tien**

– la tuya [la touya] *pron* **la tenne**

U

último [oultimo] *adj* **dernier**

ultramarinos [oultramarinoss] *nmpl* [magasin] **épicerie**

un [ounn] *num & article* **un**

una [ouna] *article & pron* **une**

único [ouniko] *adj* ❶ **seul** ❷ [extraordinaire] **unique**

uno [ouno] *num & pron* **un**

urbanización [ourbanithathionn] *nf* [lieu] **lotissement**

urgencia [ourxénnthia] *nf* **urgence**

usar [oussar] *vt* **utiliser**

uso [ousso] *nm* **utilisation ; usage**

usted [oustéd] *pron* **vous**

usual [oussoual] *adj* **habituel**

usuario [oussouario] *nm* ❶ [transports] **usager** ❷ [machine] **utilisateur**

uva [ouba] *nf* **raisin**

V

vaca [baka] *nf* ❶ [animal] **vache** ❷ [viande] **bœuf**

vacaciones [bakathionéss] *nfpl* **vacances**

– vacaciones del 1 al 15, ambos inclusive [bakathionéss dél ouno al kinnthé, ammboss innkloussibé] **fermé du 1er au 15 inclus**

vacío [bathiyo] *adj* **vide ; creux**

vacuna [bakouna] *nf* **vaccin**

vado permanente [bado pérmanénnté] *nm* **sortie de véhicules**

vajilla [baxilla] *nf* **vaisselle**

vale [balé] *nm* [papier] **bon**

Valencia [balénnthia] *nf* **Valence**

valer [balér] *vi* ❶ [coûter] **valoir** ❷ [être efficace] **valoir** ❸ **être valable**

válido [balido] *adj* **valable**

valle [baïllé] *nm* **vallée**

valor [balor] *nm* **valeur**

vaqueros [bakéross] *nmpl* [pantalon] **jean**

variar [bariar] *vt* ❶ **changer** ❷ **varier**

variedad [bariédad] *nf* **variété**

varios [barioss] *adj* ❶ **plusieurs** ❷ **divers**

varón [baronn] *nm* ❶ **homme** ❷ [sur un imprimé, sur un passeport] **de sexe masculin**

vasco [basko] ◆ *adj* **basque** ◆ *nm* **Basque**

vaso [basso] *nm* **verre**

vecino [béthino] *adj* **voisin**

vegetariano [béxétariano] *adj* **végétarien**

vehículo [béïkoulo] *nm* **véhicule**

vela [béla] *nf* ❶ [cierge] **bougie** ❷ [de bateau] **voile**

velocidad [bélothidad] *nf* **vitesse**
– velocidad controlada por radar [bélothidad konntrolada por radar] *nf* **contrôle radar**

vencer [bénnthér] *vi* ❶ **vaincre ; gagner** ❷ [périmer] **expirer**

venda [bénnda] *nf* [pansement] **bande**

vender [bénndér] *vt* **vendre**
– se vende [sé bénndé] **à vendre**
– se vende piso: razón portería [sé bénndé pisso: rathonn porteriya] **appartement à vendre : renseignements chez le gardien**

veneno [bénéno] *nm* **poison ; venin**

venir [bénir] *vi* ❶ [d'un lieu] **venir** ❷ [se trouver] **être**

venta [bénnta] *nf* **vente**

ventaja [bénntaxa] *nf* **avantage**

ventana [bénntana] *nf* **fenêtre**

ventanilla [bénntanilla] *nf* ❶ [de train] **fenêtre** ❷ [d'avion] **hublot** ❸ [de voiture] **vitre** ❹ [de cinéma, d'un bureau] **guichet**

ver [bér] *vt* **voir ; regarder**

veranear [béranéar] *v* **passer ses vacances d'été**

verano [bérano] *nm* **été**

verbena [bérbéna] *nf* ***fête populaire nocturne***

verdad [bérdad] *nf* **vérité**

verde [bérdé] *adj & nm* [couleur] **vert**

verdura [bérdoura] *nf* **légume**

vergüenza [bérgouénntha] *nf* **honte**

vestido [béstido] *nm* ❶ [de femme] **robe** ❷ **vêtement**

vestirse [béstirsé] *v pron* **s'habiller**

vez [béth] *nf* **fois**

vía [biya] *nf* **voie**

viajar [biaxar] *vi* **voyager**

viaje [biaxé] *nm* **voyage**

vida [bida] *nf* **vie**

vidrio [bidrio] *nm* [matériau] **verre**

vieira [biéira] *nf* **coquille Saint-Jacques**

viejo [biéxo] *adj* **vieux**

viento [biénnto] *nm* **vent**

viernes [biérnéss] *nm* **vendredi**

vigente [bixénnté] *adj* **en vigueur**

vigilar [bixilar] *vt* **surveiller**

vino [bino] *nm* **vin**

visado [bissado] *nm* **visa**

visitar [bissitar] *vt* ❶ [personne] **rendre visite** ❷ [ville, musée] **visiter** ❸ [suj : médecin] **examiner**
– visitas guiadas [bissitass guiyadass] *nfpl* **visites guidées**

vista [bista] *nf* **vue**

viva [biba] *interj* **bravo ; vive**

vivienda [bibiénnda] *nf* **logement**

vivir [bibir] *vi* ❶ **vivre** ❷ [résider] **habiter**

vivo [bibo] *adj* ❶ [en vie] **vivant** ❷ [intelligent] **vif**

Vizcaya [bithkaya] *nf* **Biscaye**

volar [bolar] *vi* [avion, oiseau] **voler**

volver [bolbér] *vi* ❶ **revenir** ❷ [lieu] **retourner**

volverse [bolbérsé] *v pron* ❶ **se retourner** ❷ **devenir**

vomitar [bomitar] *vt* **vomir**

VOSE *abr de* versión original subtitulada en español *nf* **VO**

vosotros [bossotross] *pron* **vous**

voz [both] *nf* **voix**

vuelo [bouélo] *nm* **vol**
– vuelos nacionales [bouéloss nathionaléss] *nmpl* **vols nationaux**
vuelta [bouélta] *nf* ❶ **tour** ❷ [lieu] **retour** ❸ [argent] **monnaie**
vuestro [bouéstro] *adj* **votre**
– el vuestro [él bouéstro] *pron* **le vôtre**
– la vuestra [la bouéstra] *pron* **la vôtre**

Y

y [i] *conj* **et**
ya [ya] *adv* ❶ [passé] **déjà** ❷ [immédiatement] **tout de suite**
yate [yaté] *nm* **yacht**
yo [yo] *pron* ❶ **je** ❷ **moi**

Z

zanahoria [thanaoria] *nf* **carotte**
zapato [thapato] *nm* **chaussure**
Zaragoza [tharagotha] *nf* **Saragosse**
zarzuela [tharthouéla] *nf* ❶ ***plat de poisson et de coquillages en sauce*** ❷ [œuvre musicale] **zarzuela** ***(opérette typiquement espagnole)***
zona [thona] *nf* **zone**
– zona de estacionamiento limitado y vigilado [thona dé éstathionamiénnto limitado i bixilado] *nf* **zone de stationnement limité**
zumo [thoumo] *nm* **jus**

Index

INDEX

N

O

P

Q

R

S

INDEX

Imprimé en Italie par LA TIPOGRAFICA VARESE à Varese.
Dépôt légal : mars 2013. 311155/03
N° projet : 11029203 - juin 2014